古代史家よりみた万葉集

大久保一郎

溪水社

はじめに

　私は和歌について勉強したことは無く、ただ古代史を研究する中で、どうしても『万葉集』を参照する必要が生じたため、読むようになった。歌の鑑賞については無縁であって、ただ、古代史観よりみた歌の解釈をするようになった。古代史の中で、大伴家持の歌を知るにつれ、『万葉集』に親しみ、柿本人麻呂に深入りし、その最後についてこれまで誰も推測しなかったことを知ることが出来たのである。従って『万葉集』の全般については触れず、私の古代史に関係する部分にだけの歌を中心にして述べることになるのを、予め承知しておいて戴きたい。

　『万葉集』の成立についての事情は、専門家によりこれまで各説が出され、定説はないようであり、古今和歌集の仮名序の中に、神話を利用した下照姫の歌や、素戔嗚尊が出雲で歌った八雲立つ出雲八重垣の歌の三十一文字の歌が人の世の歌の始まりとし、それより代々の天皇時代の歌の例を挙げ、ならの御時よりぞひろまったとし、かの御時に正三位の柿本人麻呂なむ歌の聖であったとし、すぐ後の山部赤人と優劣はつけがたいとし、このころの歌を集めたのを万葉集というとしており、『古語拾遺』の跋の中に、「平城天皇の造式の年にあたり、万葉の英風を流へ、廢れたるを興し絶えたるを継ぎて千載の厥典を補い給う」があり、この時代に万葉集が編纂されたのが定説になっているようである。しかし、私説は奈良時代に集めた歌が万葉の歌として知られており、その中に大伴氏に係わる歌が多く、『万葉集』の最初は雄略天皇の御製歌であって、この天皇の時に大伴氏が台頭しており、この天皇に幼女趣味がみられ、その代表歌が載せられたのであろう。

最終は家持が因幡国守であった時、天平宝字三年正月一日に因幡国庁に於て国郡司等と饗をした時の宴歌である。因幡守で在任中に『万葉集』を完結させていたのかもしれない。

これより『万葉集』の中にある歌の解釈をするけれども、大半は柿本人麻呂の死の最後の歌に関係することを述べ、最終に近い巻に、大伴家持の出自をのせており、第二部として、万葉集の中の歌により日本史の最大の問題である日本国家の成立の事情を解明することにする。

なお、私は現在八十六歳の老齢であり、十年ほど前に『古事記と日本国家の成立』の名で自費出版したが、その内容と酷似しているけれども、万葉集を読む中で、柿本人麻呂の死の原因を知り、宇佐八幡宮の宇佐氏の出自により宇佐の名がつけられた古代歴史上で重要なことが判り、敢えて世に問うことにした。浅学菲才の身であるが古代史に関心のある諸兄に少しでも寄与することが出来れば思い残すことはない。

目次

古代史家よりみた万葉集

柿本人麻呂の刑死
日本歴史の始まり

第一部　柿本人麻呂の刑死

巻第一

舒明天皇が香具山に登り国を望んだ時の歌

二　これは国見の歌で、その中にうまし国ぞ蜻嶋《あきつしま》やまとの国の句がある。

額田王の歌

八　熟田津《にぎたつ》に　船乗りせむと月まてば　潮もかなひぬ今は漕ぎいでな

紀温泉に幸した時の額田王の作る歌

九　莫囂圓燐之大相七兄爪謁気　吾瀬子之射立為兼　五可新何本

この訓読は最初の十二文字について古来から定訓を得ていない。私は前書きをみないで道後温泉での歌とばかり考えていたが、紀温泉での歌であり、斉明天皇の一行が行った時、この間に孝徳天皇の有間皇子の謀反が発覚し呼びつけられ、その帰途に処刑され、結び松の歌が作られている。

この歌の読み方は温泉での歌と意識しない限り解決しない。莫囂は釜なくば、圓燐之は祭りし、次からは、お供え妻が湯気、と読むのである。従って、全体は「釜なくば祭りしお供え妻が湯気吾せこのい立ちせりけむいつ橿が本」になる。この解釈は、温泉なので釜がなくても湯が沸き、額田氏には額田部湯坐連という皇子女に湯を沸かすために、火を起し水を温める職掌があった。火を起すには火神にお供えをしてからである。それで温泉では火を起す必要がなく、その替わりに、裸体から立ち上る妻の湯気をお供えにあてたのである。額田王の父の鏡王も鍛冶に関係し、神話にも鏡を作るのに抜戸神《ぬかとかみ》がでている。

ここで万葉集から離れ、斉明天皇が百済救援に赴く際の『日本書紀』の中の、訓よみだけで意味が通じにくい句の解釈をしたい。斉明紀六年条に、駿河で作った船を、伊勢の麻績の郊に引いて来た時、夜の間に舳艫が反転していた。諸人は終に敗れることを知ったとある。この時の童謡に、

まひらくつのくれつれをのへたをらふくのりかりがみわたとのりかみをのへたをらふくのりかりが甲子とわよとみをのへたをらふくのりかりが

とある。この童謡を書き直すと、

舞いらく津の呉連れ　尾の辺、笛を吹く宣り巫女が　御渡と宣り巫女神　尾の辺　笛を吹く宣り巫女が　可しと悪しとみ　尾の辺　笛を吹く宣り巫女が

になる。これについて麻績の地域に、雄略紀十四年条に、呉王が縫女四人に与えた中に呉織があり、呉織を伊勢衣縫の祖とし、伊勢国壱志郡に呉郷があり、その伊勢湾側で度会郡の中で接する所に麻績があるので、呉の機織り女等が船の尾のあたりで舞いをしていたとして、この童謡が

でたのであろう。御渡と宣したのは斉明天皇になり、呉出身の機織り女が良くなく悪いとしたのである。

中大兄三山歌

一三　かぐ山は畝傍ををしと耳梨と相争いき　神代よりかくに有るらし　いえしも　しかにあれこそ　うつせみも妻をあらそうらしき

反歌

一四　香具山と耳梨山と　相し時　立ちて見にこし印南国原

この両歌は、始めは神代とするので神武東征の原形がこの頃創作され始められ、畝傍山を占領するのを香具山が願い、対抗する耳梨山、すなわち、饒速日命の耳梨山と争ったことになる。次の歌の印南国原が問題であり、これは景行天皇の最初の皇后である日本武尊の双子の生母播磨稲日大郎姫《いなびのおおいらつめ》を表わすと思われ、次の皇后との間に皇子が生まれ、両者の子孫の争いを見に来たとしたのであろう。この印南国原について『播磨国風土記』揖保郡上岡里条にのる出雲国の阿菩《あぼ》大神を当てる説が多いが、印南国原に繋がらないようである。

次の反歌

一五　渡津海の豊旗雲に入り日さし　今夜の月夜　清明《さやけかり》こそ

この歌は争いの反歌に似ず旧本に載せるとする。この解釈は、道後の地より見た渡津海の向こうに、私説の九州に別の体制の国があるとすれば、争いになり、この国に入り日が射すのを、滅びるのが近いとすれば争いの意になる。この頃、すでに豊旗雲と豊国に旗がつけられ、八幡の幡は何か古くからの由縁があったように思われ、柿本人麻呂の高市皇子の殯の歌一九九に、天武軍の幡の靡きをのせている。

二八　春過ぎて夏来たるらし白妙の　衣もほしたり天の香具山

底本に香具山とあり、持統天皇の歌は、争いに勝って気分のよいのを表わしたのであろう。

五二　藤原宮御井の歌は、この歌に当時の方角を表わす表現が、太陽の向きを中心にして述べられているのに注意する必要がある。

太上天皇、参河国に幸しし時の歌

五七　引馬野に　にほふ榛原《はりはら》入り乱れ　衣にほはせ旅のしるしに　長忌寸奥麻呂

五八　いづくにか船泊すらむ安禮の崎　こぎたみ行きし棚無し小舟　高市連黒人

これ以外に巻第三にも同人の歌をのせる。

二七一　桜田へ鶴《たづ》鳴きわたる年魚市潟《あゆちかた》　潮干にけらし鶴鳴きわたる

二七二　四極山《しはつやま》うち越え見れば笠縫いの　島こぎかくる棚無し小舟

この歌は、古今和歌集大歌所御歌に、しはつ山ぶりとしてのせてある。

二七六　妹も我も一つなれかも三河なる　二見の道ゆ別れかねつる

これらは高市連黒人の従駕時の歌で、特に二七六は、一から三まで続ける機智のある歌で、東海道の矢作川を渡って国府のある現豊川市に行くのに、途中で山間部を行くのと渥美湾に出る場所の分かれ道があり、舟が出るので後者であろう。太上天皇（持統天皇）が三河国に行幸されたことを持統紀に述べられている。四極山は三河国幡豆郡磯泊にある山である。

『姓氏録』に高市連は額田部同祖天津彦根命の子孫とし、額田部氏と祖が同じあり、天武紀に、壬申の乱における大和の戦いで、我は高市社にいる事代主命なり云々と、神が憑いて言った高市県主許梅《こめ》の子が黒人であろう。

巻第二

相聞

吉野宮に幸しし時、弓削皇子、額田王に贈り與へませる歌一首

一一一　いにしへに恋ふる鳥かもゆずる葉の　御井の上より鳴きわたり行く

額田王、和へ奏れる歌一首

一一二　いにしへに恋ふらむ鳥はほととぎす　けだしや鳴きし吾が思へるごと

ほととぎすは蜀魂とも書かれ、蜀の望帝の魂の化した鳥とされ、ゆずり葉は、この葉が落ちても次の葉がすでに生まれている。すると、天武天皇の次の女帝の持統天皇になっても昔を偲んでいる問いかけに、額田王が同じ気持ちですよと答えたことになる。弓削皇子の母の大江皇女は天

智天皇と忍海造《おしぬみみやつこ》小龍《おたつ》の娘の間に生まれている。天武天皇十年に、連姓を賜った中に忍海造鏡という鏡のついた人物がいた。従って、鏡王の娘額田王は、孫のように弓削皇子に接していたと推定される。弓削皇子が文武天皇二年七月に薨ずると、同年十二月に母の大江皇女が薨じられたのは何かの心労と思われ、巻第八、夏雑歌　一四六七の弓削皇子の歌に、ほととぎすのいない国に行きたいとあるのは、天武天皇と額田女王の間に生まれた十市皇女が、天智天皇の後継者の大伴皇子に嫁して葛野王を生み、持統天皇の草壁皇子が没し、続いて高市皇子が没すると、天皇の後継者を選ぶのに、弓削皇子の推す兄の長皇子に反対した、大伴皇子の子葛野王のために軽皇子（文武天皇）が決められたためであろう。

巻第二は、柿本人麻呂の皇族に対する挽歌が多く宮廷歌人といわれる由縁である。この巻の中に柿本人麻呂自身の関係する歌が多いので、これより人麻呂を中心にする話題に限り載せることにし、その中の九州に関係する歌を適当に塩梅する。

柿本朝臣人麻呂、石見国より妻に別れて上り来し時の歌二首並に短歌

一三一　石見の海、角の浦廻《うらみ》を　浦なしと　人こそ見らめ　潟なしと　ひとこそ見らめ　よしゑやし　浦はなくとも　よしゑやし（以下略）

一三二　前の反歌

一三三　同前

一三四　或本の反歌

一三五　石見国より一三一に続く屋上の方向に出立する前の長歌
一三六　前の反歌
一三七　同前
一三八　石見国より出発して途中から我が家の方向を見る長歌
一三九　前者の反歌
一四〇　柿本朝臣人麻呂の妻依羅《よさみ》娘子《いらつめ》の人麻呂に与える相別歌

これらの歌は人麻呂の最後となる遺書に等しい記録である。その原因については後述。

柿本朝臣人麻呂石見国に在りて死に臨む時 自《みずか》ら傷《いた》み作る歌一首
二二三　鴨山《かもやま》之《の》磐根《いわね》之《し》巻有《まける》吾乎《われを》鴨不知等《かもしらにと》妹《いも》之《が》待乍将有《まちつつあらむ》

柿本朝臣人麻呂の死す時に妻依羅《よさみ》娘子の作れる歌二首
二二四　今日今日と吾が待つ君は石川の　貝に交じりてありといはずやも
二二五　直にあはばあいかつましじ石川に　雲立ち渡れ見つつ偲はむ

この二首の解釈は、その前の人麻呂の死に関係するため重要である。

丹比真人名を闕く柿本朝臣人麻呂の意に擬して報ふる歌一首
二二六　荒波に寄り来る玉を枕に置き　吾ここありと誰か告げけむ
或本の歌に曰く
二二七　天ざかる夷の荒野に君を置きて　思いつつあれば生けるともなし

この歌の作者不明だが、古本にのせる。

以上は人麻呂の死の原因を知る関係者の歌で、人麻呂が何のために死なねばならぬか、その理由を知っていたと考えられ、後段で推測する。二二六の波の歌で海に投身させられたと想像する説もあるが、貝は一云にいう谷とあり、貝は峡で谷間の川に投げられても、身は海に流れると思っていたのであろう。なお、名を漏らした丹比真人について、巻第四、五〇九に、丹比真人笠麻呂が筑紫国に下る時の作歌一首並に短歌がある故、人麻呂に同行した人物であったかもしれない。

柿本人麻呂の死

人麻呂の死んだ鴨山の地名により、柿本人麻呂が江の川の日本海に流れ込む河口付近より出発し、広島県に発する江の川が北東に流れ、島根県の邑智町の浜原を過ぎて急に湾曲して南西方に流れ、その場所に北の粕淵より流れ込む小川の流域に、鴨山があるとした斎藤茂吉氏の湯抱説に対し、反論する梅原猛氏の『水底の歌』が有名であるが、古代に鴨山があり現在まで続いた証明はない。短歌の最後に鴨のつくのが多く、最後の歌の中にも鴨の二字を含み、最後になる地を鴨山にしたのが歌人として似つかわしいであろう。そして江戸時代から鴨山を実在する山として考察し、柿本人麻呂の官を賀茂真淵以来の朝集使と想像する説、柿本氏族の同祖族に小野氏がおり、吟遊伶人とする折口説、梅原説の流刑された地が地震により故地が失われたとする説も成立しないのである。何故なら、これらの説は、頭書にのる自傷の意味をひとつも考慮に入れていないからで、最初の石見から妻と別れて上る歌の次には、有馬皇子が自傷して松を結ぶ歌に、自傷の例があり、これは謀反する策謀に乗ったための原因であることを、知っていたため自傷としたのである。二二五の歌にも、処刑される現場にいるのは耐えられない思いが籠められているようである。

これより柿本人麻呂が筑紫国に下った歌を人麻呂歌集より順に拾い、その旅の中で触発された歌が死の原因になったことを証明する。

巻第七　羇旅歌

一一八七　綱引する海子《あま》がみらむ飽《あく》の浦　清き荒磯を見にきし吾を

この飽の浦を岡山市の児島半島の飽の浦とすれば、巻第二、二二〇に、讃岐峡岑嶋《さみねしまの》石中の死人を視て作る歌一首並に短歌があり、この島は坂出市の沖にあったが瀬戸大橋ができて陸続きになっており、この所が続いていることになり、瀬戸内海を渡り讃岐に行ったことになる。

巻第三　雑歌

柿本朝臣人麻呂、筑紫国に下る時に海路にて作れる歌二首

三〇三　なぐわしき稲見の海の沖つ波　千重に隠りぬ大和島根は

三〇四　大君の遠の朝廷とあり通ふ　島門見れば神代し思ほゆ
この歌は最初のほうにでた印南国原の沖で、そこより明石海峡方面を見た歌である。
この歌の前に、人麻呂の羈旅歌八首の中の二四九より二五六までにのる歌も同じ道中でのことを述べている。そして、先に述べた丹比真人笠麻呂の歌も同工異曲である。

巻第七
一二七九　梓弓引津の辺なる莫謂花《なのりそ》の花　採《つ》むまでにあはざらめやも　勿謂花の花
この歌の引津は、福岡県糸島郡志摩町の岐志から船越にかけての引津浦であり、なのりその花は玉のついた藻のほんだわらで、允恭紀にのる莫告藻が、万葉集の中に所々にみえている。
巻第十一　九三〇にも同様な歌がある
二二九〇　海底《わたのそこ》　奥《おき》つ玉藻の名乗藻の花　いもと吾とここに何《いか》にありと　莫告藻の花

巻第九
一七一〇　わぎもこが赤裳ひづちて植ゑし田を　刈りて蔵めむ倉無《くらなし》の濱
この歌は豊前国下毛郡山国川の河口にある闇無し浜で、安曇海人の住むこの地にある宇佐八幡宮より、ずっと古い闇無浜神社（龍王社）があり、これを勘違いしたのであろう。闇無しのほうが天照大神が岩戸を出て闇が無くなったとするのにふさわしい。人麻呂は官僚意識により大和の倉を連想したのであろう。歌の中で娘が赤い裳をからげて田植えをした稲を納める倉と間違えたことになり、安曇海人が赤を好むことが知られ、宇佐八幡宮が朱塗りであるのも所以がある。

巻第十二　羈旅発思

三一三〇　豊国の企救《きく》の濱松ねもころに　なにしか妹に相いひそめけむ

この歌は上毛郡より北西に伝って企救郡（旧小倉市と門司市を合わせた郡）に至っての歌である。この次に一二七九が続いている。なお、一二七九の前に人麻呂の歌でないのに一二三〇、「ちはやぶる金の三埼を過ぎぬとも我は忘れじ志賀の皇神《すめがみ》」は、宗像郡玄海町の鐘の岬、一二三一「天《あま》霧《ぎら》ひ日方《ひかた》吹くらし水茎の岡の水門に波立ち渡る」は、遠賀川の河口の岡であり、古書に見えるとあるのは、丹比真人笠麻呂の歌であったかもしれない。この歌に続くのに筑紫の歌があり、これも丹比真人笠麻呂の歌と考えられる。三一六五「ほととぎす飛幡の浦は」戸畑、三一七〇「しかの白水郎《あま》は」志賀島の安曇海人、三二〇六、「筑紫道の荒磯の玉藻」三二一五、三二一六、三二一七「荒津」は福岡市の荒津、三一七三の「松浦舟」は引津の浜で見た舟、三二一九・三二二〇に豊国の聞《きく》の長浜をのせる。

以上が人麻呂の筑紫への旅の歌であるが、岡山から讃岐に渡り、これ以後に、五位以上でないと通行出来なかった豊豫海峡を渡り、豊前の沿岸に沿って北上し、関門海峡を通り糸島郡まで行ったことになる。このことは、太平洋戦争中、作家が報道班員として戦地に派遣されたのと同様、人麻呂が派遣されたのは、大宝律令が公布されて太宰府が設けられ、太宰帥に石上麻呂が任命されて、完全に九州が大和政権に実質的に支配され、これについて後に詳しく述べるが、その為に九州北部の人々の民情を視察する為の任務を帯びた一行の長であったのであろう。

人麻呂が石見の国府に在任中、報告書の中に歌をまとめたのが先述した石見より上京する際に詠じた歌であったのである。

巻第七　行路

一二七一　遠くありて雲居に見ゆる妹が家に　早く至らむ歩め黒駒

があり、その報告書を提出した後、その内容により刑死を命ぜられ、江津市の江ノ川沿いで、谷から川に突き落とされる刑が執行されたのである。前述した有馬皇子が紀の温泉の帰りに死刑にされたのと同様であり、紀伊の藤白坂で絞首された時の歌、有間皇子自傷結松枝歌二首、一四一・一四二首であって、柿本人麻呂の死の時と同様に自傷がのせられ、大宝元年の辛丑、紀伊国に幸しし時、結び松見る歌一首は柿本人麻呂集に出るとあり次の歌である。

一四六　後見むと君が結べる磐白《いわしろ》の　小松がうれをまた見けむかも

がある。

柿本人麻呂の刑死は『続紀』和銅元年四月二十日条にのる従四位下柿本朝臣佐留卒のことであった。このことは人麻呂の死の歌の最後、二二七の次の歌二二八・二二九が、和銅四年の乙女の死の挽歌であり、年代順に配列されたと想像されるからである。

『水底の歌』で梅原氏の言われた通り、人麻呂は佐留であった。そして、従四位下で人麻呂が国守になるのは位がふさわしくなく、死罪になってもその罪が人麻呂の思い違いのためで、それで死の際に昇叙されたのであろう。先に仮名序で述べたように、「かの御時に正三位柿本人麿呂なむ歌の聖なりけり」、とあるのは刑死で位が上がったのを誇大にしたことになるであろう。人麻呂は朝臣の姓であり、天武天皇十一年十一月に少錦下を賜った物部連麻呂・中臣連大嶋等の中に柿本臣猴の名がある。以下、その罪状について人麻呂の歌によって示したい。

巻第十三、雑歌相聞の中に人麻呂の歌をのせており、その前にある歌と対照することにより判明する。それ以前にある歌で古代史に関係するのがあるので、これについても触れておきたい。

三二四二　百杵年《ももきね》美濃国の　高北のくくりの宮に　日向に　行き靡びけるを　ありと聞きて　吾が通《ゆ》く道の奥十《おきそ》山美濃の山　靡けと人は踏めど　かくよれと人はつけども　心なき奥磯《おきそ》山美濃の山

最初の百杵年は美濃の枕語で、簑を作るのに杵で藁を百回も叩くことから出たと思われる。さて、ここに出るくくりの宮は、崇神天皇と尾張大海媛《おおあまひめ》の間に生まれた八坂入彦皇子のいた所で、その娘は景行天皇の皇后になっているから、それで日向に行き靡けると出したのであろう。その様に泳宮への途中にあるおきそ山や美濃の山が険しいので、平らに靡けと願った歌である。人麻呂の歌の中にも山が靡けとでている。

この歌があるように、『書紀』の記述は事実であって、奈良の纒向遺跡より出土する外部より移入された土器に、東海系の土器がずっと変わらずあるのは、この皇子の一族の子孫が崇神天皇政権を支えていたからであって、この地より巨大な銅鐸が出土したのは、銅鐸を宝器として分与していた崇神政権が、四世紀の前期中頃に九州の北部を平定した神功皇后軍が九州の中・南部に存在していた景行天皇軍の遺臣に擁立され、大和政権に反逆して東征したため崩壊し、大和政権側で宝器として分与されていた銅鐸が破毀されることになった。巨大銅鐸の出土する所は、大和政権を構成する豪族のいた所である。

余談になったが後章でこの発想が浮かんだ歌を『万葉集』の中より述べ、第二部でこれまでの日本の古代史観を新しく組み立てたい。

柿本人麻呂の刑死の原因

これより本題の人麻呂が刑死にされる原因になった歌に移るが、巻第十三の相聞の三二五〇から三二五四までの中の最後の二つ、三二五三と三二五四がその反歌柿本人麻呂の歌であり、三二五〇の長歌と続く反歌二首が同行していた丹比真人笠麻呂のではないかと思われ、次に続く長歌と反歌が人麻呂のであり、両者を比較すれば成程と思われよう。

三二五三　葦原の瑞穂の国は神ながら事挙《ことあ》げせぬ国　しかれども辞挙《ことあげ》ぞ吾がする　言《こと》さきく

まさきくませと　つつみなく　さきくいまさば荒磯浪　ありてもみむと百重波《ももへなみ》　千
重浪《へなみ》にしき　言上《ことあげ》す吾は　言上《ことあげ》す吾は

反歌

三二五四　志貴嶋の倭 国《やまとのくに》は　事霊《ことだま》のたすくる国ぞ　まさきくありこそ

この歌のどこが悪いかこれまで指摘する人がおらず、万葉集の岩波文庫版は佐々木信綱の編であるが、倭国を全て日本に替えている。これでは原文の意が通じない。三二五〇では蜻嶋《あきつしま》倭国とあり、応神政権の時代の国の名であって、敷島となると欽明朝以後に始まる国の名で、この区別を厳密にしておかねばならない。三二五〇でも蜻嶋《あきつしま》倭国は言挙せぬ国としながら吾は事上《ことあげ》すといっている。三二五三では葦原《あしなら》の瑞穂《みずほ》の国が神ながら事挙《あ》げせぬ国になっている。この語句が重要な分かれ目になっていたのである。

相聞はこの二つの国を当てはめて万葉集編纂時に付けられたのであろう。葦原の瑞穂国は神話では皇孫が治めた国になっているのに事挙げせぬといっている。この時代は、丁度、宇佐にいる九州の王である法蓮に、八幡神を祭るよう押しつけ始めていた時期であった。その国が事上《ことあげ》するようになったら大変なことになる。それを知らずに言挙げせぬ国と卑下して、替って自分がそれをする言い方をしたのである。当時の大和政権の中央の権力者は藤原不比等であって、中臣氏の祖は邪馬台国時代の邪馬台国連盟王奴佳鞮《なかて》の氏族で、豊前国仲津郡中臣郷に住み、その祖の天児《あめのこ》屋 命《やねのみこと》は台与に仕えている時に、景行天皇の九州西征のため降伏して道案内役をし、それ以後大和側に仕えて、文武天皇の時、全九州が大和政権の支配下になると、卑弥呼を祭る神社を作り、それまでの九州の支配者である法蓮、すなわち、『隋書』俀国傳にのる王である天垂矛の法蓮に、その氏族の祖を八幡大神とし祭るからと説得工作を続けている時であったから、柿本人麻呂の歌は、この意向に反するとして報告書を読んだ時死罪にしたのである。人麻呂はこれを知らされた時、自己の過ちを知り自傷の言葉を添えたのである。その前の歌が問題にされなかったのは蜻嶋と応神政権の倭国の名を用いていたからである。

死へのタブーになった言挙げの言葉

この言挙げの言葉で人麻呂が死刑になったことは、これ以後に書かれた書物類に大きな影響をあたえ、和銅元年以後に書かれた『書紀』や『先代旧事本紀』（以後『旧事紀』と略す）にそれがみられ、万葉集にも出ている。

巻第六、九七一、宇合が藤原宇合の西海道筋度使に任ぜられた時、高橋連虫蟲麻呂の歌の一首並に反歌に

九七二　千萬の軍なりとも言擧せず取りて来ぬべき男とぞ思ふ

があり言挙げを嫌っている。どうして丹比真人が蜻嶋《あきつしま》と歌ったか考えると、丹比真人の祖は宣化天皇の皇子上殖葉《かみつうえは》皇子で、姉の石姫は欽明天皇の皇后になっており、母は仁賢天皇の娘橘

仲姫で実質的には応神天皇系の最後の血を受けており、宣化天皇の時に豊国屯倉を縮小し、豊国のことを知っており、丹比真人嶋は天武天皇の時、筑紫大宰でいろいろの瑞祥を報告し、天武紀十一年四月条に嶋等が大いなる鐘を貢じたことをのせ、この鐘が太宰府の観音寺鐘と推定されており、これは鐘の撞座の文様が田川市の天台廃寺の軒丸瓦にある蓮華文とほぼ同様で、新羅系の複弁で中房の外側に蕊帯があり、筑穂地方で手に入れたと推定されている。これに反し柿本氏は、春日氏の別れで、雄略天皇と和珥臣の釆女童女君《おみなきみ》の間に生まれた春日大郎《おおいらつめ》娘皇女が仁賢天皇の皇后になり、生まれた皇女達が継体天皇とその子達の皇后になっている。従って欽明天皇以後にその名が現れ、同祖の小野氏が猿女を支配していたため、折口氏の吟遊伶人説が生まれている。小野氏では小野妹子が最初の遣隋使になっているが、これは創作であり、粟田真人が大宝元年の遣唐使になっているけれども、九州内部のことは知らなかったようである。

一方、多治比氏は第八回の遣唐使に多治比真人県守がなり、次の遣唐使にも多治比広成がなっている。丹比氏のほうが前述したように豊国についても知識を持っていたのがその原因であろう。

『書紀』や『古事記』は和銅元年以後に成立しており、言挙の用いられた箇所を探すと、神代上の最終の第八段一書第六に、大己貴神《おおなむちがみ》と少彦名命《すくなひこなのみこと》が力を合わせ、心を一つにして天下を造られた話に続き、少彦名命が粟島に行き粟茎《あわがら》に登り弾かれて常世郷《とこよのくに》に行かれた後、国の中で出来上がらない所を大己貴神《おおなむちがみ》が一人でよく巡り造られ、遂に出雲国に至って、興言《ことあげ》すると、不思議な光が海を照らし現れ、何者か尋ねると、お前に幸魂《さちみたま》・奇魂《くんみたま》をもたらす者である。大己貴神が何処に住みたいか問うと、日本国の三諸山《みもろやま》に住みたいといい、その所に住ませる大三輪神である、といっている。どこが言挙げのタブーにあたるか判りにくいが、私説の大己貴神は物部氏で三諸山に関係があるために三輪山をだし、『書紀』神話では高皇産霊尊《たかみむすびのみこと》の子が少彦名命であるから、高皇産霊尊の所在を述べるのが当然であるように思われるが、大己貴神は国譲りさせられた反逆者であるのに、幸魂・奇魂を出し、大三輪神を述べたのが悪いのであろう。そして興言の後に伊奈佐の濱で水死させられたのは、人麻呂と同様である。或いは人麻呂の水死にかこつけ、水死する前に興言を入れたとするのが自然である。いずれにしても人麻呂の水死にかかわりがあることは間違いない。

これに対して『古事記』では海を照らして現れた神が、我が前を治めれば共に相作りなさんといい、吾を倭の青垣の東の山の上に拝し奉れといい、御諸の山の上に坐す神なりとしている。興言をはずし山の上の神にしたのはそれなりの理由があったのである。

その他、『書紀』の素戔嗚尊の話の一書第四に、素戔嗚尊が子五十猛神《いたけるかみ》を率いて新羅の曾尸茂梨《そしもり》の所で興言《ことあげ》しているが、これは新羅であるので関係ないのでわざと載せたのであろう。それより日本に渡り草薙劒を得た以下の話は神話の中で述べており、紀伊で終わった後に、素戔嗚尊は熊成峯《くまなりのみね》で根国に入った、とあり、死が述べられている。

その他で最大に影響を受けたのは、揚言せぬとされた葦原瑞穂国にされた九州である。神話上の第五段一書第六に、伊奘諾尊《いざなぎのみこと》が出雲の黄泉国《よみ》から逃れて、筑紫の日向の小戸の橘の檍原《あわきはら》に至り、禊ぎ払いをし、身に着けた物を捨てた後に、身の汚いものを滌がんとして、その時に興言《ことあげ》した後、生まれた神々が阿曇連等のいつき祭る三少童神、三住吉神、それより左眼から天照大神、右眼から月読神、鼻から素戔嗚尊が生まれていることである。同様に『旧事紀』巻第一陰陽本紀にのるこの場面において興言《ことあげ》して陽神が行ない、なった神は『書紀』と同様であるが、天照大神と月読神は並びに五十鈴の川上に坐し伊勢齊《いせにいつく》大神としている。『古事記』ではこの段の禊に興言をのせず、一書第六は『古事記』とよく似ているので、太安万侶が『書紀』編纂の時にこの段を書いたのであろう。太安万侶の祖が九州出身であったのでしっぺ返しでのせ、『古事記』は私家本であるから無理しないのであろう。そして『紀・記』共に素戔嗚尊を根の国に追放すると伊弉《いざ》諾尊《なぎのみこと》は隠れられたとあり、興言《ことあげ》が死につながることを示している。伊弉諾尊の筑紫での禊により生まれるのは、葦原瑞穂国より天照大神・月読神・素戔嗚尊の三神と住吉神・安曇氏のいつく三童神が生まれたことになるのであり、私説で素戔嗚尊は神話の中の盥回し役であるから重要視してはならぬとするのである。神話の素戔嗚尊を出雲族の祖のように考える説が横行するが、神話の創作により作られた説で九州生まれの神であり、新羅での興言により熊野で死なされていたのである。

『古事記』にのる言挙げ

死につながるタブーにされた言挙げも『古事記』の中にも一カ所あったのである。日本武尊が東国から尾張の美夜受比売《みやずひめ》の所に帰り、草薙劒の劒を置き、伊吹の山の神を取りに無手で行き、山の途中で白猪に出会い、大きさが牛のようであった。ここで言挙げしていわれるに、この白猪は神の使者だ。今殺さずとも還る時に殺そう、と登っていくと、大氷雨《おおひさめ》が降り惑わされた。細註に、この白猪は神の使者でなく神そのものであったが、言挙げに惑わされたとのせている。この山を下ってから、日本武尊は身体が弱り三重の能煩野《のぼの》にて崩じる。それまでに数々の歌をのせ、その中に景行天皇の日向国での思邦歌《くにしのぶうた》があり、崩じた後の妻子の歌った四つの歌が、天皇の大御葬《みはふり》に歌うなり、とのせている。ここでも言挙げは死につながっている。私説の『古事記』が私家本であることを示しており、天武天皇が言挙げを知っていたとは思われない。

以上、興言が言挙げと同じことであることを述べてきたが、興言と言挙げは少しニアンスが違うようで、興は始めて起こすことで挙げるの元になるようである。言挙げは声高に言うことで、大宝年間に律令制が始まると身分制度が厳しい姓別の時代で、世襲になっており、官職につくには、最初に身分のある者の子弟が選ばれ、次に国家試験があり、それを通らねばならず、言挙して宣伝するのは通用しない時代であった。

これが乱れた後世の武家時代になると自分を売り込むために、戦いで自分の名を言挙するのは当たり前になっていた。前述したように、人麻呂の国守としての位が高過ぎるようで、恐らく正五位上であったのを、この言挙げをうっかり歌ったために、刑死した時に位を挙げたのであろう。国守として浜田市の国府にいたと推定され、この国府から弥生時代の偏平鈕式銅鐸が二個出土し、その東にある石見町から偏平鈕式銅鐸と突線鈕式銅鐸が一個づつ出土し、町内に矢上の地名がある。なお、人麻呂の妻に依羅娘子《よさみいらつめ》があるが、依羅は依網《よさみ》の吾孫子《あびこ》の氏族で、『古事記』に建豊波豆羅和気王を祖にし、忍海部連等の同祖族で、その祖は神功皇后の新羅征伐の時の神主となっており、摂津の住吉神社に近い所に居を構えていたが、物部系の海人族であったため、物部氏が衰退すると地方に流れた者もいたようである。依羅郎女は摂津より連れていった女性か、現地の女であったかは判らない。

巻第三　雑歌

二三八　大宮の内まで聞ゆ網引《あびき》すと　網子とどのふる海人《あま》の呼び声

があり、網子は網を引く下層の労働者で、その統率者が依網の我孫子であった。石見国風土記逸文に、人丸があり、これは後世の創作とされ、石見の守に任じられたとあるのは事実であって、配流にされたと死罪を軽くしている。

以上、柿本人麻呂の死を刑死にしたが、歌の殉教者として、後世に聖と呼ばれるのにふさわしい。

最後に『古事記』に載る言揚げの記事をみると、前述したように日本武尊が伊吹山の神を取りに言挙げして無手に行き、牛のように大きい白猪に合い、神の使者であろうとし、帰りに殺そうとしたが、言挙げにより神が惑わされたとあった。『書紀』では日本武尊が伊吹山で逢ったのは蛇であり、ここで言挙げし白猪を出したのは何らかの意図があったと推定され、日本武尊が崩じて白鳥陵を造ると、日本武尊は白鳥に化して飛び、河内国の志畿に留まり白鳥陵を作り、また飛び去っている。

ここで言挙げしたのは死を意味するために出されたが、ここに出た白猪が何を意味するか問題になるのである。

白猪氏のこと

これが最近中国で発見され話題になった日本からの留学生井真成の墓誌につながってくる。井姓については、中国に日本人が行くと、その姓を漢風の一文字にするようで、私が倭国とする九州王朝の使者とした名に唐朝で倭国の使者が代表権を争った俀側の使者は、韓智興や趙元宝と一字にしている。井真成を葛井氏とする説があるが、この難点は養老元年の第八回の遣唐使の一行の中にいたことには異論は少ないけれど、異論は白猪氏が養老年以後に葛井《ふじい》氏になっていることで、どうして井になったか疑問視されるのが原因である。これを猪を好字の井に替えたとすれば問題がなくなる。

それでは太安万侶がなぜ白猪にこだわるのか問題になってくる。白鳥の飛んだ先の志幾は多臣族の河内国の志紀県主のいた地で、この県の中の葛井寺《ふじい》は葛井《ふじい》氏の氏寺であり、野中寺は同族の氏寺である。この県《あがた》には古市古墳群があり、応神天皇陵・日本武尊陵（白鳥陵）仲津媛陵等があり、多臣との関係が深いのである。『古事記』に歌が多くのせられ歌物語と言われるように、太安万侶は柿本人麻呂と同様に和歌に詳しく、多氏に『琴歌譜』という和歌ののる書を伝えていた。『懐風藻』に葛井連広成二首をのせ、これについて『水底の歌』の中の年齢考において、葛井広成の漢詩の考察をし、藤原不比等の回りにいる官僚漢詩人グループをのせ、大宝元年頃において唐につながる漢詩が流行し、柿本人麻呂のような和歌は流行らなかった、としている。それで私はわざと白猪を出し、これらの帰化人の住むのが多臣の一族である志紀県主の地に移住していたので、日本武尊が白鳥になり翔んで河内国の志幾に留まり、白鳥陵を造った話にしたと思われる。

葛井氏は白猪史が元の名で、船・津氏の同祖族であり、欽明朝頃に渡来した百済人であって漢字に詳しかったと推定され、日本で最初に火葬された道昭和尚は船氏の出身で、孝徳天皇の白雉年間に遣唐使により唐に渡っている。第七回の大宝二年の遣唐使の中に白猪阿麻留がいる。私は白猪広成の子が第八回の遣唐使の中にいて、猪を好字の井に替えたと思う。先祖から代々漢字に堪能であったから選ばれたと推定する。『懐風藻』にのる葛井は白猪が替わってなっているので、これにつながらないとするのはあたらない。船氏の起こりは、欽明紀十四年条に、王辰爾が船数を数えたことから船史が始まり、十六年七月条に吉備の五つの郡に白猪屯倉を置き、三十年に同人の甥が、それら白猪田部の丁《よほろ》の籍を定めた功により白猪史の名がおきている。『続日本紀』（以下『続紀』と省略）元正天皇養老三年に大外記従六位下白猪史広成を遣新羅使とすると翌月に拝辞している。百済系であったためであろう。『懐風藻』によれば葛井広成は中務少輔と中宮少輔の二つの名がつけられ出世していることが判る。

極く最近に中国での井真成の墓誌の研究では、その中で「尚衣奉御」と彼につけられた文字は、この官職を示している、としている。私は葛井広成の子がこの役のために、第九回の遣唐使多治比広成の下にいて渡唐したのではないかと考える。井真成は天平六年（七三四）に三十五歳で死亡しており、その生年は文武天皇四年になる。前述した梅原猛氏の『水底の歌』の位階考に、『懐風藻』の吉野の漢詩の中で、広成の要領の良い資質を述べ、彼が後に中務少輔や中宮少輔になっている。従って彼がすでに吉野で藤原不比等に認められ、その役職についたならば、当然その職務からして息子の真成を唐の衣服の制度を調査に加えることは出来たのである。そして白猪史の名は養老四年に葛井連に換えられており、中国で頭の一字を省略し井真成になったのであろう。『続紀』聖武天皇天平二十年二月二十五日に、従五位下葛井連広成に従五位上を授けられ、八月二十一日に散位の彼の宅に天皇が行幸され、郡臣を招いて酒宴を催し、日が暮れたので宿泊され、翌日に広成と妻の県犬養宿禰八重に正五位上を授けられている。大国主神が伯耆の手間の山本で、赤い猪が山にいると言って焼け石を落としたり、雄略記に赤猪子の話をのせるのは、白猪の反対を出したように思われる。『書紀』の欽明紀二十三年条に、揚言の記事がある。或人が馬飼首歌依を讒言して、歌依の妻逢臣讃岐の馬の鞍下の飾り布が皇后のそれとよく似ているといい、歌依が捕えられて拷問され、揚言《ことあげ》して誓っていうに「偽りであり、これが実であるなら必ず天災があろう」といいながら死んだ。しばらくして天災があり、その子二人を捕えて火に投げ入れんとした時、妻が祈っていうに、天災があろうと言ったので許して神奴にしたとある。この際も揚言すると死にいたるが、この話が舟氏と白猪氏の間にあり、死刑にあった歌依の名に歌がつき、妻の逢臣は多臣に似ており、『書紀』のこの段は太安万侶が書いたのであろう。ちなみに、この頃とみられる藤の木古墳から華麗な鞍が出土しており、この話が伝わり鞍の下の飾り織物の話が作られたのかもしれない。

これまで述べてきたように柿本人麻呂の言挙げによる刑死が、神話や『紀・記』の記述にも大きな影響を及ぼしており、日本神話はギリシャ神話のホメロウスの叙事詩に近いが、それよりも柿本人麻呂自身がその中に入り込んでしまっていたのである。平安時代まである程度その影響が及んでいたが、現在の万葉集の研究は、この時代と違い自己顕示のための一つの手段にもなり、韓語で解釈する万葉集が出たりした時代で、何事も宣伝しなければ世に認められない状態である。私はただ歴史をたどる中で偶然に出くわしただけであり、宇佐八幡宮の成立を研究する中で、闇無濱について柿本人麻呂の歌があると知り、万葉集についてそれまで大伴氏の天下り等の歌など少しばかり読んではいたが、ここまで至るとは思いもしなかった。

最後に、『万葉集』で倭国を思わす歌を載せたい。

巻巻十六、

倭人を誹《そし》る歌

三八三六　奈良山の兒手《このて》柏《かしわ》の兩面《ふたおも》に　かにもかくにも倭人《こびと》の友《とも》

右歌一首博士背奈行文大夫　之を作る

背奈行文は高麗が唐に滅ぼされた時、唐軍に従い日本に亡命した高麗人福徳の子で伯父として、官吏になり昇進した高倉福信を連れて京に来ていた人物で、『懐風藻』にもその詩がのせられている。この歌は奈良の盧遮那仏の開眼前の式に集まった聖武天皇以下多数の僧侶・官人等の中で九州の九州王朝側の倭人が、この手柏の裏表が同じように、八幡大神の禰宜尼大神社女が天皇の輿と同じ紫色の輿に乗って東大寺に参詣した思い上がりを誇ったのである。

なお、高倉一族は高麗人として武蔵国高麗郡に住み続けた。坂口安吾が日本地理の中に「高麗の笛」があり、現在までその氏族の続いた話をのせている。

第二部　日本歴史の始まり

序章

日本歴史としての始まりは、『魏志』倭人条にのる邪馬台国についての記事である。それ以前のことは、この条にのる記事以外に知ることは出来ない。しかし、日本国内のことは『日本書紀』『古事記』（以下『紀・記』と省略）に載っており、邪馬台国以前のことが或る程度判るのである。以下、万葉集にのる歌を挙げて考察したい。

巻第十九に、大伴家持の越中守から京に向かう路上にて興に依りて、予《あらかじ》め作れる、宴に侍べらいて詔に応ずる歌一首並に短歌がある。

四二五四　蜻嶋《あきつしま》　やまとの国を　天雲に　磐船浮べ　艫に舳に　真櫂《まかい》しじぬき　いこぎつつ　国見しせして　天降《あも》りまし　拂ひ平らげ　千代累ね　いや嗣継《つぎつぎ》に　知らし来る　天の日嗣と　神ながら　わが大君の　天の下　治め賜へば　物部の　八十伴《やそとも》の雄《を》を　撫で賜ひ　ととへ賜ひ　食国《おすくに》を　四方《よも》の人をも　あぶさはず　めぐみ賜へば　いにしえゆ　無かりし瑞《しるし》　たびまねく　申したまひぬ　手《た》むだきて　事なき御代と　天《あめ》

地《つち》　日月と共に　万世《よろづよ》に　記《しる》し続《つ》がむぞ　八隅《やす》みしし　わが大君　秋の花　しがいろいろに見し賜ひ　明らめたまひ　酒みづき　栄ゆる今日の　あやに貴さ

四二五五　秋の時花　種《くさぐさ》にあれど　色別《ごと》に見し明等《あきら》むる　今日の貴さ

始めの一首では、大伴氏が空から日本に天降ったことを述べているが、これまでの古代歴史学者は、これにつき一言も述べておらず、日本に天降る記事の最初は、神武紀の最終に、饒速日《にぎはやひの》命《みこと》、天磐船に乗りて、太虚《おおそら》を翔《かけ》り行きて、この郷《くに》を睨《おせ》りて降り給うに及至《いた》りて「虚空《そら》見つ日本《やまと》の国」という、である。饒速日命は物部氏の祖である。すると前記の一首からすれば、物部氏を最初に撫で従わせて発展したことになってくる。

そこで物部氏の編纂した『旧事紀』巻第三、天神本紀は、『書紀』の巻第一にのる神代下の一書（第二）を利用し、天照大神が天忍穂耳尊を葦原中国に降らせる時、高皇産霊尊の兒思兼神の妹萬幡豊秋津師姫栲幡千々姫命を妃となし、天照国照彦天火明櫛玉饒速日尊を誕生す、とある。時に天忍穂耳尊が奏するに「僕将に降らんと欲ひ装束する間に生まれた兒いると奏上し、詔してこれを許された。」この段より『書紀』と異なってくる。

続いて天神御祖の詔で、

天璽端宝を授ける。羸都《おきつ》鏡《かかみ》一、邊都鏡一、八握劒一、生玉一、死反玉一、足玉一、道反玉一、蛇比禮一、蜂比禮一、品物比禮一と謂ふは是なり。

続いて天神御祖の詔をのせ、「もし痛む処有らば、この十の宝を一—二—三—四—五—六—七—八—九—十と謂て布瑠《ふる》へ。由良由良止布瑠へ。かくのごとく為さば、死人は生き反りなん。是則ち、所謂る布瑠之言《ふるのこと》の本なり」がある。これは大和の石上神宮《いそのかみじんぐう》の神宝と、その用法をのべている。物部氏はこの神社を氏神のようにしている。しかし、この神宮の祭神を知れば、物部氏が大伴氏により服属し利用されていたことが判明し、天神御祖も自然に判ることになってくるのである。

石上神宮のこと

石上神宮については、古代史を学ぶ人はその存在については知り、万葉集を読む人も同様であろう。ただこの神宮の考古学上からの知見は、この禁足地から七枝刀が出土し、その北の平野に突き出した丘に、東大寺山古墳が高地性集落の上に築かれており、この古墳から中平という中国の年号のある剣の出土していることは、普通の人には知られていないであろう。この古墳は四世紀中頃を過ぎた頃の築造であり、この神宮と関係のあった氏族に繋がると推定される。

『紀・記』に関係する記述は、この中で述べた物部氏に関係することは前記した通りであるが、最初にのる神武天皇の東征が神話の続きとして、大伴氏の活躍が特筆されているため、神武東征が『紀・記』編纂時の当時の政治上の理由で作られ、後世の事件を勘案しつつ編纂されていることを知っておく必要がある。これは大伴氏の出自に関係しているからである。

石上神宮は現在の天理市布瑠町布瑠山にあり、この山の丘陵部にあって背後の龍王山に発する布瑠川が神宮の社地の北を流れている。祭神は『延喜式』神名帳に、石上坐布都御魂神社とあり、一座で名神祭でも同様で、四時祭下に、石上社一座と朝廷より下される幣物の目録が記されている。臨時祭条には「凡石上社門鑰一勾、匙二口、官庫に納め祭に臨む前にあって、官人、神部、卜部各一人を遣わし、門を開き掃除し、祭に供す。自余正殿并伴伯二殿匙各一口、同じく庫に納め輙《たやす》く開き得ず」とあって、石上神宮の相殿に大伴・佐伯氏の神が祭られていたのである。

以上からすると大伴氏が首と仰ぐ神が正殿に祭られており、これが布都御魂になるのである。

さて、この神が誰であるか推定出来れば、日本の成立する事情が判明することになる。物部氏の神武東征の終わりの降臨神話は、天神御祖を大伴・佐伯氏の祖であるのを利用して作られ、その御祖が石上神宮の祭神であったことにある。石上神宮の十種の神宝と同様に、多数の神宝を持って渡来したことを、『紀・記』共にのせるのは、新羅から日本に渡来した天日槍《あめのひぼこ》であり、その渡来してきた経緯や、出石《いずし》に落ち着くまでの順路や、その子孫の系図をのせている。その天日槍《あめのひぼこ》が大和を征服し王になるまでの経過が、大伴家持の歌の初に服属させた物部氏であり、その物部氏を利用して天皇の系図が作られ始められたのである。

日本の文献学者の最初の大家である津田左右吉氏は、出石と石上の神宝を比較して創作であるとして、これにより神功皇后以前の歴史はすべて創作とし、文献古代史学者は勿論、考古学者もこれに追随し、大和の纒向の穴師川の下流の流域が、橿原考古学研究所の『報告書』纒向によれば、三世紀の中頃から急激に開拓され、最古の古墳が造られており、邪馬台国をこの地方に求める畿内を中心にする学者による邪馬台国説が、考古学を利用して推進されようとしている。この弱点は、銅矛圏と銅鐸圏が三世紀に東西に存在していたことは、島根県の荒神谷遺跡により証明されたのに、畿内説は銅鐸の消滅について、その理由を推測すらしないことである。この第二部では、後章で巨大銅鐸の出土する地域が、神功皇后軍が大和に帰還する祭の戦闘で隠され、その代わりに和製の銅鏡が各地の豪族に配布されたとし、津田説の成立しないことを立証する。

津田左右吉氏が出石の神宝と石上の神宝の違いを問題にしたのであるが、出石より天日槍の子孫が大和平野の要地である石上に住所を移動し、神宮を作り、そこに出石に将来した八種の神宝を、十種の神宝にして死に瀕する人に、これを振るいながら呪文を唱えると、生き返る役にしたのであり、物部氏はこの神宮の宝物の警護役であり、この呪術は物部首が神主としてこれを行い、のちに布留宿禰の名で行なっていた。しかし、祀られているのは前述した布都御魂であり、禁足地から七枝刀が出土し、四世紀から存在していた。最初に服属させられた物部氏はどこにいたかの問題になる。

天日槍が渡来して但馬の出石に住むことになるまでは『紀・記』や『播磨国風土記』にのせられ、その子孫の系図まで『紀・記』にのせられている。天日槍が創作されたなら、なぜその子孫の話まで創作して書かれる必要があろうか。天日槍は出石神社に祭られ、祭神は八種の神宝であり、神社裏に禁足地があり、石上神宮も同様である。これより天日槍を日矛に省略して用いることにする。最初に述べておきたいのは、石上神宮の近くの二地点から銅鐸の編年で中頃の銅鐸が出土し、その一つの鈕に二人の人物が棒を振るような模様が付けられていることである。

簡単に日矛の渡来をのせると、『書紀』では垂仁天皇条に、纒向の珠城宮に都をした、と先述した纒向がでている。二年条に、或説として、崇神天皇の世に、額《ぬか》に角の生えた人が越の国の笥《け》飯《ひ》の浦についた。そこで敦賀の名がつき、自分はツヌガアラシトといい、日本の国に聖王がいると聴き長門国に着くと、その王が自分であると引き留めたが、人柄を見て離れ、島伝いに出雲を回ってここに来た、といったので帰らせ、赤織物の絹を与えミマキ天皇の名を取ってミマナノ国と名乗れといい、この絹を自分の国の蔵に納め、新羅人がそれを聞き奪ったので、新羅との間に争いが起きたとある。

また、一伝として同人が国にいる時に、日本に行く原因になる女の話が続いてあり、『古事記』でも、同様な話が応神記の終わりに長くのせられ、日矛の子孫の系譜を詳しくのせ、神功皇后の母まで続いている。

三年条に、新羅の王の子、日矛が船にのり播磨国の宍粟邑《しそうむら》にいた時に、天皇が三輪君の祖大友主と、倭直《やまとあたい》の祖長尾市《ながをち》を遣わし尋ねさすと、新羅王の子で日本国に聖王がいると聴き、自分の弟に国を任せてやってきましたと、答え、次の八種の宝、葉細の珠・足高の珠・鵜鹿鹿の赤石の珠、出石の小刀・出石の槍《ほこ》・日鏡・熊の神籬《ひもろき》・胆狭浅《いささ》の太刀を捧げた。天皇は詔して、宍粟邑と淡路島の出浅邑《いずさむら》に住ませると、日矛は自分が諸国を巡って気に入った処に住ませて下さい、と答え、宇治河を遡り、近江国の吾名邑《あなむら》にしばらく住み、近江から若狭を経て但馬国に居所を定めた。近江の鏡邑の谷の陶人《すえひと》は日矛に従っていた者であるとし、それより日矛の子孫をのせ、『古事記』と同様であるが田道間守までのせている。

ここらに倭直になる神武東征にのる氏族をのせるため、津田説が神功皇后以前を創作したのであろう。結局、ツヌガアラシトの話は日矛の渡来の話と同じことを、詳細に述べていることになる。

八十八年条に、日矛の曽孫の清彦に天皇が八種の神宝を献上するよう言われ、捧げる時に小刀だけ奉るのを惜しみ、衣に隠していたが、暴露し、八種の宝を神庫に納めていたが、小刀だけ失っており、清彦に問うと夕方に家に持ち帰ったが、翌朝に失せていましたと答え、その小刀はひとりでに淡路島に行き、土地の人は神と思い祠に祭ったとある。

さて、日矛が最初に従えた物部氏が何処にいたかである。但馬国の出石町に近いのは、山越えすると隣は丹後国である。日矛の祭られている但馬国出石郡伊豆志坐神社八座のある出石町の南部の谷山川の上流の山を越えると丹後国与謝郡野田川町である。与謝郡に物部郷があり、この地が物部氏の発祥の地であろう。丹後国は丹波国より分かれ和銅六年四月に置かれている。与謝郡の式内社をみると、物部神社と矢田部神社があり、後者は崇神紀六十年条に、矢田部の遠祖武諸隅を遣わし、出雲大神の神宝を奉《たてまつ》らせたことをのせ、この氏族が祭る社であろう。

次に丹後国出身の人物をあたると、丹後王国があったとする説があるように、后妃を出す氏族が多く、開化天皇の母は鬱色謎命《うつしこめのみこと》といい、穂積臣の先祖鬱色雄命《うつしこをのみこと》の妹で物部氏族である。天皇は皇后に庶母伊香色謎命《いかがしこめのみこと》をたて、崇神天皇等を生んでいる。ここらの皇后は物部氏に縁が深いから創作された疑いが深い。これより先に、天皇は丹波竹野媛を妃とされ、彦湯産隅命《ひこゆむすみのみこと》が生まれ、次妃の和珥《わに》臣の先祖姥津彦命《ははつひこみこと》の妹姥津媛《ははつひめ》は、彦坐王《ひこざおう》を産んでいる。

『古事記』では日子坐王《ひこいますおう》の子孫の系譜を詳しくのせている。崇神紀十年条に四道将軍を派遣する中で、丹波に丹波道主命が派遣されるが、崇神記には日子坐王を丹波国に遣わしクガミミノミカサを殺させている。開化記では近江の三上の祝《はふう》がもちいつく天の御陰神の女、息長水依比売《おきながみずよりひめ》を娶して丹波道主命を生んでいる。垂仁紀に、皇后になる丹波道主王の娘日葉酢媛《ひばすひめ》を彦坐王の孫にしているが、或いうに彦湯産命の孫としている。この皇后が景行天皇の母になるために、この関係を明らかにする必要がある。

先の四道将軍の派遣からすれば、日子坐王は年齢が古く同じ丹波生まれの彦湯産隅命の子であろう。これは彦湯産隅命の三兄弟の後の役割から判断され、これについて後述する。

日子坐王が和珥氏と関係の深いことは、日子坐王の子孫が丹波国に関係する以外に、多数の氏族の祖になる人物をのせ、和珥氏は石上神宮のある地にいた原住者であったからであろう。和珥氏の系図を調べると、孝昭天皇と世襲《よそ》足媛《たらしひめ》の間に、天足彦国押人命《あまたらしひこくにおしひとのみこ》と弟の日本足彦国押人《やまとたらしひこくにおしひと》天皇が生まれ、(孝安天皇)が生まれ前者を和珥臣らの先祖とする。

天足彦国押人命の名づけは、日矛を押し立てたことより、その諡《おくりな》が作られたのであろう。皇后の母の世襲足媛は尾張連の先祖瀛津世襲《おきつよそ》の妹とあり、この名に尾張連と現実にある氏族のでることは、日矛が尾張の首長と接触したのを表わす為である。日子坐王が母の妹ヲケツヒメを娶して、山代の大筒木真若王《おほつつきまわかおう》を生み、弟の伊理泥王《いりねおう》の女丹波のアジサバ比売を娶り生まれた子は、カニメ雷王、この王が丹波の遠津臣の女、名は高材比売《たかきひめ》を娶して生まれた子、息長宿禰王《おきながすくねおう》、この王が葛城の高額比売《たかぬかひめ》を娶り生まれ子、息長帯比売・虚空津比売命《そらつひめのみこと》・息長日子王とある。

この系譜の中のカニメ雷王を私は多臣の祖である武諸木《たけもりき》、神話にのる武甕槌神《たけみかづちかみ》にしたいのである。出石神社の北に式内社の中島神社があり、垂仁紀にのる常世の国から橘を持ち帰り、垂仁天皇に殉死した田島間守が祭られており、現在菓子商の神にされている。この社の相殿に湯河板擧《ゆかわたな》が祭られているが、その縁について後述。兩神社の中ほどより北の中島神社よりの丘陵に森尾古墳があり、口始年の銘のある三角縁神獣鏡が出土したので知られている。この社と古墳の間を流れる穴見川の上流に式内社、大生部兵主神社《おおふべひょうずじんじゃ》がある。この神社は多臣の氏族が祭ったとみられ、大生部は皇極紀三年条に、東国の富士川のほとりで大生部多が、常世の神と言って虫祭りを巫女たちがもてはやし、財産をつぶす者が多数あり、秦造河勝が多を打ち懲らしめる話がある。多の名から多臣族の部と推測される。

実在する大生部のつく氏族をみると、聖武紀神亀二年二月二十二日条に、私穀を陸奥国の鎮所に献じた人々の中に、外正八位以下の大生部直三穂麻呂がいる。常陸国行方郡に住む人と推定されるが、三穂麻呂の名が出雲の美保に通じ、気にかかる。

以上、日矛と丹後国の関係を述べたが、続いて大和の石上神宮に日矛が祭られるのに、地名からみて妥当性のあることを証したい。

地名と丹後国の関係

石上神宮のある地について前述したが、神宮のある北に和爾町があるので、和珥氏がその南にある布留の土地を提供したのであろう。すなわち、日矛の力に負けたことになる。奈良平野の西の馬見丘陵の北部の麓に三宅町がある。町内に東但馬・西但馬・上但馬と日矛のいた但馬の名が並んであり、三宅町は『和名抄』三宅郷で『姓氏録』右京諸蕃に「三宅連、新羅王天日桙命之後也」とあり、三宅町に接する川西町の結崎《ゆうざき》に式内社糸井神社があり、祭神とする糸井造は『姓氏録』に大和諸蕃「糸井造、三宅連同祖、新羅国人天日槍命之後也」とあり、但馬国養父郡糸井郷が出石町の南にある。石上神宮の地は天理市丹波市の東にあり、丹後国も丹波国から分かれて名付けられたのであるから元は丹波である。なお、西の馬見丘陵にある上牧町より外縁付一式の小型銅鐸二個が出土しているのも参考になる。地名からみれば三宅町の東は黒田郷で、孝霊天皇の宮の地であり、奈良の最大遺跡のある唐古・鍵が東に位置し、ここより粘土製の銅鐸鋳型が出土し、日矛族がここでも銅鐸を製作していた可能性が高い。

銅鐸の配布

日矛が渡来して勢力を得たのは、鍛冶の技術を持ち、九州の銅矛の武器よりも銅鐸が倭人に好まれるのを知ったからであろう。日矛は渡来して淡路島を経て畿内に入ろうとしたが、渡りの神に遮られ播磨に戻っている。洲本市中川原町出土の隆泉寺鐸は菱環鈕式の最古のもので土地の首長に気に入られなかったのであろう。

近畿地方で銅鐸が現れたのは、いつの時代か定説がなく、弥生時代の中・後期と考えられており、正確なことは判らない。私は近畿地方において二世紀の後半に争乱が始まったとされるのを知り、倭人伝にのる卑弥呼が擁立される以前と丁度同じ時期になる。私は、日矛が倭国に渡来し、但馬に入る頃より始まったとみている。それより銅鐸を国の村々の勢力のある首長に与えて支配下にし、小型から最後は一メートルを越す大型になっている。この最後の大型で象徴的なのが物部氏のいたとする与謝郡物部郷の野田川町出土鐸は、高さ一〇一センチ（京都国立博物館所蔵）であり、出石町の西の日高町の久田谷より破砕された銅鐸片が多数発見され、組み合わせると野田川出土鐸と同様であるとされている。そして、併出された土器の中に、大阪府の河内方面で作られた土器と推定される物があり、町内の南八千代遺跡からも同様な土器が出土している。恐らく日矛の氏族が大和に移動した後に、故郷に残った豪族に送ったのであろう。このように破砕されたのは、神功皇后の東征によると考えられ、後章で述べる。

ここで美濃の国の銅鐸に触れたい。可児郡可児町久久利は第一部でも触れたが、八坂入彦命のいた所で、巨大な銅鐸が発見されている。それまでの途中の大垣市十六町で外縁付一式鐸高さ二五・七センチ、岐阜市上加納で偏平式鐸高さ二十八センチと小型で旧式な鐸が発見されたのは、早い時期に分与されたのであろう。なお、日矛の淡路島から経路を但馬までを探ると、播磨国の飾磨郡夢前町神種出土の神種鐸が有名で、菱環鈕二式鐸の古式な形式で高さ三十五・五センチである。『播磨国風土記』にのる伊和大神と争った地域に、宍粟郡《しそうぐん》山崎町須賀沢に新しい型の高さ約一メートルの鐸、宍粟郡一宮町閏賀《うるが》に偏平式高さ四十二・六センチの鐸、宍粟郡山崎町の青木中井小谷から偏平式高さ三十一・七センチの鐸があり密集している。このあたりの加古川市にも閏賀鐸に似た鐸が出土している。日矛族の支配下の銅鐸作りが多量に配布したのであろう。特に和歌山県・徳島県・高知県の東部の海岸部に大型鐸が多いのは、九州を攻めるのに用いる船を造るためであったと推測される。中国地方に分布するのは、陸上から攻撃するための村々の首長に協力させるためであった。

埋没されたのは、神功皇后の東征によるもので、神戸市の桜ヶ岡から一括した出土した鐸等や、滋賀県野洲郡野洲町小篠原の大岩山の多数の一括埋納された鐸も同様であろう。これらは近隣の首長の持つ銅鐸を集めて、機会があれば取り出すつもりであったのが、永久にやってこなかったのである。その替わりに宝器として入って来たのが三角縁神獣鏡であった。

日矛の系図

日矛の系図は『紀・記』にのせられているが、『書紀』が簡単で『古事記』が精しく次のようである。

『書紀』

日矛
麻多鳥
——但馬諸助—但馬日楢杵—清彦—田島間守

『古事記』

日矛
前津見（俣尾の女）
——但馬諸助—多遅摩斐泥—但馬日楢杵
　　——多遅麻毛理
　　——多遅麻比多訶
　　——清彦

清彦
当摩咩斐
——酢鹿諸男
——菅竈由良度美

多遅麻比多訶
菅竈由良度美
——葛城高額姫

『古事記』系図の中の清彦は垂仁紀の最終に載せられており、清彦と共に大和に行ったのが当麻咩斐で、葛下郡の当麻にいたために、その名がつけられ、その兒と但馬比多訶が結婚して生まれたのが葛城高額比売であり、前出した大筒木真若王の系図のカニメ雷王を、私は神話の武甕槌神で実在する人物として、景行天皇の西征に従った多臣の祖である武諸木とした故、その兒の息長宿禰王が葛城の高額比売を娶り生まれたのが、息長帯比売命・虚空津比売命《そらつひめみこと》・息長日子王（吉備の品遅君の祖・播磨の阿宗君の祖）になったとする。従って、多臣が日矛について詳しいのは、このためであったと推定される。

以上の系図から考えると、後章で判るが出雲の国譲りに、武甕槌神がでるのは三世紀の丁度中頃であったので、開化天皇の子日子坐王の子の大筒木真若王が、弟の娘を娶り生まれたカニメ雷王が、丹波のタカキ姫を娶り生まれたのが息長宿禰王で、葛城の高額比売を娶っていることになり、彦坐王より一世代より先の二世紀の後半の半ば頃に、日矛が倭国に渡来したことになるであろう。丁度、邪馬台国が成立前の混乱状態につけこんで渡来した可能性が大きい。

古代史学者の間には日矛の渡来を後世になって作り上げたとする説が横行するが、それほど古代人に創作する能力があったとは信じられない。ただ『書紀』編纂時の藤原不比等による権力による介入は、垂仁天皇の伊勢の祭祀の条に、五人の大夫の中に中臣連の先祖大鹿島をのせていることによって察せられる。

第一章　神代上の話

序章で但馬国の日矛と丹後国の氏族の考察をしたが、神話にこれが投影されているかみることにする。『書紀』は巻第一、神代上、巻第二、神代下に分かれ、『古事記』では上巻の中に一括して載せられ、『書紀』では異なる傳を一書として多数載せている。

神代の始まりは抽象的な句で始まり、簡単に述べれば、混沌とした卵の中を混ぜたような中より、軽く集まった上澄が天になり、沈澱して底に固まった所が地になった。大地が出来ると、その中より三神が生まれ、一書が多数のせられ、第四では初めて高天原にて『古事記』と同様な天御中主尊・高皇産霊尊《たかみむすびのみこと》・神皇産尊《かみむすびのみこと》が生まれる。

以上の三神は純粋な男性神であり、続いて陰陽の二人神が四代続き、その四代目が伊弉諾尊《いざなぎのみこと》・伊弉冉尊《いざなみのみこと》である。これを神代七代という。

次が国生みになり、伊弉諾尊・伊弉冉尊が天の浮き橋（虹）に立って底に国があるといい、天之瓊矛《にほこ》を下ろして探ると海原にあたり、その矛先から滴った塩が積み重なってオノコロ島になり、両神がその島に降って交合し夫婦になった。

生む時に淡路島を胞としたが、意に添わず淡路洲（あ恥の意）とし、次に大日本豊秋津洲《おおやまととよあきつじま》を生み、次に伊豫二名洲《ふたなしま》、次に筑紫洲、次に隠岐洲と佐渡洲を双子で生み、次に大洲《おおしま》、次に吉備子洲を生み、始めて大八洲国《おおやしまくに》の名が起こった。すなわち、対馬嶋・壱岐嶋・所々の小嶋は皆潮の泡の凝って成ったものである。この段に一書を十のせている。

『古事記』のこの段は、両神の交合する時、女神が先に声を掛けたため水蛭子《ひるこ》を生み、この子を葦船に入れて流し、次に淡島を生んだが、これも子の数に入れず、両神は天つ神にその理由を請うと、太占《ふとまに》に占って女が先に声を掛けたのが悪いと告げ、その教えの通りに男から声をかけると、淡路の穂の狭別島、次に伊豫の二名島《ふたなしま》を生み、この島は身一つにして面四つあり、伊豫国を愛比売《えひめ》、讃岐国を飯依比古《いいよりひこ》、粟国を大宣都比売《おおげつひめ》、土佐国を建依別《たけよりわけ》と謂った。これは男・女の名の国が二つずつから二名としている。次に隠岐の三子島を生み、亦の名を天之忍許呂別《あめのおしころわけ》、次に筑紫島を生み、この島も身一つにして面が四つあり、筑紫国は白日別《しらひわけ》、豊国は豊日別《とよひわけ》、肥国は建日向《たけひむか》日豊久士比泥別《ひとよくしひねわけ》と謂い、熊曾国は建日別《たけひわけ》と謂った。次に壱岐島を生み亦の名を天比登都柱《あめのひとつはしら》と謂い、次に対馬を生み、天之狭手依比売《あめのさでよりひめ》と謂った。次に佐渡島を生み、次に大倭豊秋津島《おおやまととよあきつしま》、亦の名を天御虚空豊秋津根別《あまつみそらとよあきつねわけ》と謂った。そこで、この八島を先に生んだことにより、大八島国と謂うとしている。

しかして後、還ります時、吉備児島を生み、亦のを建日方別と謂い、次に小豆島《あづきしま》を生み、大野手比売と謂い、次に大島を生み、亦の名を大多麻流別と謂い、次に女島《ひめしま》を生み、亦の名を天一《あめのひと》根《つね》と謂い、次に知訶島《ちかのしま》を生み、亦の名を天之忍男《あめのあしを》と謂い、次に兩兒島《ふたごしま》を生み、天兩屋《あめのふたや》と謂うとあり、六島をのせている。『書紀』は吉備子洲を大八洲国に入れていた。

『古事記』で還る時に国生みをしたのは、伊弉諾尊が元国に還る意味でうっかりのせたのであろう。天一根はツヌガアラシトが女を追って日本に来た時、女が豊国の国前郡の比売語曾社の神になったのを引いたのであろう。すなわち、最初に二神が天之瓊矛を淡路島の近くのオノコロジマに下して国生みを始め、終わって還る時に作られた島々をのせたのであろう。すると最後の天兩屋は、宗像の三女神の中で島に住む二神ということになるであろう。これは『古事記』の応神天皇の最後に、日矛が玉より化した妻を追って来、難波に到らむとした時、その渡りの神が遮って入れなかったので、更に還って但馬国に留まったとのせ、日矛の日本征服の始まりを日本神話の始まりにしていたからであろう。海を天之瓊矛で探っていて国生みが始まるのは、日矛より始まったことになる。

神々の生成

国生みで別のつく国は、天皇の諡に別がつくのを利用し、その天皇の支配する国を当てているのであろう。次にそこに住む神々を生む話になる。この生まれた神々の話には、いろいろの神の名が出て来る。その神の役目もあり、書かれている神のわけがわからず、最初から読むのを敬遠するようになるため、この神々の名や役の紹介を止めるが、後項に関係する神の名があり、神話の謎解きに役立つのがある。終わりに生んだのに天鳥船神、大宜都比売神《おおげつひめ》、火之迦具土神《ひのかぐつち》がある。大宜都比売神は四国の亦の名で阿波国であった。

火神押殺

『書紀』に一書がいくつかある中で『古事記』と同様なのもあり、『古事記』によれば、最初に出るのは伊弉冉尊が国生みが済み、最後に火神迦具土神《かぐつちかみ》を生む際に、熱のため苦しみ、死ぬ前に身体から出した物から神が生まれる。ここにおいて伊弉諾尊は、愛《いと》しい吾が妻の命をおまえのために替えさせられたと言われ、御枕の方《べ》に腹這い、御足の方《べ》に腹這い泣かれた時、その涙から成った神は、香具山の畝尾《うねを》の木の本にいまして泣沢女神《なきざわめかみ》と名づけた。亡くなった伊弉冉尊を出雲国と伯岐国の境の比婆山に葬ったとある。この山がでるのは『古事記』だけであり、出雲神話につなぐためであろう。

　この段の泣沢女神は、万葉集巻第二、二〇二に、一九九の髙市皇子の殯宮の時、柿本人麻呂歌の一首短歌に続き「哭沢の杜《もり》に神酒《みわ》すゑこひ祈《の》れど」があり、この神社は大和国十市郡の式内社畝尾都多本《うねをつたもと》神社である。いつ頃に作られた神社か判らないが、祭神に関係するのに『姓氏録』によれば「畝尾連、天辭代命子国辭代命《あめのことしろみことのこくにのことしろのみこと》之後也」があり、続いて述べる出雲神話の主人公である事代主命であって、出雲に関係がある。

　ここにおいて怒った伊弉諾尊は、長い剣を抜き迦具土神の首を斬ると、その血が湯津石村《ゆついわむら》に注ぎ落ち、刀の部分から落ちた血によって成った神々が生まれる。剣の刃先から滴った血が天の安河のほとりにある沢山の磐群《いわむら》に着いて成った神が石拆《いわさく》神・根拆《ねさく》神・石筒《いわつつ》之神（『書紀』經津主神）の先祖となり、剣の本から滴った血がそそいで甕速日神、次に樋速日神　次建御雷之男神が生まれる。前章で述べた日矛に服属した物部氏と多臣の祖武甕槌神が出ている。『書紀』でも同じようであるが多少違っている。斬られた身体の部分から成った神が八神が生まれる。

　以上の話のモデルに成ったのが、垂仁天皇の皇后狭穂姫が兄の狭穂彦にそそのかされ、天皇が膝枕で寝ている時、小刀で刺そうとしたが情にほだされ、落とした涙が天皇の顔に落ち、目をさました天皇が「丁度、沙本《さほ》の方より俄雨が降ってきて顔にかかり、錦色の子蛇が首に巻き付いた夢を見ていたが、何かの徴《しるし》か」と言われ、兄にそそのかされた策を話し、天皇は怒って狭穂彦を殺す軍を遣わしたが、狭穂姫はひそかに兄の稲城に入っており、共に焼け死んだ。その時、幼児の誉津別皇子が助けだされた。この話を元にして作られたことになる。この場合の迦具土《かぐつち》神は誉津別皇子であったことになり、泣沢女神が狭穂姫であったのであろう。

第二章　黄泉の国

　ここで死んだ妻の伊弉冉尊《いざなみのみこと》に会いに、黄泉《よみ》の国へ伊弉諾尊《いざなぎのみこと》が行く話になる。伊弉諾尊が黄泉の国で話し合うと、伊弉冉尊に「黄泉の国の食物を食べてしまい寝るところです。私の寝姿を見ないで下さい」と言われ、伊弉諾尊がこっそり爪櫛の端の大きい歯を一つ欠いて火をつけて見ると、膿《うみ》が流れ蛆《うじ》が湧いており、身体の八カ所に八雷神《いかづちかみ》がいた。これが夜一つ火をともすことを忌み、櫛を投げるのを忌む本になった。

　そこで伊弉諾尊が恐れ畏んで逃げ帰ると、伊弉冉尊は「我に恥をかかせた」と、黄泉醜女《よみのしこめ》を遣わし逐わせた。そこで伊弉諾尊は身体に付いている物を投げると葡萄や筍になり、それを食べている間に逃げのびた。最後に八雷神に黄泉軍《よもついくさ》を率いさせ追ってきた。そこで十拳剣《とつかつるぎ》で後ろ手に振りながら逃げ、黄泉比良坂《よもつひらさか》の坂本に到った時、桃の実三箇を取って投げると悉く逃げ返った。その桃の実に「汝が我を助けた如く、葦原中国のあらゆる青人草の苦しき瀬に落ちて患い悩む時、助くべし」と云われ、名をオオカムヅミノ命といった。

　この段に葦原中国がでるのは、すでに出雲地方を指すことになり、続いて最後に伊弉冉尊が自ら追って来た。そこで千引の岩を黄泉比良坂に引き塞えぎり、石を中に置いて離縁を申し渡す時、伊弉冉尊は「愛した我が夫がそのようにするなら、我は一日に汝の国の人草千人の首を絞め殺そう」と云うと、伊弉諾尊は「愛いする妻がそのようにするなら、我は一日に千五百の産屋《うぶや》を立てん」と言われ、これにより一日に必ず千人死に、一日に千五百人生まれることになった。これにより伊弉冉尊は黄泉津大神と謂われ、また追ってきたので道敷大神《ちしきのおおかみ》と名付けられた。また黄泉の坂の塞った石を道返之大神《ちかへしの》と謂う。その黄泉比良坂は、今、出雲国の伊賦夜坂《いうやさか》と謂う。

　以上は、横穴石室古墳の内部の様子や石の役割をのせたと思われる。これまで『古事記』を主として簡略に述べたが、『書紀』の一書第十は異傳をのせ、伊弉諾尊が妻と黄泉平坂で争った時に、「始めに貴女を悲しみ慕ったのは私が弱虫だった」と言われると、黄泉守道者《よもつちもりひと》が申し上げるのに伊弉冉尊の言葉があり「我はあなたと国を生みました。どうして更に生むことを求めましょうか。私はこの国に留まり、共に去ることは出来ません」と伝えると、この時、ククリ媛神が申しあげることがあった。伊弉諾尊はそれを誉め退散したが、但し、黄泉国を見て不祥であったので粟門・速吸名門を見ると潮が早いので、橘小戸《たちばなのをど》に行き禊祓いをしている。これは『旧事紀』にものせており、ここに出るククリ媛は、景行紀にのせる天皇が八坂入彦皇子のいる泳宮に行き、弟媛を娶ろうとすると辞退し、姉の八坂入媛を勧めたことにより、その名を利用したように思われる。第一部で九九隣（泳）のでる歌をのせた。

伊弉諾尊の禊祓

『書紀』第五段、一書（第六）に、伊弉諾尊は黄泉国での汚辱を洗い流そうと筑紫の日向の小戸の橘の檍原《あわきはら》に至り禊祓いをする時、興言《ことあげ》して行なったことをすでに第一部で述べており、この時に三少童神と、これをいつき祀るのが阿曇連等、三筒男命は住吉大神、左眼から生まれたのが天照大神、右眼から生まれたのが月読神、鼻から生まれたのが素戔嗚尊であった。これ等の神はすべて筑紫島から生まれた神であることに注意しなければならない。そして、天照大神に高天原、月夜見神に青海原の潮流を治めさせたが、素戔嗚尊は年もとり、長い髭が伸び天下を治めず泣き恨んでいた。伊弉諾尊がなぜ泣くのかと聞くと、母のいる国の根の国に行きたいと思い泣いていると答えたので、憎んで「望みとおりにしろ」と追放された。

『古事記』では、追放すると、伊弉諾尊は淡海の多賀に坐す、とあり、『書紀』では、神のことを終わり、幽宮《かくれのみや》を淡路の地に造って隠れられた、とあり、先の興言《ことあげ》のタブーに対応している。淡路に造ったのは、日矛が最初に上陸した地であったからであろう。

一書（第十二）では、月夜見神は、日と並んで天を治め、素戔嗚尊は海を治めるのを命じられた。月夜見神が命を受けて保食神《うけもちのかみ》のもとに遣わされた。保食神が口から向かう方向により魚や鳥獣を出したのを、「口から吐いた物を食べさすのか」、といって剣を抜いて打ち殺した。報告を聞いた天照大神は怒って、昼と夜に分かれて住むようになった。その後、天熊人《あめのくまびと》を遣わし見さすと、保食神の身体のいろいろの場所から、牛馬や五穀が生まれていたので持ち返り、天照大神は喜んで人民のために、田畑の種にして田畑を人民のために作って邑君《むらきみ》を定め、口から蚕の繭を引き養蚕を始められた。

第三章　天照大神と素戔嗚尊の誓約

素戔嗚尊の勝さび

根の国に行く素戔嗚尊は、姉に会ってからにするといって、高天原にいる天照大神の所へ行くと、猛けだけしい動作に海山が轟き鳴り響いた。それに驚いた天照大神は、素戔嗚尊の性質を知っているため武装して、歌舞伎役者の所作の様子のようにして待ち構えた。素戔嗚尊が来ると、国を奪いに来たのかと詰問すると、素戔嗚尊は「根の国に行く前に姉上にお目にかかるために遣《や》ってきたのです」と申し上げ、天照大神は、それなら「お前の赤い心を何で証明するか」といわれ、「姉上と誓約《うけひ》し子を生むことにしましょう、私の生んだ子が女なら汚い心があり、男だったら清い心であるとして下さい」と言った。

そこで天照大神は素戔嗚尊の十握の剣を借り、三つに折って天真名井で振りすすぎ、カリカリと噛んで噴き出した霧から生まれでた神を、名づけて田心姫《たこりひめ》といった。次に湍津姫《たぎつひめ》　次に市杵嶋《いちきしま》姫《ひめ》の三柱の神である。素戔嗚尊は、天照大神の角髪《みずら》に巻いた八坂瓊の五百《いおつ》箇の御統《みすまる》を乞われて、天真名井で振りすすぎ、カリカリと噛んで噴き出す霧から生まれた神を、名付けて正哉吾勝勝速《まさかおかつかちはや》日天忍穂耳尊《ひあめのおしほみみのみこと》、次に天穂日命（出雲臣・土師連の先祖）次に天津彦根命（凡河内直・山代直等先祖）次に活津彦根命。次に熊野櫲樟日命《くまのくすびのみこと》。みなで五柱の男神である。このとき天照大神のいわれるに「その元を尋ねれば、八坂瓊の五百箇の御統は私の物である。だから五柱の男神は全部私の子である」と、そこで引き取り養われた。素戔嗚尊の物から生まれた三柱の女神は素戔嗚尊に授けられた。これが筑紫の胸肩君《むなかたきみ》らが祭る神である。

この段では三女神が素戔嗚尊の子にされたが、この段に一書が三あり、第一は、天照大神が自分の持つ剣、素戔嗚尊が首に掛けていた五百箇の御統をそれぞれふりすすいで食べ、天照大神から三女神が生まれ、素戔嗚尊から生まれたのが正哉吾勝勝速日忍骨尊という五男神が生まれ、勝の名のあることより悪心のないことを知り、日神《ひがみ》の生んだ三女神を筑紫に降らせ、三柱の神に海路の途中に降り天孫を助け、天孫のために祀らせられた。

第二に素戔嗚尊が天に登る途中に、羽明玉神がいて迎えて瑞八坂瓊《みずのやさかに》の曲玉《まがたま》を与える話があるのは、なにかの伝えを挿入したのであろう。

第三は素戔嗚尊の身体の部分から神が生まれ、五男神以外に熯之速日命《ひのはやひのみこと》が生まれており、三女神は葦原中国の宇佐嶋に降らせ、今、北の海路の中におられ、名づけて道主貴《ちぬしのむち》といい、筑紫の水沼君らの祭神である。

天の岩屋戸

勝ち誇った素戔嗚尊の天上での仕業は、例えようもなく無茶で、天照大神の神田に、春は種を重ね蒔きし、田の畔をこわし、秋はまだら毛の馬を放して田の中を荒らした。天照大神が新嘗の祭りしている時、その部屋にこっそり糞をした。また、神衣《かむみそ》を織っている時に、ぶち馬の皮を剥いで、屋根に穴をあけ投げ入れた。その時、天の服織女《はとりめ》が見て驚き、梭で陰《ほと》の上を衝き死んだ。

（大和の箸墓の出来るのと同じ表現）

そこで天照大神は天の岩屋に入り、戸を閉められた。そのために国中が常闇《とこやみ》になり、夜昼の区別がつかなくなった。八十万《やそよろず》の神たちが天の河のほとりに集まり、どんなお祈りをしたらよいか相談すると、思兼神《おもひかねかみ》が深謀遠慮をして、常世の長鳴鳥（鶏）を集め長鳴きをさせ、手力雄神《たじからをかみ》を岩戸の脇に立たせ、中臣連の先祖の天児屋命《あめのこやねのみこと》、忌部の遠祖太玉命《ふとだまのみこと》は、天香山《あまのかぐやま》の沢山の榊を掘り採り、上枝に八坂瓊の御統、中枝に八咫鏡をかけ、下枝に青白の幣《にきて》を下げ、みんなで祈祷し、猿女君の遠祖天鈿女《あめのうずめ》は、手に茅纏《ちまき》の矛を持ち、岩屋戸の前で桶を伏せて、その上で香具山の榊を頭の飾りにし、ひかげかずらを襷にし、篝火を焚き神憑りして踊り、胸乳を掻き出し、裳紐を陰部《ほと》まで下げた。高天ヶ原はどよみ八百萬神《やおよろずかみ》が共に咲った。

ここに天照大神が怪しんで細めに岩屋戸を開くと、隠れ立っていた手力雄神《たじからをかみ》が手を取り引き出し、中臣・忌部神が戸に注連縄《しめくりなわ》を引き渡し入れぬようにした。その後、諸神は罪を素戔嗚尊にきせて、沢山の供物を出させ、髪を抜き、手足の爪を抜き、あがないにさせて高天原から追放した。

　この段に一書が三あり、続いて八岐大蛇《やまたのおろち》の話になる。一書によれば各種の品部の祖神の名がでたりし、岩屋の話は『書紀』編纂時の氏族の合意の上で作られたと推定され、それは後章で判るが、中臣氏の祖は、豊前国仲津郡中臣郷の出身で、邪馬台国の連盟国王の一族であり、卑弥呼を王としていたため、卑弥呼を天照大神に仕立てるために、岩屋から再生させる話を作り、その弟に素戔嗚尊を作ったのは、邪馬台国から出雲に派遣された人物がいたため、それを利用してこの話が作られているのである。

　一方、邪馬台国を亡ぼした国の代表を載せねば釣り合いが取れぬので、編纂時の氏族の名を神でのせねばならなかった。ひとえにこれは藤原不比等の権勢によっている。このことは天照大神等の生まれたのが筑紫であったことを興言《ことあげ》して禊をしたことで述べられている。

　亡ぼしたのは香具山を中心とする高皇産霊尊を祖とする国であるから、その国の神をのせねばならぬ。それが思兼神であり、一書第一にのせる高皇産霊尊の兒、思兼命である。『旧事紀』第三、天神本紀にのる天降る防衛の三十二人の供人に、八《や》意《お》思兼神《おもいかねかみ》の兒表春命、信乃阿智《しなのあち》祝部《はふりべ》等祖とのせ、この神が誰か探ると、供人の中に八坂彦命、伊勢神麻績《おみ》連等の祖がある。先に素戔嗚尊が天に登る時に羽明玉があったが、供人の中に天明玉命、玉作連等祖がある。八意思兼神は八坂彦命と考えられ、『姓氏録』に、「神麻績連、天物知命之後也」があり一致する。手力雄神は『古事記』にのる日《ひ》子《こ》坐王《いますおう》が山代のカリハタトベを娶り生まれた大俣王の子、曙立《あけたつ》王は伊勢の品遅部君、伊勢の左那造の祖とあり、両者は『古事記』の天孫降臨条に、「思金神は前の事を取り持ちて政《まつりごと》をせよ」とあり、二柱の神は、さくくしろ五十鈴宮に拝し祭る、とある。信濃の戸隠神社は阿智祝部の人が建立し、祭神は手力雄神とされている。なお、『古事記』では、曙立王に倭《やま》者《と》師木《はしき》登《と》美《み》豊朝倉曙立王《とよあさくらあけたつおう》の美称を与え、到り坐す地に品遅部《ほむじべ》を定めたとあり、菟上王《うなかみおう》は比売陀君《ひめだのきみ》の祖とあり、履中記に比売陀君等に姓を与え比売陀の君と謂うと、不得要領なことをのせる。小俣王は當麻《たぎま》の勾君《まがりのきみ》の祖とある。

一書にのる職に、石凝姥《いしこりどめ》を工《たくみ》にし、香具山の金を採って日矛を作らせ、鏡作部の遠祖の天糠《あめのぬか》戸《と》神《かみ》に鏡を作らせている。この鏡を岩屋に差し入れた時、戸に触れてできた小さい傷は今でも残っており、伊勢にお祀りしている鏡とする。

一書の第三では特に詳しく、中臣連の遠い先祖の興台産霊《こごとむすび》の子、天児屋命《あめのこやねのみこと》を遣わし、天の香具山の榊を掘り、上・中・下の枝に天抜戸の子石凝戸辺命《いしこりとべのみこと》の作った八咫鏡、伊弉諾尊の子天明玉が作った八坂瓊の曲玉、阿波の忌部の先祖の天日鷲の作った木綿《ゆう》を掛けと、ずっと長く続いている。そして終わりに、素戔嗚尊が誓約で生んだ子の子孫を本文と違い詳しく書いており、一神多くし熯速日命神《ひのはやひのみことかみ》をのせている。これは太安万侶が書いたのであろう。中臣氏の祖が詳しいのは、後章で判るが、九州に縁が深く、その祖の名を興台産霊としたのは、邪馬台国と縁があったから名付けたのであろう。

第四章　素戔嗚尊の出雲下り

八岐の大蛇退治

素戔嗚尊が八岐の大蛇を退治する話はよく知られているので簡単に述べ、一書を交える。素戔嗚尊は天から出雲の簸の川上に降ると、土地の老夫婦がおり、少女一人を連れ泣いていた。理由を聞くと、毎年八岐の大蛇がやって来て娘を呑み、八人呑まれ今年も来て呑もうとしています。それで泣いていると申しあげた。テナズチ・アシナズチの老夫婦に娘の奇稲田姫《くしいなだひめ》をくれるなら策を考えようといい、承知すると娘をちょっとの間に櫛に変え自分の角髪《みずら》にさし、夫婦に酒を醸させて用意し、八つの棚を作らせ、そこに酒を入れた桶を置き、八岐大蛇の来るのを待った。やがて頭と尾が八つある大蛇がやって来、桶の酒を呑みやがて酔って眠った。そこで素戔嗚尊が持っていた十握の剣でずたずたに斬ると、尾を斬る時に刃がすこし欠けた。そこで尾を切り裂くと中に一つの剣があった。これがいわゆる草薙劒であり、一書に大蛇の上に常に雲があったので天《あめ》の叢雲劒《むらくものつるぎ》といわれたが、日本武尊になって草薙劒といわれた。素戔嗚尊は奇稲田姫をつれ、出雲の須賀に着いた時、心がすがすがしいといわれ、そこに宮を建て結婚された。その宮での歌、「八雲立つ　出雲八重垣　妻籠《つまご》みに　八重垣作るその八重垣を」は有名であり、それより自分は根の国に行かれた。奇稲田姫との間に生まれた子の系図は『古事記』に色々の名があるけれど、太安万侶に関係する人物の神を勝手に当てているようである。

一書第一は、素戔嗚尊の色々の名のある神の五代の孫を大国主神とし、第二は、素戔嗚尊は安芸の江の川のほとりに降り、尾を裂いて出した剣を草薙劒といい、これは今、尾張国の吾湯市村にあり、熱田の祝部《はふり》がお祀りしている神がこれである。その大蛇を斬った剣を蛇《おろち》の麁正《あらまさ》といい、今、石上神宮にあり、素戔嗚尊の六代孫が大国主神である。

第三は、草薙劒はもと素戔嗚尊の所にあり、今は尾張国にある。大蛇を斬った剣は、いま吉備の神部《かむとものを》の所にあり、尊が蛇を斬られた地は、出雲の簸川《ひのかわ》の川上の山である。

第四は、素戔嗚尊は追放されると、その子五十猛《いたける》神を率い新羅の国の曾尸茂梨《そしもう》の所に降られた。そこで興言《ことあげ》されて、この地に居りたくないと言われ、土で船を造り乗って東の方に渡り、出雲の国の簸川の上流の鳥上山に着いた。そこで人を呑む大蛇を天蠅斫《ははきりのつるぎ》剣をもって斬り、尾からひとつの不思議な剣を得られ、私の物にすることは出来ないと言われ、天之葺根神《あまのふきねかみ》を遣わし天に奉った。これが草薙劒といわれるものである。五十猛神が天降る時、沢山の樹の種を持って降られたけれど、韓地《からくに》に植えず全て持ち帰られ、筑紫から始めて大八洲国の中に播《ま》きふやして、全部青山にしてしまわれた。そこで五十猛神を有功《いさおし》の神とする。紀伊国においでになる大神はこの神である。現在でも有功の地名が存在する。

第五は、素戔嗚尊が言われるに「韓国の島には金銀がある。もし我が子の治める国に、舟がなかったらよくない」と。そこで鬚《ひ》髯《げ》を抜いて放つと杉、胸の毛を放つと檜、尻の毛を放つと柀《まき》、眉の毛を放つと櫲《く》樟《す》となった。それらの樹の用途を定められ、杉・檜は舟、檜は宮、柀《まき》は寝棺にするのがよく、そのために沢山の山の木の種子を皆播こうと言われた。五十猛命の妹大屋津姫命・枛津《つまつ》姫命《ひめのみこと》、この三柱の神がよく種子を播いた。紀伊国に祀られている。その後、素戔嗚尊は熊成峯《くまなりのたけ》に行かれ、ついに根国に行かれた。

素戔嗚尊を祀る神社は、『延喜式』神名帳に僅かで紀伊国在田郡須佐神社名神大がある。島根県は地元であるが、僅かに飯石郡須佐神社があるだけである。韓国伊《い》太《た》氐《て》神社が数多くあるから五十猛神を祀っているのであろう。出雲と紀伊は神話の話の中でも熊野の諸手舟がでたり、木の話が多く、神社では出雲の熊野神社が先で、後に紀伊に熊野神社が造られているのである。

ここで『古事記』で素戔嗚尊がどのような所業をするか参照したい。奇稲田姫との間に兄弟が生まれ、その間に生まれた子の系図をのせ、その六代目が大国主神で、亦の名は大穴牟遅神、葦原色許男神・八千矛神・宇都志国玉神と五つの名があった。

大国主神のこと

大国主神の兄弟に八十神がいた。しかし、これらの神は大国主神を避けていた。その理由は、因幡の八上比売を娶る心があり、これより袋を担いだ大国主神と因幡の裸兎《はだかのうさぎ》の話があり、続いて八十神の迫害の話が続き、木に挟まれて死んだ大国主神を御祖《みおや》が生かし、ここにいたら死ぬと、紀伊国の大屋彦神の所へ避けて行かした。そこまで八十神が追ってきたので、木の俣より逃がし、素戔嗚尊のいる根の国に行きなさい、必ずその大神がよきように計ってくれよう、といった。それより素戔嗚尊の所に行き、娘のスセリ姫に会い、大国主神が素戔嗚尊の試練に合わされた際、蛇室の時は一目惚れしたスセリ姫により、与えられた蛇領巾《へびひれ》で助かり、呉公《むかで》と蜂室に入れられると百足《むかで》と蜂の領巾《ひれ》により助かっている。この領巾は石上神宮の十種神宝の中にあり、これを利用しており、次に野原で火をつけられた時に、鼠に教えられた穴で助かるのは、焼津の草薙剣の盗用である。これ等の話が創作であることは、素戔嗚尊の六代孫が大国主神であるからありえない。従って大国主神の話をのせる必要はなく、以下の沼河比売《ぬなかわひめ》や八千矛神の話は省略する。

一書第六で神代上が終わり、神代下に続く。第六は重要なので詳しくのせたい。大国主神は大物主神とも、国作大己貴《おおなむちのみこと》神とも、葦原醜男《あしはらしこを》とも、八千矛神とも、大国玉神とも、顕国玉《うつしくにたまかみ》神ともいい、子は皆で百八十一柱いられるとしている。『延喜式』神名帳では、出雲国に座す神を百八十七座としており、神話に出る神をのせるから、神話の成立した霊亀から養老にかけて成立したのであろう。出雲大社の創建されたのは霊亀二年であった。

大己貴神と少彦名命

大己貴神と少彦名命《すくなひこなのみこと》は力を合わせ、心を一つにして天下を作られ、現世の人民と家畜のため病気治療の方法を定め、また、鳥獣や昆虫の災いを除くまじないの法を定めた。そのため百姓は今に至るまで恩恵を受けている。昔、大己貴神が少彦名命に語っていわれるに「我らが作った国は善く出来たと言えるか」と。答えて「あるいは良くできた所もあるが、不出来の所もある」と答え、この話は深遠な意味があるようだ。その後、少彦名命は出雲の熊野の岬に行かれ、ついに常世に去られた。また、少彦名命は粟島にいて粟茎《あわから》によじのぼり、弾かれて常世に行かれたともいう。これより後、国の中で出来上がらない所を、大己貴神は一人でよく巡り造られた。ついに出雲に至り、興言《ことあげ》して言われるに「葦原中国は、もとから荒れて広い所だった。岩や草木に至るまで、すべて強かった。けれども皆を砕き伏せ、今は従わぬ者はいない」と。そして「今この国を治める者は私一人である。私と共に天下を治めることが出来る者が他にあろうか」と言われた時、その時、不思議な光が海を照らし、忽然として浮かんで来る者がいた。「私がいなかったら、お前がどうしてこの国を平らげることができたろうか。私がいればこそ、お前が大きな国を造る手柄を立てることが出来たのだ」と言った。この時、大己貴神が尋ねて言われるに、「ではお前は何者か」と問えば、「私はお前に幸いをもたらす不思議な魂である幸魂《さちたま》・奇魂《くしたま》である」と答えた。

大己貴神が「そうですか判りました。あなたは私の幸魂・奇魂です。今どこに住みたいと思われますか」と問うと、「私は日本国の三諸山に住みたいと思う」と答え、そこで宮をその所に造りに行かせ住まわせた。これが大三輪の神である。この神の子が賀茂君・大三輪君たち、また姫《ひめ》踏鞴《たたら》五十《い》鈴《すず》姫命《ひめのみこと》である。別の説では、事代主命が大きな鰐になって、三島の溝樴姫《みぞくいひめ》、または玉櫛姫という人の所に通われ、子の姫踏鞴《ひめたたら》五十《い》鈴《すず》姫命《ひめのみこと》が生まれた。これが神日本磐余彦《かむやまといわれひこ》火火出見《ほほでみ》天皇の后《きさき》である。

初め大己貴神が国を平らげたとき、出雲国五十《い》狭々《ささ》の小浜に行かれ食事をされようとした。この時、海上に俄に人の声がし、驚いて探すと、見えるものがない。暫くすると一人の小人が、ヤマカガミの皮で舟をつくり、ミソサザイの羽を衣にして、潮のままに浮かんでやってきた。大己貴神が拾って掌にのせ、もてあそんでいると、跳《は》ねてその頬をつついた。その形を怪しんで、天神に尋ねると、高皇産霊尊が聞かれて、「私の生んだ子の千五百ほどの中で、一人の子はいたずらで教えに従わない子がいた。指の間から漏れ落ちたのが彼であろう。可愛がって育ててくれ」と言われた。これが少彦名命である。

『古事記』のこの段は、大国主神の神裔をのせ、十七世としている。勿論創作であるが、その中に寓意を含めた神があるようである。それは最終にのせる布忍富鳥鳴海神《ぬのおしとみとりなるみかみ》が若盡女神《わかつくしめがみ》を娶り生まれた子が天日腹大科度美神《あめのひばらおおしなどみかみ》、この神が天狭霧神の女、遠津待根神を娶り生まれた子が遠津山岬多良斯神《とおつやまさきたらしかみ》とある。この最終の神を息長帯比売命にしたいのである。天狭霧神を日矛にするからである。『旧事紀』神代本紀に、天祖天譲日天狭霧神国譲日国狭霧神と狭霧神がある為である。

次に、少彦名命が出現した時、その神の名を諸神に聞くと誰も知らず、ヒキガエルが案山子《かかし》が知っていると言ったので、呼び寄せ聞くと「これは神産巣日神《かみむすびかみ》の子といい、御祖命《みおやのみこと》に聞くと答えて「実に我が子で、子の中で自分の掌の指の間から漏れた子で、大国主神に協力し国を作り固めよ」と言われ常世に行かれた。大国主神が一人で国作りしようとし、誰かいずれの神が吾に協力しこの国を相作らむや、と言われると、海を照らして寄り来る神があり、よく我が前を治めれば、共に相作り成さん。しからずば国成りがたい、といい、「しからば治め奉るさまは如何にぞ」と問えば「吾をば倭の青垣の東の山の上にいつき奉れ」と言われた。こは御諸山《みもろやま》の上に坐す神なり。とあって『書紀』と違っている。この差は太安万侶が九州の日向出身であるためで、この神を武甕槌命とする説があり、『延喜式』にのる城上郡神坐日向神社である。

続いて素戔嗚尊と六代目の大国主神の間にのる大年神の系図をのせているけれど、これらの神々はこじつけが多いので省略し、これより神代上の話を終わり、神代下に移るが、神代上を初めのうちはなぞることが多いので注意しておきたい。なお、大己貴神が一人で巡り出雲に至った時に興言《ことあげ》して三輪神が生まれているのは、少彦名命が事代主命で神武天皇の皇妃につながるために載せないのであろう。神代上には事代主命は何処にも出ておらず、神代下は事代主命が主題になっている。なお、事代主命が三島の溝咋姫《みぞくいひめ》を娶とり生まれた子が神武天皇の皇后になっている。式内社の溝咋神社が茨木市にあり、祭神は姫踏鞴《ひめたたら》五十鈴《いすず》姫命《ひめのみこと》である。相殿に三島溝咋耳命《みしまみぞくいみみのみこと》等があり、溝咋耳一族が祭る神であったのであろう。この一族の推定をしてみたい。この神社の南西二キロの所にある東奈良遺跡から銅鐸鋳型が出土している。日矛の系図に、曽孫にタジマヒナラキ、この子にタジマモリがいる。私には、ナラがつくのは、このヒナラキのナラからとられたように思われるからである。ヒナラキの一族が銅鐸鋳造集団の首長としていたように思われ、女の名にタタラと鍛冶に関係のある名がつけられたようである。

第五章　神代下の話

『書紀』の本文は簡略であり、一書が第八まである。本文の解釈に異伝のほうが役に立つようであり、『古事記』に似た一書もあり、『古事記』が精密であるのでこれに従って、一書を適当に塩梅する。『古事記』の大国主神は沢山の神々を生んだ後に、葦原中国の平定に移るが、素戔嗚尊の生んだ子の中の大年神の子の系譜をのせている。この生まれた神々の中に、これまで古代史研究者の中で問題になる神々があるので、これについて触れたい。その中に韓神《からかみ》・曾富理神《そふりのかみ》・白《しろ》日神《ひのかみ》・聖神《ひじりのかみ》があり、この中の園・韓神が特に問題で、園韓神祭があり、この祭は平安京になってから行なわれ、このため『古事記』偽書説が生まれている。私説はこの二神について、韓神は韓国から日本に渡来し、天皇の祖になった神、すなわち天狭霧神、曾富理神は曾降神とし、皇孫が曾国に降ったことより皇孫神、白日神は筑紫の白日別から来た応神天皇、聖神を仁徳天皇にしたい。

次に、大山咋神《おおやまくいかみ》、亦の名を山末之大主神といい、近淡海国の日枝の山に坐し、亦葛野の松尾に坐して鳴鏑《なりかぶら》を用《も》つ神ぞ、とある。この松尾は京都の松尾神社であり、この創建時代が何時であったか問題で、『古事記』偽書説の一つになっている。この鏑矢がこれから述べることに関係する。

葦原中国の平定

『紀・記』共に、天照大神の子正勝吾勝勝速日天忍穂耳尊の名が出て、『書紀』では高皇産霊尊の女《むすめ》栲幡千千姫《たくはたちぢひめ》を娶り、天津彦彦火瓊瓊杵尊を生む、とのせ、『古事記』も同様である。しかし、これは天照大神と素戔嗚尊の誓約で物実の交換で生まれた神であるけれど、実際は高皇産霊尊の子を、天照大神である卑弥呼に引きつけるための創作で、藤原不比等による付会であり、その子天津彦彦火瓊瓊杵尊は高皇産霊尊の孫になるのである。

皇孫を葦原中国の主にしようと神々を集めて、誰を最初に使わしたら良いか問うと、皆が天穂日命がよい、と申し上げ、そこで遣わすと、大己貴神におもねり媚びて、三年たっても報告せず、そこで子の大背飯三熊之大人《おおそびのみくまのうし》を遣わすと、これも父に従って返報しなかった。そのため高皇産霊尊は、さらに神々を集めて遣わす者を問うと、天国玉《あまくにたま》の子天稚彦《あまわかひこ》を推薦した。そこで天稚彦に天鹿児弓《あめのかごゆみ》と天羽羽矢を与え遣わした。この神も忠誠でなく、至り着いて顕国玉《うつしくにたま》の娘下照姫《したてるひめ》を娶り、その地に留まり、吾は「また葦原中国を馭《しら》さんと欲す」といい、復命しなかった。

その時、高皇産霊尊は怪しんで、無名雉《ななしきぎす》を遣わし様子を見させた。雉は飛び降りて天稚彦の門の前に植えてある桂の枝に止まった。それを見た天探女《あめのさぐめ》が天稚彦に、珍しい鳥が桂に止まっています、と伝え、天稚彦が高皇産霊尊に与えられた弓で矢を射ると、その矢が雉を射通して、天上の高皇産霊尊の前に届き、その矢を見た高皇産霊尊は、血に濡れているのを見、天稚彦が国神と戦っているのかと思い、その矢を投げ返すと、天稚彦が新嘗《にいなめ》して寝ている胸に当たり、立ち所に死んだ。これが世人の言う「反矢畏《かえしやい》むべし」の本になった、とある。

天稚彦の妻の泣き悲しむ声が天に届き、天国玉《あまくにたま》はその泣声を聞き、天稚彦の死んだことを知り、疾風《はやて》を遣わし屍を天に挙げさせ、喪屋を造り殯りをした。様々の鳥の格好をした人々が殯りをつとめ、八日八夜おらび哭き悲しみ歌った。

これより先、天稚彦が葦原中国にいた時、味耜高彦根神《あじすきたかひこねかみ》と親しかった。それ故、味耜高彦根神は天に昇って喪を弔った。この神の容貌は天稚彦の生前にそっくりであったので、その親族妻子は生きていられたのかと、味耜高彦根神に取りすがり喜び泣いた。死人に間違えられた味耜高彦根神は、怒って「朋友の道に従って弔うため、穢らわしいのに遠くより来て悲しんだのに」と言って、その帯に差していた大葉刈（亦の名は神戸剣《かむどのつるぎ》）を抜いて喪屋を斬り伏せると、これが落ちて、美濃国の藍見《あいみ》川の川上にある喪山となり、世の人が「生けるを以て死に誤ることを忌む」と言われる諺の縁になった、とある。

この段の一書第一は、『書紀』の本文とほとんど同じであり、時に味耜高彦根神の装いは麗しく二丘二谷に照りわたった。『古事記』もこれによく似ているが、返矢の縁の話をのせず、下照姫の名が高比売命《たかひめのみこと》になって、会葬者に兄の名を顕そうとして、み谷二渡らす、の歌を作っている。

この段の喪屋を斬り落とすと美濃の喪山になった意味について、その意味が判らず、勝手な説を出す人もいる。これは大己貴神の出身地に関係している。すなわち、美濃の出身者であったからである。

この後、高皇産霊尊は更に諸神を集めて葦原中国に遣わす人選をすると、經津主神を選んだ。その時、武甕槌神が進み出て、「經津主神だけが大夫《ますらを》で、吾は大夫《ますらを》でないのですか、と申し上げた。その気概は激しく、經津主神に添えて遣わすことにした。

これより有名な大己貴神と事代主命が国譲りして水に入る話になる。この事代主命は先にでた少彦《すくなひこ》名《な》命《かみ》のことである。

以下、余談になるが、その証明をしたい。『姓氏録』右京神別に「伊與部、高媚牟須比命三世孫天辭代主命之後也」また「伊與部、火明命五世孫武礪目命《たけとめのみこと》之後也」がある。『三代実録』貞観四年五月十日条に、「美濃国厚見郡人外従五位下行助教六人部《むとりべ》氷貞等、善淵朝臣姓を賜る。天孫火明命後、少神積命之裔孫　與二伊豫部連、次田連等一同祖也」があり、少神積命は少彦名命のことである。これをもっても事代主命と少彦名命が同一神であることが判り、また神代上で、伊弉諾尊が妻の死んだのを嘆き、落ちた涙が畝尾の木下の泣沢女神が生まれたが、これを祀る畝尾連は前述したように事代主命であった。仁徳記に、天皇が淡路島に坐して吉備に行った黒媛を思い歌った中に、淡島・自凝島《おのころじま》があり、黒媛を歌った「倭方《やまとへ》に　西風《にし》吹き上げて云々」があり、この歌は、『丹後国風土記』浦嶼子《うらしまこ》の話の中に同じがあり、これを書いたのが伊余部馬養であった。伊余部馬養の伊余は、四国の伊豫国に繋がり、尾張氏族であって、伊豫国造は多臣と同祖であり、太安万侶と伊余部馬養は親交があったと想像され、安万侶が馬養をモデルにして稗田阿礼を創作した可能性が大きい。馬養は持統朝の撰善言司《よきことえらぶつかさ》であったから、当時の伝承された物語、それも自族の伝承を多く知っていたので、それで神武天皇の皇后の親に事代主命を持ち出したのであろう。ちなみに、『伊豫国風土記』の「温泉」条に、大穴持命が見て悔い恥じて、宿奈比古奈命を活かそうと思い、大分の速見の湯を下樋《したび》より持ち渡りきて、宿奈比古奈命を浸し浴せしかば、暫く後に生き返り、居然として詠じて「ましまし寝《いね》つるかも」といっており、その続きに温泉の薬功を述べているのも、少彦名命の病を治める方を定めたのに一致している。また「天山」条に、伊予郡の郡家の東北のかたに天山あり、倭に天加具山があり、天より天降りし時、二つに分かれて、片端は倭《やまと》の国に天降り、片端はこの土に天降りき、因りて天山と謂う本なり、とあるのも馬養の書いた書物を底本にしているように思われる。

誉津別皇子のこと

出雲の国譲りの神話を解説した中で、天稚彦が誰に当てられ作られたか、この項で述べたい。

高皇産霊尊を崇神天皇にあてると、天忍穂耳尊が垂仁天皇になる。垂仁天皇の長男は誉津別皇子であった。この皇子について『紀・記』共に詳細に述べ、特に『古事記』では、その大半を費やし、そして、その終わりに、唖になる原因になった祟り神のいる出雲の大神の宮を拝ませに行かせ、その帰り道で出雲国造の祖が大御食《みけ》を奉る時、言葉を発し、それ以後のことは一切のせていない。このことは出雲の王となり、大和からの使者天穂日命が服属し、続いてその子の武三熊之大人は父に従って返報しなかったことに関係するのである。『古事記』では、天若日子と天稚彦よりも皇族らしく思わせている。この皇子が古代史上で重要な役をしていることを知っておかねばならない。この皇子により鳥取部、鳥甘部《とりかいべ》、品遅部《ほんじべ》、大湯坐《おおゆえ》、若湯坐《わかゆえ》を定めたとのせており、この部名は後世まで残っており、どうして、古代史学者がこれらにつき触れないのか不思議でならない。恐らく、実証する史料として用いるのをタブーにされているからであろう。

それではこの皇子がどのように神話で利用されているか、私説を述べたい。先章で火神迦具土神を生み母の伊弉冉尊の死の原因になり、様々の神の生まれる元にされているとした。『書紀』に「誉津別王は生年すでに三十、八掬髭《やつかひげ》むすまでに、なお泣つること児の如し、常に言わざるは、なに故ぞ」とあるのは、神代上の一書第六の素戔嗚尊について、年巳に長いたり、八握髭生いたり、常に啼き、と同じような描写をしている。皇子が天皇と大殿に一緒にいる時、鵠《くぐい》が大空を飛ぶのを見て、「是は何物ぞ」と言われ、皇子が鵠を見て物を言われたのを知り、鳥取造の祖天湯《あめのゆ》河板擧《かわたな》がこの鵠を捕え奉ると申し、鵠の飛んで行く方を見て出雲に至って捕えた、とある。これは誉津別皇子を捕えたことの比喩であり、『古事記』神話では、湯河板擧は鳥船神の名でのせられていた。この段では、誉津別皇子は物を言うことが出来たことになり、湯河板擧《ゆかわたな》を賞し、また鳥取部・鳥養部・誉津部《ほむつべ》を定めた、とある。

『古事記』のこの条では、その御子を率いて遊びし状は、尾張に在る二俣杉を二俣小舟に作りて持ち上り来て、倭の市師池・軽池に浮かべて御子を率《い》て遊びき。しかるにこの御子八束髭胸の前に至るまで真こととわず、時に高行く鵠の声を聴き、始めて口を動かされた。そこで山辺の大鶙《たか》を遣わし、その鳥を取らすと、その鳥を追い尋ねて木国の国より播磨国に至り、稲葉国を越えて丹波国・但馬国に至り、東に向かい近江国・美濃国・尾張国を順に伝って、信濃国を過ぎ高志国の和那美水門で網を張り、その鳥を捕えて奉った。それでも物を言うことが出来なかった。

この条は、崇神天皇の時代の出来事を、皇子である垂仁天皇の時代に書き替えているのであって、崇神天皇紀六十年条に、武日照命《たけひでりのみこと》の天より将来した神宝を出雲大神の宮に蔵している。これを見たいと、天皇が言われ、矢田部造の遠祖武諸隅を遣わし献じさせた。この時に当たって出雲臣の遠祖出雲振根が神宝を司っていた。丁度、振根は筑紫国に行っており留守であった。その弟飯入根《いいいりね》が皇命を被り、神宝を弟甘美韓日狭《うましからひさ》と子鸕濡渟《うかづくね》に授けて献上した。筑紫より還った出雲振根は、神宝を朝廷に献上したことを知り、飯入根を責めて、何故もう少し待てなかったかと恨み、殺そうと思い、止屋《やむや》の淵に誘い出して、川沐《かわあそび》に飯入根を誘い、自分の持つ剣を木刀にし、水から上がった時、飯入根の持つ真剣をとり、木刀を取った飯入根を打ち殺した。この事件について時の人の歌をのせている。『古事記』では、日本武尊が熊襲征伐の帰り、出雲建を殺す際に利用し、同じ歌をのせている。勿論、剽窃である。

この後、甘美韓日狭と鸕濡渟が朝廷にこのことを報告すると、吉備津彦と武渟河別を遣わし出雲振根を殺した。

この話が出雲の国譲りとして、神話に書き換えられていたのである。この中の武日照命が素戔嗚尊にあたり、素戔嗚尊が山川草木を枯らしたことよりその名が作られており、九州より持参した刀剣が神宝であったのである。出雲振根が大己貴神にあたり、筑紫に行っていたとあるのは、『魏志』倭人伝に、「正始八年、太守王頎《おうき》官に到る。倭の女王卑弥呼、狗奴国の男王卑弥弓呼と素より和せず。倭の載斯烏越《さしうお》等を遣わして郡に詣り、相攻撃する状を説く。塞曹掾史《さくそうえんし》張政等を遣わし、因って詔書・黄幢を齎《もたら》し、難升米《なしめ》に拝仮せしめ、檄を為《つく》りてこれを告諭す」とある。この時、出雲振根が筑紫に行って、相攻撃する状を説明していたのであった。卑弥呼が翌年頃に死ぬと、その一族の男王が立ち、国内で更々相誅殺し当時千余人を殺している時期に、吉備津彦等が出雲を征服したのである。『書紀』編纂時に倭人伝を絶対知っていたことは、神功皇后摂政紀条に、魏志を引用していることで判る。

崇神天皇の崩年

崇神紀六十八年条に、十二月に崩じたことを載せ、『古事記』で天皇の崩年を戊寅年十二月とし、十二月が一致しており、紀年を『書紀』は載せていない。戊寅年は紀元二五九年であり、倭人伝にのる卑弥呼の死の年より十年後と同じになり、このことは崇神天皇の崩年がほぼ正しいことを証明し、倭人伝を参照していることはほぼ間違いなかろう。従って、これ以外の天皇の没年や在位年数はこれを基に創作していることになる。出雲の国譲りが事実であったことが判り、事実としては、出雲が大和の狗奴国と九州にある邪馬台国との接点にあたる中国地方の北部が、最先端の激突地であったのである。ちなみに、出雲を葦原中国と述べ、九州になると豊葦原瑞穂国になることに注意しておきたい。

さて、前述した出雲振根を大己貴神とし、『古事記』に大国主神が胸形の田霧姫を召して生んだ子を味耜高彦根神としたのは、出雲振根が九州に行ったことにかこつけ、宗像の女神を出し、その子等を創作したことになるであろう。そして、天稚彦の瓜二つの人物にし、その妹の下照姫を創作したことになる。

そして、瓜二つの人物を作ったのは日本武尊が大碓命と双子であったことによっている。『古事記』によれば、景行天皇が播磨の伊那毘能大郎女《いなびのおおいらつめ》を召して大碓命、次に小碓命、大碓命と三野国造の祖大根王の娘二人の間の子を、三野の宇泥須和気の祖と牟宜都君等の祖とのせる。いずれも美濃と尾張に縁のある氏族である。一方、『書紀』によれば、景行天皇が美濃国造神骨の娘が容色がよいと聞き、大碓命を見に遣わすと、大碓命が二人と密かに通じ、天皇が恨みに思ったとある。

大己貴神は誰であったか

ここで美濃国造の祖に大根王と神骨の名をのせ、『古事記』では神大根王とのせる個所がある。神がつくのは特殊な人物であったことで、特に神骨とのせるのは、骨になったことを意味し、根がつくのは出雲振根があったように、根の国に行くことを意味し、それに大が付き、骨があるのは、海に入り魚に身を食われ骨になったことで、すなわち、神話の大己貴神であったのである。

味耜高彦根神が喪屋を斬り落とすと、美濃の会見河の川上の喪山になったとあるのは、大碓命の子牟宜都君《むげつきみ》を意識して作られたのであろう。ちなみに、天武天皇が挙兵した時、身毛君広《むげつきみ》等に命じ、美濃の国に行き、安八磨郡の湯沐令《ゆのうながし》多臣品治に告げ、謀を示して国司等に告げ諸兵を起こすよう命じている。天皇の側近にいたのである。なお、美濃の喪山が後に誕生山の名になっている。

『旧事紀』天孫本紀の物部系図に、三世孫に大禰命があり、その弟に出雲醜大臣がある。この人物が大己貴神と考えられ、大禰命は大根王の偽装であろう。四世孫の大木食命は三河国造の祖で出雲醜大臣の子とする。そして大禰命の時に大臣の名が始めて起こり、弟の大木食命が始めて足尼となり、次に宿禰と為り、宿禰の名が始めて此時起これりとある。大己貴神は物部氏であったと推定される。『古事記』で神大根王の出自をみると、開化記に、天皇と丸邇《わに》臣の祖日子国意《ひこくにを》祁都《けつ》命《みこと》の妹意祁都比売命を娶して日子坐《ひこいます》王が生まれ、この王と近つ淡海の御上《みかみ》の祝《はふり》がもち拝《いつ》く天之御影神の女、息長水依比売の間に、丹波道主王、次に水之穂若王、次に神大根王亦の名八瓜《やつり》入日子《いりひこ》王がある。ここでは神が冠せられ、三野国本巣国造・長幡部の祖とある。先に美濃国に喪山が出来た理由を述べたが、これ以外に、大根王も牟宜郡君と同様に美濃におり、作られた候補になりうる。そして、本巣国造と狭い郡の国造とするのは国造としては異例であり、『和名抄』にのる本巣郡の郷名に、穂積・物部があり、物部氏族であったことになるであろう。『旧事紀』国造本紀に、「三野前国造、春日率川朝の御世に皇子彦坐王の子八瓜命《やつりのみこと》を国造に定賜う」とあり、「三野後国造、志賀高穴穂朝の御世に、物部連の祖出雲大臣の孫、臣賀夫良命を国造に定賜う」とあり、先の天孫本紀の出雲醜大臣に通じている。

神大根王は長幡部の祖とあり、長幡部について『常陸国風土記』久慈郡条に、郡の東七里、太田の郷に長幡部の社あり。故老のいえらく珠売美万命《すめみまのみこと》、天より降りましし時、御服《みそ》を織らむとして従い降りし神、名は綺日女命《かにはたひめみこと》、本、筑紫の国日向の二所の峯より三野の国引津根の丘に至りき、後、美麻貴天皇のみ世に至り、長幡部の遠祖、多弖命《たてのみこと》、三野より避《き》りて久慈に遷り、機殿を造り立てて、初めて織りき。その織れる服は、自ら衣装と成りて、更に裁ち縫ふことなく、内幡《うつはた》と謂ふ。或る曰く、施を織る時に当たりて、輙く人に見らるる故に、屋の扉を閉じて、闇の内にして織りき。因りて烏織《うつはた》と名づく。丁《こわき》き兵、丙《こわき》き刃も、裁ち断《き》ることを得ず。今、年毎に別きて神の調と為して、これを献納す。とあり、この中に闇とか烏の黒が出て、神大根王が闇の世界にいることを表わしている。その子孫が常陸の久慈郡にいつ頃かに遷されたのであろう。この神社のある幡の地域に、六世紀の前方後円墳や多数の横穴墓がみられる。

天穂日命の子孫

出雲振根を大己貴神としたが、その弟の殺された飯入根を『姓氏録』摂津国神別に「土師連、天穂日命十二世孫飯入根命之後也」とし、右京神別に「土師宿禰、天穂日命十二世孫可美乾飯根命之後也」とあり、この子孫が土師を改め菅原氏を賜り、改めて大枝《おおえ》朝臣姓を賜ったとあり、菅原道真の先祖である。

神話で最初に遣わされたのが天穂日命で、次に遣わされたのが大背飯三熊之大人であったから十二世孫とは、神話から十二世孫で、神武天皇から数えての数にしたのであろう。

『旧事紀』国造本紀に、「出雲国造、瑞籬朝の御世に、天穂日命の十一世孫・宇迦都久怒命を国造に定賜う」とある。神大根王の子孫に後章に出る別《べつ》の人物がいる。

誉津別皇子の従者の出自

『古事記』にみえる誉津別皇子の従者は、占いにより曙立王があたり、王は誓約により適任であることを示し、それにより曙立王《あけたつおう》の名を賜り、倭者師木登美豊朝倉曙立王と名付けられて出発し、到る所に品遅部を定めた。それより出雲に参り、誉津別皇子を残し、弟と二人は大和に帰り、弟の菟上王を出雲に返し宮を造らせている。

二兄弟は、開化記によれば、天皇と丸邇《わに》臣の祖の女との間に生まれた日子坐王を父として、山代の苅幡戸辨《かりはたとべ》の間に生まれた大俣王を父にしている。先に神大根王が日子坐王と天乃御影命の女、息長水依比売の子であったように、開化天皇が崇神天皇の父とされるために、崇神天皇に服属した氏族の祖にされて、大物主神にされたようでもあるが、後章で別に触れる。開化天皇は丹波の大県主由碁理《ゆごり》の女竹野比売を召し、生まれた子が比古由牟須美命、庶母伊迦賀色許売命を召して崇神天皇と御真津比売命を生まれたことにされている。

さて、曙立王は伊勢の品遅部君・伊勢の佐那造の祖とあり、菟上王は比売陀君の祖とある。曙立王が伊勢の品遅部君の祖となるのは、誉津別皇子に従ったので当然であるけれど、佐那造の地は、皇孫の天降りの中で手力男神は佐那那県に坐すとあり、この王に特別に曙立王の名をつけたのは、天照大神を石屋から引き出すため、岩戸の脇に立つ役をしたためであろう。菟上王は比売陀君の祖とある。

　次の小俣王は當麻の勾君の祖とする。垂仁紀に當麻蹶速《たぎまのくえはや》を出雲より野見宿禰を倭直長尾市をして呼び寄せさせ、相撲させると野見宿禰は、當麻蹶速《たぎまのくえはや》の腰骨を踏み砕き殺した。そこで蹶速の持つ地を与え腰折田の名の縁になったとある。すなわち、小俣王は出雲から大和の當麻に来た天穂日命の子の土師氏であったのである。

再び誉津別皇子のこと

　『古事記』が非常に詳しく述べているのは、この皇子が事代主命であったからで、伊余部馬養の伝承を詳しく聴き知ったことによるのであろう。母の佐保姫が誉津別皇子を連れ稲城《いなき》に入り、誉津別皇子を外に置き、天皇に「もしこの御子を天皇の御子と思われるなら、治めたまうべし」といったけれど、天皇は「兄を恨むが、なお、その后を愛しているから忍びえない」といい、兵士の中より力が強く素早い者を撰び、御子を取る時、その母王も掠め取れ、髪にもあれ手にもあれ、取るままに掴み引き出せ」といわれ、后は天皇の心をかねてから知っていたので、髪を剃り、その髪で頭に覆い、玉の緒を腐らし三重に手に巻き、酒で衣を腐らして全くの服のようにし、このように備えて子を外に出した。ここで兵士等が御子を取って、皇后を握った。しかし、前のように備えていたので失敗した。ここで天皇は悔い恨み、玉作り人等を憎んで、その地を皆奪った。

それ故、諺に「所を得ぬ玉作」と言われるようになった。また天皇は、后に言われるに、「およそ子の名は母がつけるが、何と名をつけるか」と問われると、后は、「今、火の稲城を焼く時に当たって、火の中より生まれました。それ故、本牟智和気《ほむちわけ》の御子《みこ》と称しなさい」と言われ、後の皇后に丹波道主王の娘を勧めた。誉津別皇子の名の由来は火の中から生まれた由縁から起っているのである。それで神話で伊弉冉尊の死を、佐保姫が誉津別皇子を生んで死んだことを神話化したとしたのである。この話は、瓊瓊杵尊が日向で木花佐久夜姫が戸のない八尋殿を作り、土で塗り塞ぎ産む時に火を着けて生み、火の燃える時の順に三人産まれるのに、取り入れられたと思われる。

『書紀』の誉津別皇子の項は、佐保姫が兄につき、反逆するに至るまでの話が長く続き、上毛野君の遠祖八綱田に命じて、近くの県《あがた》の兵士を率いて佐保彦を討たせ、皇后は兄に従い稲城に入った。佐保姫は皇子を抱き城を越えて出て、自分が許されないことを知っている。捕えられるより自ら死ぬといい、後の皇后に丹波道主王（神大根王の長兄）の娘を推薦している。この戦の功として、八綱田に倭《やまと》日向武日向八綱田《ひむかたけひむかやつなた》の名を与えており、この名に日向の名が二つ出ている。国生みの際に、『古事記』に肥国の名に、建日向日豊久士比泥別、熊曾国に建日別と似た名があり、この名付けは、これらに縁があるように思われ、この人物を孝元天皇の孫の建内宿禰にしたように思われる。豊城入彦命は崇神天皇と紀伊の荒河戸畔《とべ》の女との間に生まれ、武内宿禰が孝元天皇と木国造の女との間に生まれているのと同様で、豊がつくのは豊国に入ったことを示すようであり、紀臣の祖だけ真実で、他の波多八代宿禰・巨勢小柄宿禰・蘇我石河宿禰・平群都久宿禰・葛城曾都彦等は全て付会である。神武東征において紀伊で天皇の兄達が死ぬのも、紀臣を利用した創作であろう。紀伊の国は『書紀』の中でも度々利用され、仲哀天皇は紀伊の徳勒津《ところつ》宮を出発し、先に述べたように誉津別皇子は占いにより、紀伊より出発しており、和銅七年に紀臣清人が国史を撰するのに選ばれている。

味耜高彦根神のこと

先に天稚彦とそっくりな味耜高彦根神をのせたが、これは景行天皇の大碓命と小碓命の双子から創作されたとしたけども、誉津別皇子の別の名の人物として創作された理由があり、大国主神と宗像の三女神の中の田霧姫との間に産まれたとしたのは、持統天皇の時の高市皇子が天武天皇と宗像君の女との間に生まれているからであって、そして、『書紀』編纂時に、その子長屋皇子が権勢を持っていたことにより作られている。誉津別皇子が天稚彦であったが、同一人物の名が味耜高彦根神であったことが、『出雲国風土記』の中の記事によって証明される。

意宇郡条に、出雲の神戸は、イザナギの愛した子、熊野加武呂命と五百鋤を取って天下を造らした大穴持命と二所の大神によさし奉る故に神戸というとある。

この熊野加武呂命は、天稚彦である誉津別皇子であって、神話の五男神の中の熊野櫲樟命《くまのくすびみこと》に当たる。一書の中に熊野忍蹈命《おしふみのみこと》と船板を踏んで海に入ったような名がつけられている。賀茂の神戸は、天下を造られた大神の命の御子、味耜高彦命が葛城の賀茂の社に坐され、この神の神戸である。それ故、鴨といい、神亀三年に字を賀茂に改めたとある。

　これによれば、味耜高彦根神が実在していたようにみえる。しかし、『紀・記』を読んで知った疑いがあるけれども、大和の葛上郡に二つの鴨神を祭る神社があり、下鴨社は八重事代主命神社、上鴨社は味耜高彦根命神社であり、『新抄格勅符抄』によれば下社の神戸に出雲二十戸・伯耆十八戸とあり、上社は同抄によれば五十三戸あり、その内訳は伊予三十戸・土佐二十戸とあり、天平神護二年と三年符であるから、風土記の記事は下鴨社の神戸の間違いである。祭神の事代主命が水死しているので当然であろう。なお、国造りした神の名に八束水臣津野命には、神大根王が八瓜命であったから、名になにかしら似た趣がある。

　出雲郡の条に、健部郷がある。倭健命の御名代としている。この郷の宇夜の里にある西の山の麓に、多数の青銅製品を出土した荒神谷遺跡がある。漆沼郷の条に、神魂命の御子天津枳値可美《あまつきちかみ》高日子命《たかひこのみこと》の御名を、また、薦枕志都沼値《こもまくらしつねち》といった。この神が郷に坐している。志司沼《ししぬ》といった。神亀三年に漆沼と改めた。すなわち正倉あり、とある。この神の名は重要であり、後章で詳しく述べたい。

　伊努郷条に、国引きした意美豆努命の御子、赤衾伊努意保須美比古佐倭気能命《あかぶすまいぬおおすみひこさわけのみこと》の社が郷の中に坐す。それ故、伊農といったが神亀三年に伊努と改めた、とある。この神の名を見ると、赤衾は、赤く燃える褥に包まれて助けられた誉津別皇子を表わすのであろう。この郡の郡司の少領に大臣のいることに注目せねばならない。多臣に関係する。

秋鹿郡伊濃郷条にもこの名の命がいて、その后、天甕津日女命が国を巡ってこの地に来て「伊濃はや」と言ったことから名がついた、とある。仁多郡郡三沢郷条に、大神大穴持命の御子、阿遅須枳高日子命、顎の髭が八握に生えるまで夜昼哭きまして、み辭《こと》通はざりき。その時御祖の命御子を舟に乗せて、八十嶋を率て巡りて楽しませたけれど、猶哭き止まざりき。大神、夢に願《ね》ぎ給ひしく「御子の哭く由を告《の》らせ」と夢に願ぎませば、その夜、御子み辭《こと》通うと夢見しき。覚めて問い給うと、その時「御沢《みさわ》」と申し給うた。以下その場所に行きその川で沐浴された。それで国造が神吉事《かみよごと》を奏しに朝廷に参向する時、その水の流れにて、用い始めるようになった。これによって今孕んだ婦《おんな》は、その村の稲を食わず、もし食う者がいれば生まれる子は、すでに物を言えなかった。それで三沢というとある。

この条によれば誉津別皇子がものが言えず八束髭がはえるまで唖であり、二股小舟に載せて遊ばせたことにそっくりである。恐らく『古事記』をみて書いたと推定される。この郡の郡司に主帳品治君がおり、出雲郡の少領の大臣より『古事記』の写しをもらっていたのであろう。これによれば『古事記』の偽書説は年代的に不可能になるであろう。そして味耜高彦根神が誉津別皇子と同一人物になってくる。『出雲国風土記』にのる神は、誉津別皇子の変形が多く、味耜高彦根神の妹高比賣命が歌った、二谷二渡らすように雷神でもあった。この条に似たものに、『尾張国風土記』逸文の吾縵《あづら》郷条にあり、この概略は、尾張国丹羽郡吾縵郷の謂れを述べ、垂仁天皇の時、品津別皇子が七歳になっても話さず、皇后の夢に神が告げるに、多具《たぐ》の国の神、名は阿麻乃彌加《あまのみか》都比女《つひめ》といい、まだ祝りを得ていない、もし祝をあてるなら、皇子が物を言い、寿命が長いであろうといった。そこで天皇が神を表す人を占うと、日置部等の祖建岡君が当たり、そこで建岡君が美濃の花鹿山《はなかやま》に行き、榊の枝で縵《かづら》を作り、誓約してこの縵の落ちる所に神がいると言って縵を投げると、吾縵に落ち、そこに社を建て社によって里の名にしたとある。日置部は出雲にみえる姓であるから出雲につながり、多具の国は出雲の嶋根郡多久の社のある地である。出雲の国引きで有名な中の多久の折絶より狭田の国とある所である。出雲と美濃がつながっており、夢にでた神の阿麻乃彌加都比女は、前記した伊濃郷の后の名と同じである。これは菅清公の尾州記より採録したのであろう。菅原道真の祖父であるから、当然『出雲国風土記』を読んで作ったと考えられる。

鳥取部のこと

『紀・記』共に誉津別皇子の見た鵠を湯河板擧《ゆかわたな》に追わせ、『書紀』では但馬か出雲で捕え物を言い、『古事記』では、紀伊より始めて各地に追いかけて越の和那美で捕えても物を言わなかった、とある。後者は太安万侶の創作であるから事実として考慮する必要はない。事実としては、稲葉国八上郡に和奈見保という庄園があり、これを利用したのであろう。『姓氏録』右京神別に、「鳥取連、角凝魂命三世孫天湯河桁命乃後也。（中略）誼出雲国宇夜江、捕貢之、天皇大嘉、即賜姓鳥取連也」とある。宇夜について先に『出雲国風土記』の出雲郡健部郷の宇夜里で述べた。

神話では、事代主命が服属する時、經津主神と武甕槌神が出雲の伊那佐の小浜に降り到って、大国主神に「天照大御神、高木神の命を以て問いに使わされた。汝の占めている葦原中国は、我が御子の知らす国ぞ、といわれた、汝の心は如何に」と迫ると、大国主神が答えるに、「我は答えられない、我が子、八重言代主神が申すでしょう。しかし、今鳥狩りし、魚を取りに美保に行き、まだ帰って来ません」といった。そこで天鳥船神を遣わして召すと、その父の大神に言うに「恐《かしこ》し、この国は天つ神の御子に奉らむ」といい、その船を踏み傾けて、天の逆手を青柴垣《あおふしがき》に打ち成して、隠れられた。

この段の鳥船神は、武甕槌神の従者であり、これが湯河板擧であった。従って武甕槌神が誰であったかということになるが、後章で述べるように多臣の祖であったのである。従って鵠を追いかける話に、太安万侶の自家に結びつける話がつけ加えられている。これまでの話に続いて、建《たけ》御名方《みなかた》神の服従が載せられているのは、事実ではなく、信濃の諏訪湖で捕まりこの国から出ないと言ったのは、信濃国造が多臣の同祖であったからである。諏訪湖の周辺にある神社で御柱四本を立てる行事があるのは、これより外に出ない結界の意味により後世に作られている。持統紀五年八月条に、信濃の須波、水内等の神を祭らしむ、とあり、建御名方神は太安万侶の自族に結びつける創作である。

湯河板擧の出自に戻り、角凝魂命《つのこりたまのみこと》とは何人《なにびと》であったかを解明すると、この命を祖にする氏族は、『姓氏録』山城国神別に「税部、神魂命子角凝魂命之後也」摂津国神別「委文連、角凝魂命男伊佐布魂命之後也」河内国神別「美努連、角凝魂命四世孫天湯川田奈命之後也」とある。

開化記に、天皇と葛城の垂見宿禰の女鸇比売の間に、建豊波豆羅和気があり、道守臣・忍海部造・御名部造・稲羽の忍海部・丹波の竹野別・依網の阿毘古等の祖なりとある。稲羽の忍海部が委文連であり、式内社の委文神社がある。丹波の竹野別が鳥取氏と考えられ、ここに鳥取郷がある。

ここで湯河板擧を考えれば、湯は熱い水を意味し、鍛冶において融けた金属は湯と呼ばれ、丹後は古代の製鉄地帯であった。板擧は神に供える品をのせる机であり、鳥取部は鵠に限らず鳥類を捕って供物にしていた。従って後世になると下層の職業であったのであり、誉津別皇子が燃える稲城から出されたとき、佐保姫が丹波道主王の娘を推薦している。この王の末弟が神大根王であった。そしてこの時、湯坐を定めているのは、丹波の湯を用いることを前提にしていたのである。『紀・記』で丹波道主王を日子坐王の子にしているが、開化天皇と丹波の大県主由碁理《ゆごり》の女竹野比売の間に生まれた彦湯産隅命にするのが正しいであろう。そして、この王の亦の名に彦蒋簀命《ひこものすのみこと》がある。そして、先述した『古事記』の崇神天皇条に、日子坐王を丹波国に遣わして、玖賀耳之御笠を殺さしめたまいき、とあるのは、丹波に彦湯産隅命がいるとすれば考えられない。

『古事記』は彦湯産隅命を無視したかったのであろう。天稚彦の死んだ時、その喪で鳥の格好をして八日八夜遊んだのは、鳥取部の部民のしたことを述べたことになる。この条の誤りであったことは、補遺の最終で述べる。

鳥取の地名

この名を調べると、すでに鳥取の元になるではないかとした丹後国竹野郡鳥取郷、河内国大縣郡鳥取郷、和泉国日根郡鳥取郷、稲葉国邑美郡鳥取郷、越中国新川郡鳥取郷、備前国赤坂郡鳥取郷、肥後国合志郡鳥取郷が『和名抄』に見え、出雲国では賑給歴名帳に多くの鳥取部の名が見えている。『旧事紀』天神本紀に、「少彦根命、鳥取連等祖」とのせるのは、少彦名命、すなわち事代主命を殺したことにより、その名が作られたのであろう。一方、誉津別皇子の名代である品治部の地名を探ると、『倭名抄』に、大和国葛下郡品治郷、稲葉国邑美郡品治郷、備後国品治郡品治郷、安芸国山県郡品治郷があり、中国地方の中央部に集中している。中でも稲葉国の品治郷の隣りは鳥取郷であって、邑美郡は現在の鳥取市でその中に品治町があり、全国でも古い古代の名の残っている希有の県である。

第六章　国譲りの考古学

この題目は何を述べようとするのか判らないかもしれないが、昭和五十九年七月～八月に銅剣三五八本、続いて翌年七月～八月にかけて、銅鐸六個と銅矛一六本が島根県簸川郡斐川町神庭《かんば》西谷から発見され、全国に話題を提供し、考古学を知らない者まで見学につめかけた。私もその一人であって、その頃すでに邪馬台国の研究を始めており、私説の妥当性を証明できたと思っていたが、細部についての知識を得ていなかったけれど、『銅剣・銅鐸・銅鉾と出雲王国の時代』（松本清張編　日本放送出版協会刊）を読み、正確なことを知ったので、これらの出土品の由来を、前章の考察を踏まえて述べたい。

荒神谷遺跡

考古学者・古代史歴史学者等は、最初に述べたように神功皇后以前の『紀・記』の記事を無視することを知って、これらの学者が如何に無知であるかを知ることが出来たのである。中には出雲王国があったとする説もあり、土師氏が出雲の出身であることを知らないのは合理主義の固まりだからであろう。これより前記の著書を参照して自説を述べたい。

前章で述べた宇夜江の宇夜の里より西の丘陵である神庭西山に農道を通す工事中、荒神谷で偶然発見されたのである。銅剣が三五八本発見され、その場所は小山の中腹の傾斜地の中ほどに、平坦地を掘って造り、西より順に四列の銅剣が刃を上にし、平坦地に横向きに密接して埋められていた。その数は西の列のが一番少なく、後の三列は百前後であった。この並べ方について考察されているが、恐らく一番東から始めて、最後に三十余残ったのを埋めたためと思われる。

翌年になって、まだ他に何か有るのではないかと、金属探知機を入れて捜索すると、銅剣の東に反応があり、掘ったところ銅鐸が六個、三個ずつ二列に縦に並び、その東側に銅矛が十六個、柄と切つ先を互い違いにして密接して横向きに置かれていた。

銅剣はその幅によって新旧の時代がこれまでの出土品から判っており、細・中・中広の順で新しいとされている。荒神谷のものはすべて同じ中細型で、その中の新旧では、末に近いものほど新しいものとされ、使用された形跡はなく、何のために埋められたかについて各説があり、納得させるものはない。柄の部分に×印のあるのが幾つかあり、この理由も全然不明である。これと同様な中細型銅剣は、島根県鹿島町志谷奥の八本の中の六本、鳥取県東伯町八橋の四本、島根県横田町八幡宮の一本と山陰地方に密集しており、その他四国地方でもいくつか知られ、畿内で作られ地方に送られたのではないかとする説や、出雲の地元で作られたのではないかとする説も有力である。

ここで私の神話の解読からすれば、大国主神は神大根王であるから、畿内側である。前章の鳥取の地名に和泉国日根郡鳥取郷があり、垂仁紀三十九年条に、茅渟《ちぬ》の菟砥《うと》に川上の宮に五十瓊敷《いにしき》命《みこと》がいて剣一千口を造らせ、その剣を川上部《かわかみのとも》といい、亦の名を裸伴《あかはだかのとも》といい、石上神宮に蔵した、とある。『古事記』でも同様であって、鳥取の河上宮に坐して横刀一千口を作らしめ、これを石上神宮に納め奉り、その宮に坐して河上部を定めた、とのせる。

ある説によると、五十瓊敷皇子は太刀千口を造らせると、十種の品部を賜り、一千口の太刀を忍坂《おしさか》に納めた後に、石上神宮に納めた。このときに神が「春日臣の一族の市河という者に治めさせよ」といわれ、これが物部首の先祖という、とある。

この剣を石上神宮より鳥取氏の湯河板擧が部民を率いて、出雲に運ばせたと考えられ、それ以前にも、すでに天穂日命やその子や、事代主命にされた誉津別皇子にも持たせていたのであろう。垂仁紀二十六年条に、物部十千根《とおちね》連に命じて「しばしば使者を出雲国に遣わして神宝を検校させたが、分明に申した者がいない。汝が出雲に行き検校せよ」と命じ、十千根大連が神宝を検校して分明に報告し、それで神宝を掌らせた、とある。従って十千根連が神大根王の同祖族であったことにより、出雲に派遣されたのであろう。二十七年条に、兵器を神の幣《まいない》とするのを占わすと、吉とあったので、弓矢と横刀を諸社に納め、更に神所・神戸を定めて、時をもって祭らせ、兵器をもって神祇を祭る始めになった、とある。この後に千口の剣を作らせる記事がのせられるが、この頃の記載は年数はいい加減と推定されるので、荒神谷出土の剣は日根郡の鳥取郷で造られ、何回かに分けて邪馬台国対策のために送られたが、それがどうなっているか、派遣した人々より報告がなく、狗奴国側の王の所に伝わらず、十千根が送られ、その所在を調べて、チェックした銅剣に×印を刻んだのであろう。その後、出雲の国譲りが終わった後に、銅剣の必要がなくなり、死んだ皇子の持ち物であったため、礼を尽くして埋納されたのであろう。

銅剣の出土した上側の場所に、せまい平面が作られ柱穴が数カ所あったことが発掘で判り、ここで殯りか、神への幣としての神事が行なわれたと推測される。

一方の銅鐸・銅矛が一括出土したのは、邪馬台国から出雲に派遣された素戔嗚尊側につき、その死後、その神宝を引き継いだ大国主命である出雲振根の留守の間に、矢田部の遠祖武諸隅が献上し、丹波の氷上の小児の託宣により、返して祭らせていたのが矛類であったのである。素戔嗚尊は邪馬台国より出雲に拠点を占めるよう大国主命より先に派遣され、大国主命を懐柔する話が、その結婚話として作られていたのである。素戔嗚尊は、神話だけで活躍し、当人を神として祭る神社は古代にほとんどなく、『古事記』が読まれるようになった近世になって、とりあげられるようになったのである。従って、素戔嗚尊の実体は不明であり、これを研究するのは、無駄な努力である。

銅矛　銅矛をみると、これには新旧が混在し、銅矛の編年によれば、銅剣と同様に刃の幅により分けられ、それに以外に柄につく耳管と、それに着く柄部との間の突起により分けられており、細・中・大がある。銅矛の中に二本は細型で、長さが短く耳管（領巾を着ける穴）の下より柄の端まで突起が続いている。あとの十四本は中広型で、その中の三本は長さが短く、他のより区別され、残りの九本は、ほぼ同じの中広型で四本だけ綾杉文に研いで目立つようにしてある。このようにしたのに、九州の吉野ヶ里に近い北茂安町白壁出土の銅矛や、大分県宇佐郡安心院町出土の銅矛があり、いずれも同じ中広型銅矛であって九州産であることが明白である。すなわち、九州から来た素戔嗚尊にされた人物の持ち物であり、綾杉文の入ったのが一番新しいとすれば、邪馬台国内で卑弥呼が死んで相攻伐する以前の三世紀前半の終わりに近い頃と考えられる。

銅鐸　次に銅鐸を考ると、一口は菱環鈕式、五口が外縁付鈕Ⅰ式とされている。そして、これらは、畿内地方で発見されている同じ形式より古いとされ、菱環鈕式は最古の鐸であって、九州で二世紀前頃の鋳型が発見されているので九州産とみられ、外縁付鈕Ⅰ式に畿内地方の出土が多いが、その一つの外縁は複合鋸歯文といわれる九州産に使われるのがあり、他のは畿内産と推定されている。

これらの青銅製品は、考古学者の常に用いる交流による、とする考えが大勢を占めているけれども、弥生時代は戦乱の時代と考えられており、戦争のために利用されたのであろう。和辻哲郎氏による銅剣圏・銅鐸圏に分ける説は、荒神谷出土品によって否定されたとする説も浮かんで来たけれど、畿内側が交戦相手の矛の替わりに銅剣を作り相手側の住民を味方にする戦術として、出先に持たせたとするのが妥当であろう。同様に邪馬台国側も相手の銅鐸を持たせたいが、当時すでに作っておらず、古いのを捜し素戔嗚尊に持参させたのであろう。その後、島根県加茂町岩倉遺跡より三十九個の銅鐸の出土したことが発表された。これらは偏平鈕式鐸と、それ以後の形式のものであり、荒神谷の銅鐸は大国主命が旧式な鐸を持って派遣され、後に送ったのは隠しておき、神功皇后の東征の時に埋没されたのであろう。このように畿内の政権は、銅鐸の製造を続け、ますます大型の鐸を製造し、一方、九州側も広矛を作るから、和辻説は破綻していないのである。

大国主神を美濃の神大根王としたが、この地方から出土した銅鐸をみると、大垣市十六町から外縁I式高さ二五・七センチの鐸、岐阜市上加納から偏平式高さ二八センチの鐸が出土しており、神大根王が持参したとしても有り得る大きさである。

鉛同位体による分析

馬淵久夫氏による出雲志谷奥の剣形祭器の鉛同位体比の研究成果によれば、中国北部の鉛を使った可能性が高いとされる。鉛同位体比とは何かについては、後章で実例をあげて説明することにし、ここで銅剣の材料の入手先を考えれば、邪馬台国時代であるから、北九州を通じてしか手に入らないであろう。すると、邪馬台国と対立する狗奴国との戦闘の間に、邪馬台国側より捕獲し、それを材料にして剣や鐸を製造したことになってくる。出雲を含む中国地方において銅製の武器の出土が九州にくらべ格段に少ない。これは三世紀の始め頃より邪馬台国との戦闘に狗奴国側が優勢であって、次第に邪馬台国が追いつめられ、魏に救援を請う情勢になって来たことを示し、出雲振根が筑紫に行っていたことによっても表わされている。

神代の話に戻り、『書紀』の神代上の最終の一書第六に、大己貴神の亦の名として八千戈神・葦原醜男とあるのは、矛を沢山持ち反逆したことにより葦原の醜男の名付けた、と思われ、物部系図では出雲醜大臣の名で出されるようになっている。

続いて前章で述べた大己貴神が事代主命の言葉によって国を譲り、死ぬ前に、經津主神・武甕槌神に広矛を授けて、「この矛により功を遂げることができた。もし天孫がこの矛を用いて国を治めれば、必ず平安になるでしょう」と言い隠れている。ここに広矛のでることは、大己貴神が矛を持っていたことを知って、この文章を書いたことになる。この続きの細注に、二神が従わぬものは総て殺し、皆平らげたが、唯星の神香香背男のみ従わず、そこで委文神《しとりかみ》建葉槌命を遣わし、平伏したとある。

鳥取県米子市の東にある淀江町に妻木晩田《むきばんた》遺跡という広大な遺跡であり、その遺跡には戦乱の跡が残り、四隅突出型方墳が十数個所ある。吉備津彦と武渟河別を遣わして出雲振根を殺しており、南から吉備津彦、東から大彦命を祖にする武渟河別が攻めたのであろう。そして、この際、伯耆に分布する鳥取氏と同祖とする倭文氏族も東からの攻撃に加わり、この地方に分布したと考えられ、大国主神が木の割れ目に挟まれて死ぬ話もこれより作られたのかもしれない。

吉備津彦が遣わされ、大己貴神を殺したことは事実であって、荒神谷遺跡の西にある出雲市西谷の三号四隅突出型方墳に、吉備の特殊器台と特殊壺が出土している。この古墳から出雲の的場式鼓型土器が出土し、これは三世紀の中頃を中心とする土器で、吉備の特殊器台と特殊壺は上東式Ⅲ式土器といわれるもので、三世紀の中頃であるから一致し、先に出雲の国譲りが、邪馬台国で卑弥呼が死に、後継者を巡って相攻伐している時としたのに合っている。吉備津彦が大国主神が死んだ後に、この地方の墓葬様式に従って葬り、吉備の葬具を準備し供えたのであろう。なお、丹波地方とみられる土器も出土しているので、大根王の親族である丹波道主王族が献供したのかもしれない。

事代主命である誉津別皇子の墓は、安来市西赤江にある四隅突出型方墳群の中の一つと推定され、的場式鼓型土器が出土している。

次に大己貴神にされた美濃国の本巣国造であった神大根王（『書紀』に神骨）について考えたい。美濃国の本巣郡の隣は現在の岐阜市であって、この市内にある稲葉山群の平野部に接する標高一五八メートルの瑞龍寺山の頂上にある墳墓の中に「長宜子孫」の銘のある内向花文鏡が中山式土器と共に出土し、最初期の墳墓の中でも二・三世紀に日本に入ってきた内向花文鏡で、畿内から

東に入った最初の鏡として注目されている。（『古代の美濃』野村忠夫著　教育社刊参照）
出雲神話の大己貴神を筑紫に行った出雲振根とし、邪馬台国側に与したため、吉備津彦等の為に捕えられ水死させられたと述べた。神大根王のために出雲の西谷の四隅突出型方墳に葬られたとしたが、美濃の瑞龍山の墳墓も生前の神大根王の一族に分与された鏡であったのかもしれない。

崇神天皇以前の天皇系譜

ここで『紀・記』の天皇の記事を考えると、孝霊天皇の子に吉備津彦、孝元天皇の子に大彦命があり、『古事記』によれば、その子が武渟河別命であって、阿倍臣等の祖とし、次に比古伊許士別命を膳臣の祖としている。これらの天皇の代からして崇神天皇の末に存在することは有りえず、人物が実在していたとしても、その系譜はありえない。従って多少の事実を引き伸ばして、天皇を創作していることは明瞭である。ただ開化天皇の子の系譜を考えると、庶母伊香色謎命を皇后とし崇神天皇を産み、丹波氏の女彦湯産隅命との子の末弟である神大根王が、崇神天皇の時代に存在していることは事実である。ただ、開化天皇から崇神天皇が生まれたとするのは、疑問である。御間城入彦尊と入りのつく故に、古来から御間城に入った人物であろうと疑われている。天皇に別のつく名のあることと対照的である。

狗奴国が大和政権の証拠

私は出雲の国譲りで、出雲振根を九州の邪馬台国側につき、同一人の大己貴神を狗奴国の大和側としてきた。これについて出雲における邪馬台国の影響を、考古学上から述べないと邪馬台国九州説が認められないであろう。常識上から考えると、『倭人傳』に、邪馬台国は狗奴国と不和であって、救援に魏に使者を送っているけれど、邪馬台国が畿内にあるなら何処に狗奴国があるかを示す必要があり、考古学上から土器の移動をみても、畿内を中心にして拡張しており、魏に救援の使者を送る必要はなかった。かえって拡張していることは、版図を広げていることで、当然、邪馬台国にとっては、敵対する狗奴国であった証明になる。考古学者は畿内地方に古墳が多数あり、三角縁神獣鏡が多数出土することによって、邪馬台国があったことを決め手にしている。これを魏から与えられた鏡と一方的に決めているけれども、神話でも鏡作りのことをのせるように、古代においても日本には鏡作部があって、これにより和製の鏡を作ることが出来たのである。それでは畿内にたいする九州の邪馬台国側の考古学上の対策をみてみよう。

『後漢書』倭伝に「桓・霊の間、倭国大いに乱れ、相攻伐し、歴年主無し、一女子有り名を卑弥呼という」とあり、二世紀の終わり近くに、邪馬台国が成立している。考古学上で土器でいえば、九州北部のは二世紀後半の中頃から、それまでの高三潴式から下大隅式（遠賀川の下流地域出土、水巻式ともいわれる）が北九州一帯に分布し、それまでの甕棺の墓葬に変わって箱式石棺になっている。吉野ヶ里遺跡でも甕棺に変わって箱式石棺が三百余も出土し、他の地域でも同様である。この箱式石棺が邪馬台国時代である。この箱式石棺が出雲・吉備にまで分布していることは、この地方の最初の古墳の周辺に見出されたり、四方突出型方墳の棺になったりしており、出雲にこの形式の広がる元になり、最初に発見された出雲に近い石見の順庵原一号墳（瑞穂町）は箱式石棺であった。石見町中野で偏平鈕式銅鐸と突線鈕式銅鐸が発見されており、川を隔てた丘上に石見町中山B区古墳群では、丘陵の尾根に階段状に平地を作り、墓域を画した中に出雲の最古の九重式から的場式・小谷式までの鼓型土器が出土している。当地の教育委員会の話によれば、この地域では吉備系の土器が多く発見されているとのことで、銅鐸配布に吉備津彦系が係わっていたと推定できる。突線鈕式銅鐸の分布では、この地のが最西端である。

四隅突出型方墳型の祖系は広島県北部と考えられ、庄原市や三次市の周辺で弥生時代の後期の前半に作られたことが知られている。これが邪馬台国が出雲に進出すると共に使用されるようになったと推定される。なお、広島県山県郡品治郷は、現在の山県郡千代田町本地とされており、この地には特別な考古学上の発見はされていないが、町内の歳の神遺跡に四隅突出型方墳があり、この町内で漢鏡が二面発掘されている。

『考古学講座』原史文化上（雄山閣）によれば上大隈式土器の二重口縁が出雲・吉備の土器に影響をあたえていると述べ、鼓型土器の口縁や吉備の特殊器台や特殊台にこれをみることが出来る。これらからすれば、邪馬台国は成立すると、すぐ畿内に大きな勢力が出来つつあるのを知り、その対策をしていたのである。倭人伝に対馬・壱岐から始めて奴国・不彌国に官の副に卑奴母離を置いているが、卑奴母離は後世の夷守にあたり、辺境の地に守備する官を置き、警戒していたのである。魏の使者が伊都国まで歩かされたのも、船で直接伊都国に行くことを警戒したためで、これも畿内に向かう船を警戒し始めてから設けられている。従って、畿内は銅鐸や銅剣などになる金属材料を北九州を通じて入手することは出来なかったのであり、その意味で韓国と直接往来出来る出雲に、邪馬台国は重点を置いていた。鉛同位体の質量分析について出雲の青銅は華北産とされ、すると何処から移入したか問題になり、私は前述したように中国地方から青銅製品がほとんど発見されていないことにより、中国地方のそれ等を没収し、鋳替えたのではないかと推定したのである。中国地方は畿内と陸続きであったから、邪馬台国より畿内と交通しやすい。

第七章　皇孫の天降り

『書紀』の神代上は、前章で述べた大己貴神と事代主命がこの世を去った所までをのせて、神代下は事代主命を再び変名した天稚彦とし、その死とその後の諺を含めて、出雲を平定した後の豊葦原瑞穂国の平定、すなわち、皇孫の天降りに移っている。

その前に簡単に私事に触れると、私が小学生であった昭和一桁の時代に、紀元節の度に「雲にそびゆる高千穂の高かね降ろし」と歌わされていたのを思い出す。戦後になると、天皇制を強制するために、津田左右吉氏によるこれを否定する合理主義歴史学者による創作されたとする説により、天降り説が否定され、考古学者もこれに賛同し、天降りの事実であったことを、考古学上から証明するのをタブー視されているようであり、たとえ考古学上からこれを想像させるような発見があっても、時代を特定せずにこれを基にして創作したのであろうとする説さえ見受けられるものがある。

以下、述べることにより皇孫の天降りは事実であったことが証明されることになる。そこで天降りの記事を信用して述べることにしたい。

本文は非常に簡単であるので、そのまま載せる。「高皇産霊尊、真床追衾《まとこおふすま》を以て、皇孫《すめみまの》天津《あまつ》彦彦火瓊瓊杵《ひこひこほのににぎ》尊《みこと》に覆つて降らせた。皇孫は天磐座《あまのいわくら》を離れて、天《あま》の八重雲《やえくも》を排《お》し分け、稜威《いつ》の道別《ちわき》に道別きて、日向《ひむか》の襲の高千穂峯に天降《あまくだ》ります。その皇孫《すめみま》の遊行《いでま》す状《かたち》は槵日《くしひ》の二上《ふたかみ》の天浮橋《あまのうきはし》より、浮渚在平處《うきじまりたひら》に立たして膂宍《そしし》の空国《むなくに》を、頓丘《ひだを》から国覓《くにま》ぎ行去《とお》りて、吾田《あた》の長屋の笠狭碕《かささのみさき》に到ります」とあり、それよりその地に事勝国勝長狭と名乗る人がおり、皇孫が「国があるか」といわれると、「有ります、御自由にして下さい」と答え、皇孫は行って留まると、その国に美人がおり、名を鹿葦津姫《かしつひめ》亦の名は神吾田津姫《かむあたつひめ》、亦の名は木花之開耶姫《このはなのさくやひめ》といった。皇孫が誰の子か問うと、「妾《わらわ》は是天神が大山祇神《おおやまつみのかみ》を娶り生まれた児です」といい、皇孫が娶すと一夜で妊娠し、皇孫が偽りを言っているというと、鹿葦津姫《かしつひめ》は怒り恨んで、無戸室《うつむろ》を作り、其の中に入って誓約して「妾の妊娠したのが天孫の胤でなければ、かならず焼け滅びるでしょう。もし実の胤ならなら、火も害することは出来ない」と言って火をつけ室を焼いた。始めて起る烟の末より生《な》り出づる児を火闌降命《ほすそりのみこと》と名づけた。是隼人等の始祖なり。次に熱のさめるときに生まれ出た児を彦火火出見尊と名付け、次に生まれ出た児を火明命《ほのあかりのみこと》と名づけた。是尾張連等の始祖なり。久しくして天津彦彦火瓊瓊杵尊は崩じた。因って筑紫《ちくし》日向《ひゅうが》可愛《え》之《の》山陵《やまのみささぎ》に葬むった。

以上が本文で、一書が第八まであり、第一は天稚彦の死から味耜高彦根神が出現し美濃の喪山での妹の下照媛までをのせ、出雲の平定を武甕槌神及び經津主神がして武甕槌神を先にし、太安万侶の書いた書であろう。本文に相当する皇孫の天降りする前に、天忍穂耳尊を天降らせて様子を見させ、返って報告し、再び天降りさせようとすると、皇孫が生まれたので代えて天降らせている。『古事記』でも、天忍穂耳尊が天降る装束している間に子が生まれ、この子を天降らせている。第一書では三種の宝物と五部神を添えており、皇孫に勅した言葉は「葦原の千五百秋の瑞穂の国は、是、我が子孫《うみのこ》の王《きみ》たるべき地なり。いまし皇孫《すめみま》、いでまして治めよ、宝祚の隆《さか》えまさんこと、まさに天壌と窮《きわま》り無《な》けむ」と、太平洋戦時中に暗唱させられた句がのせられている。天降りする前に猿田彦と天鈿女命の話があり、猿田彦が天鈿女命に天孫を案内し筑紫の日向の槵觸《くしふる》峯《みね》に至るべし、吾は伊勢の狭長田《さながた》の五十鈴川《いすずがわ》の川上に至るべし、としている。

第二では、天にいる悪い神の天香香背男《あまのかかせを》を二神が誅してから、後に葦原中国を平定せんと申す時、この時の齋主神《いわぬしかみ》は齋之大人《いわいのうし》と号し、この神は今東国檝取《かとり》の地にいます、とある。以下は第一と同じようであり、この段は『旧事紀』がこれと同様なことをのせ、經津主神を武甕槌神の前にのせており、第二は物部氏の提出した書であろう。この段の最終に天忍穂耳尊が二男を産み、兄を天照国照彦天火明櫛玉饒速日尊、弟を天饒石国饒石《あめにぎしくににぎし》天津彦々火瓊瓊杵尊としている。そして皇孫の天降り後は、本文と同じようであるが、生まれる順が異なり、最初に生まれる子を火酢《ほのす》芹命《ぜりのみこと》、次の火の盛んな時に火明命、次に彦火火出見尊にし、本文と順が違っている。

第三は生まれる順が火明命、次に火進命、次に彦火火出見尊の順になっている。第三では異伝であり『古事記』で天降る時に、天忍日命・天津久米命の二人、天の石靫《いしゆぎ》を取り負い、頭椎《くぶつち》の太刀を取り佩き、天の波士弓《はじゆみ》を取り持ち、天の真鹿児矢を手挟み、御前《みさき》に立ちて仕え奉りき、とのせるのと同様に、この二人をのせている。しかし、天降りが事実の反映であることを述べているので、続く神武東征に両者の出すことを知っているために、この異伝が作られたのであろう。なお、『古事記』では、物部氏の出した記事と同様に、天忍穂耳尊の子に、天火明命の次に瓊瓊杵尊をのせている。そして、無戸室から子が生まれる時に、火明命を除いており、出さないのは合理的である。

第五、第六は同じように、かなり長いが、本文を参照して書いたのであろう。第七、第八は短く、名に異伝が多い。この段で生まれる神の中に火明命の多いことである。これは神武東征に関係し、東征する際に、塩土老翁《しおつちのおじ》に聞いたとして、東の美しい地に、天磐船に乗り飛び降る者あり、その者は饒速日というか、とあり、この饒速日は火明命であったから、神武東征とは、大和に残した饒速日命を征服することであった。

ここでこの説話がいつ頃創作されたか考えれば、膂穴《そしし》の空国《むなくに》を頓丘《ひたお》から国覓《くにま》ぎ行去《とほ》りてとあるのは、国覓の初出が、『続紀』文武天皇二年四月十三日条に、務広弐文忌寸博士号等八人を南嶋に国を覓ぎに遣わす、であり、続いて、四年六月三日条に、薩末《さつま》比売、久売、波豆、衣評督《えのこおりとく》衣君縣、助督衣君弖自美《てじみ》、又肝衡難波《きもつきなには》、肥人《ひびと》等を従え兵を持ち、国覓国使刑部《おさかべ》真木《まき》等を剽劫す、がある。丁度薩摩のことを述べているので、これを転用したことは明らかで、日向神話は、事実を基にしてこの頃に構想されている。

そして無戸室から子が生まれるのは、誉津別皇子が燃える火の中から佐保媛により出されたことより作られ、一夜の交わりで子が生まれたのは、雄略紀の始めに、春日和珥臣の女の童女君《おみなきみ》が天皇と一夜交わり、生まれた春日大娘皇女の歩く姿を見て、物部目大連が天皇によく似ていると言うと、天皇が一夜しただけと答えた話の投影であろう。

猿田彦と猿女君のこと

皇孫の天降りの一書第一に、簡単に前述しているように、皇孫に添えて侍らした五部神の中に、猿女の上祖天鈿女命《あめのうずめのみこと》があり、皇孫が天降りするしようとする前に、先駆した者が還り「一つ神があり、天の八街《やちまた》に鼻の長さ七咫《あた》、背が七尺、口の回りが赤く照り、眼は八咫《やた》の鏡のごとく、輝くことは酸漿《ほおづき》のように赤い」といった。そこで諸神を遣わしたが、皆眼力に負けて問うことが出来なかった。

そこで、天鈿女命を遣わすと、天照大神の籠もった岩屋の前でしたエロチックな様子をし咲《えらぎ》笑い《わらい》をして問うと、天照大神の子を迎えに来た猿田彦大神と答え、それより九州へ案内し、自身は伊勢の五十鈴川のほとりに行く。

続いて皇孫は天の磐座を離れて槵觸峯《くしふるみね》に天降り、皇孫は天鈿女命に、「汝の顕した神の名をもって姓氏とせよ」と勅し、猿女君の名を賜った。それ故、猿女君の男女を、皆が君と謂う縁になったとある。

猿女君の名は実在し、古代歴史学者は神話にでるため、これを信用しないが、事実であったのである。先に比売陀君でそれらしきことを述べたが、実在したことの詳細は後章で、そのでる箇所で触れる。

第八章　山幸・海幸の話

　この話は、近年になって広く知られるようになってきたが、その意味については何も知らないといってよいであろう。『書紀』の第十段の本文は、簡略に述べると、兄の火闌降命が海幸、弟の彦火火出見尊が山幸となり、お互いにその持ち物を交換して試してみると、獲物がなく、兄が釣針を返せといったが、弟は釣針を失い返すことが出来ず、その持つ刀で沢山の釣針を作って返したが、元の釣針を返せといい聞かなかった。そこで弟が憂えて海辺をさまよっていると、塩《しお》土老翁《つちのおじ》に逢い、その理由を聞かれ、わけを話すと、老翁はよい方法を考えて、目の無い竹籠を作り、その中に入ると海に流し、自然に美しい小浜に着いた。籠を出て行くと、海神の宮に着いた。その宮は垣を巡らし、高殿は照り輝いていた。門の前に一つの井戸があり、そのほとりに桂の木があった。そこにたたずんでいると、一人の美人が戸を開けて出てき、水を汲もうとして仰ぎ認めて父母に告げると、海神は八重の薦畳を敷いて迎え入れ、来た理由を問うと、釣針を失ったことを話した。そこで海神は、大小の魚を集めて問うと、知らないが、この頃鯛が口の病があって来ていません、と答え、その口を探ると、果たして失った釣針を得た。

海神の娘豊玉姫を娶して留まること三年して、楽しいけれど本国のことを思い悩んでいると、海神が彦火火出見尊を呼んで、「国に帰るなら、我が送らせよう」と言って、得た処の釣針を与え、「この釣針を兄に返す時、『貧鉤《まじち》』と言った後に与えよ」といい、また潮満瓊《しをみつたま》と潮涸瓊《しをひのたま》を奉り、教えていうに「潮満瓊を漬ければ、潮が忽ち満ち、兄を溺させ、兄が悔いて祈らば、潮涸瓊を漬ければ、潮が自ずから引くであろう。これをもって救い悩ませば、兄は自然に服従するであろう」と教えた。

彦火火出見尊が帰ろうとする時、豊玉姫は天孫に「私は既に妊娠しています。もうすぐ生まれるでしょう。私は風波の早い日に海浜から出ます。どうかその時に、我の為に産屋を作って待っていてください」といった。

彦火火出見尊は宮に還って、海神の教えに従うと、兄の火闌降命は悩まされて、自然に従い、「今より以後、我は汝の俳優《わざおぎ》の民になる。生かしてくれ」と言ったので許した、その火闌降命は吾田君小橋等の本祖である。

その後、前の誓いの如く豊玉姫が妹の玉依姫を伴い、風波を冒して海辺に来て、子を産む際、見てくれぬなと言ったのに、天孫がこっそり見ると、龍《たつ》になっていた。それを知った豊玉姫が約束を守るなら、いつまでも行き来したのに、今恥をかかせた。どうして睦まじく結ぶことが出来ようかと、児を草で包んで海辺に捨て置き、海路を閉ざして還った。それでその御子を彦波瀲武《ひこなぎさたけ》鸕《う》鷀《が》草《や》葺不合尊《ふきあへずのみこと》といった。その後、久しくして彦火火出見尊は崩じられ、日向の高屋山上《たかやのやまのうへ》陵《のみささぎ》に葬られた。

この段に一書が四つあり、いずれも同じ長さで、その細部に異伝があり、『古事記』に似ているのや、隼人を服属させる方法が違っているのや、特に第一では、海辺の産屋を鵜の羽を用いたので葺いたのでその名がついたとし、第二では、火闌降命の苗裔、諸々の隼人等が宮垣の傍を離れず、代々《よよ》に吠える狗《いぬ》にして仕える者とし、第三では鵜の羽で屋根を葺きあがらないうちに、豊玉姫が妹を連れて大亀に乗ってきたので、その名が着けられたとし、第四では、これまでとがらっと違って兄の火酢芹命が山の幸を得、弟火折尊が海の幸を得たとし、塩土老翁に逢うと、「海神の乗る駿馬は八尋鰐《やひろわに》で、これは旗を立てて橘の小戸にいる。吾は彼と共に策を考えよう」といい、共に行って見た。鰐が謀っていうに、我の王の特に駿馬は一尋《ひとひろ》鰐で、一日でお連れできる。その鰐を連れてくるからそれに乗っていけばよい、といっている。この一書は、大山祇神の娘と結婚しているから、彦火火出見尊を海幸にしたのであろう。見に行ったのを橘の小戸としたのは、伊奘諾尊が禊をした場所を意識していたであろう。弟が海神の所より返る時に釣針を返す際の呪言を教え、そのため兄は潮の満ちてくるに従って、脚をあげたり、手をあげたり相撲のようにしている。これは藤原氏の手により書かれたように思われる。何故なら塩土老翁は、橘の小戸という九州の伊都国周辺の地理を能く知っているからである。『書紀』神代下の最後は、彦波瀲武鸕鷀草葺不合尊は、その叔母玉依姫を妃とし、彦五瀬命を生み、次に稲飯命、次に三毛入野命、次に神日本磐余彦尊と四人の男をなした。久しくして彦波瀲武鸕鷀草葺不合尊、西洲の宮に崩じ、よって日向の吾平山上陵《あひらのやまのうえのみささぎ》に葬られた。この中の稲飯命と三毛入野命は、神武東征の途中で熊野の海で暴風を鎮めるため、海に入っている。神武東征は創作であるから、何らかの意味を含め出されたのであろう。『姓氏録』右京皇別に、「新良貴、彦波瀲武鵜葺不合尊男稲飯命之後也。是新良国出て即国主と為る。稲飯命新羅国を出て王の祖合う。日本紀見ず」とある。三毛入野命は豊前国上毛郡・下毛郡を三毛にしたように思われるのである。

第九章　景行天皇（大足彦忍代別天皇）の事蹟

神話の中でこれまで高皇産霊尊が崇神天皇。天忍穂耳尊が垂仁天皇としてきた。次の天皇は景行天皇である。そうすると皇孫にあたるので、神話の高千穂に天降る天皇になってくる。そこで景行天皇について述べねばならない。

『書紀』によれば、天皇は垂仁天皇と丹波道主王の娘日葉酢媛の間に生まれ、播磨の稲日大《いなびのおほ》郎姫《いらつめ》の間に、大碓命と小碓命の双子を生み、後者が日本武尊である。皇后が没すると美濃の八坂入彦皇子の娘弟媛が美しいと聞き、泳宮に訪ねると、弟媛は結婚する気が無く、姉の八坂入媛を勧めた。この弟媛が神話の伊奘諾尊が黄泉の国から返るよう勧めた泳宮にいた弟媛にされたと述べた。兄に五十瓊敷入彦命がおり、前出した千口の銅剣を造らせ、石上神宮の管理をまかされている。ここで注意しなければならぬのは、垂仁天皇が皇太子を選定する際に、五十瓊敷入彦命が弓矢を欲したのに、石上の宝物の管理にあたり、大足彦尊を皇位につけていることである。すると皇孫を景行天皇とすると、神話の瓊瓊杵尊であり、その兄が火明命であるから五十瓊敷入彦命になることになる。『古事記』で垂仁天皇の子に大中津彦命をのせ、その子孫を載せているのは、その火明命の意味で出したのであろう。八坂入媛との間に七男六女があるけれど、これはありえないことは、以下の話で証明されるであろう。

景行紀十二年八月条に、筑紫に幸すとあって、九月条に周防の佐波に到った時、天皇は南を望んで「南の方に煙が沢山立ち上っている。きっと賊がいるのであろう」と言われ、そこに留まって、先ず多臣の祖武諸木・国前臣の祖菟名手・物部君の祖夏花を遣わし、その状況を探らせた。その時、神夏磯媛《まむなつそひめ》という女人がおりその徒衆は多くいて、一国の魁師《ひとごのかみ》であり、天皇の使者の来たのを聴き、磯津山《しつやま》の榊を根こじに取って、上枝に八握剣を取りかけ、中枝には八咫鏡を取りかけ、下枝に八尺瓊を取りかけ、また白幡を船の舳先に立てて、参って言うに、「願わくは兵を遣わして下さるな。我の属類は必ず叛くものはありません。今従います。ただ悪い賊がいます。一人は鼻垂といい、妄《みだ》りに名号をかりて、山谷に呼びかけ、宇佐の川上に集めています。二人目は耳垂《みみたり》といい、残逆で貪《むさぼ》りが多く、屡人民を掠め、御木《みげ》の川上におり、三人目は麻剥《あさはぎ》といい、ひそかに徒党を集めて、高羽の川上に居ります。四人目は土折猪折といい、緑野の川上に隠れ住み、独り山川の険阻を頼みして多くの人民を掠《かす》めています。この四人はその居る処が要害の地で、各々眷属を使って一處の長になっており、皆『皇命に従わぬ』といっています」と申しあげた。そこで、武諸木等は、まず麻剥の徒党を誘い、赤い衣・袴及びいろいろの珍しい物を賜い、かねて従わぬ三人を召させた。すると三人はその徒党を引き連れやって来たので、悉く捕えて殺した。そこで天皇は筑紫に行かれ、豊前国の長峡《ながを》縣《あがた》に至り行宮《かりみや》を建てて居られ、その地を京《みやこ》といわれた。

この文が邪馬台国内の四人の連盟国の王を一網打尽に殺したことで、邪馬台国は一挙に勢力を失ってしまった。最初に降伏した神夏磯媛が倭人伝にのる卑弥呼の後を継いだ壱與（豊与と思われる）であった。

この文で宇佐の川上にいた鼻垂が名号をかり、とあるのは、卑弥呼の後継者の男王で、国内で相攻伐する原因になった人物であったのである。豊与は磯津山の榊を根こじにしたのを立てていたが、天照大神を岩戸から引き出す際に、これと同じ様な描写をした元になっていた。

次の耳垂が御木川の川上にいたとあるのは、中臣氏の祖のいた神話の興台産霊の地であって、現在の山国川の中流になる耶馬渓町中摩であり、中臣氏の祖天児屋命は、豊前国仲津郡中臣郷にいて、景行軍に降伏し、以後その道先案内役をするようになった。倭人伝の中の官奴佳鞮の一族であった。山国川がミケと読まれているのは、前章の終わりに神武天皇の兄に三毛野命があったのは、藤原不比等が自族に引きつけたと思われる。するとそれに若をつけ、若三毛野命を神武天皇にしたのは、不比等の指導によることになる。

麻剥が田川市を流れる彦山川の上流にいた邪馬台国の官伊支馬、土折猪折が現在の北九州市を流れる紫川の上流の平尾台にいたのであろう。邪馬台国の官でいえば彌馬升にあたるようである。神夏磯媛の榊を引き抜いた磯津山は、平尾台に近い貫山と考えられ、船で降伏した場所は、現在の福岡縣京都郡刈田町の沖あたりと思われる。邪馬台国の官で言えば遠方にいた彌馬獲支だけ生き残ったことになり、景行軍が通過した後、邪馬台国を支配する王になる。

さて、宇佐の川上にいた鼻垂は、邪馬台国王を引き継いでいると名のっていたが、鼻垂のいたのは宇佐郡安心院《あじむ》町であって、ここが邪馬台国王卑弥呼のいた処であった。耳垂のいた場所とは山を隔てた隣の郡であるため、親密であったと考えられ、そのため卑弥呼を天照大神に仕立て上げたい意志が強烈であったと思われ、皇孫に滅ぼされたことを先祖代々引き継がれていたのであろう。

中臣氏の出自

『書紀』に、神武東征の途中で、筑紫国の菟狭に至ると、菟狭《うさ》国造の祖菟狭津彦・菟狭津媛が出迎え、一柱騰宮を造り饗《みあえ》を奉ってまいり、この時、菟狭津媛を侍臣天種子命《あまのたねこのみこと》に賜っており、天種子命は中臣氏の遠祖なり、とのせている。神武東征は創作であるから、これも創作であるけれども、中臣氏が如何に宇佐にこだわっているか知ることができる。ちなみに、中臣氏系図は、津速魂命―天児屋命―天押雲根命―天種子命と続き、天児屋命は、景行西征で豊前国仲津郡中臣郷にいて降伏した中臣氏が天児屋命にあたる。なお、一柱騰宮とは、騰とは身体から魂が去ることから出ており、卑弥呼の葬られた場所を示していると考えられ、宮の構造ではない。ここで菟狭国造とあるけれども、勿論創作され、『旧事紀』国造本紀に、「宇佐国造、橿原朝御世に、高皇産霊尊の孫宇佐都彦命を国造に定賜う」が本当に近く、時代は神武東征に合わせた創作である。ここで問題になるのは、景行天皇が高皇産霊尊の孫であるから、宇佐に景行天皇が祭られているのではないかとの疑問が生まれるが、これについて後章で詳述したい。

藤原不比等が『書紀』編纂に干渉したことは、神々の名称ですぐ判る。高皇産霊尊と卑弥呼を天照大神にして組み合わせていることによって知られる。神代紀下の最初に、「天照大神の子正哉吾勝勝速日天忍穂耳尊、高皇産霊尊の女栲幡千千姫を娶して、天津彦彦火瓊瓊杵尊を生まれます」と、天照大神と高皇産霊尊を一緒にさせている。そして不比等は卑弥呼の男弟役になろうと、邪馬台国時代のことを夢みて実行し、完成したのである。神話では藤原氏に反対派の天孫系の氏族は、天照大神に反対し、日神の名で出しており、後世になると、日神を天照御魂神に替えている。ちなみに、『常陸国風土記』行方郡板来条に、建借間命を遣わし荒ぶる賊を平らげさす時、東に煙の流れるのを見て、人がいるか疑い、誓約して煙の流れる方向により敵のいる場所を知り、賊を撃つと賊は守り防ぎ、そこで策を考え、渚で杵島ぶりを歌って、七日七夜楽しみ舞いをすると、賊がそれにつられて出て来たところ、背後に隠していた兵が襲い、悉く捕え焼き殺した話をのせている。これは、『書紀』のこの段を知っていて書いたようである。ちなみに、これを撰したのは、養老年間に常陸国守・同按察使をしていた藤原宇合であろう。

先に卑弥呼のいた場所を安心院町にすれば、倭人伝にのる邪馬台国は、豊前国と彌馬獲支のいた遠賀川流域の西部である筑前の伊都国より東行百里の不彌国に続く大きな国となり、その首都に行く水行十日陸行三十日は、水行すれば十日、陸行では三十日になる。陸行を無理に邪馬台国内でない筑後を通り、日田市から山国川を沿って下り、安心院に達することも出来る。

卑弥呼の墓については、すでに拙著で詳しく触れているように、場所は安心院町に中津市からバスが通じており、円座より九人ケ峠のトンネルを抜けて安心院盆地に入った所に家族旅行村がある。その背後に小高い円径の山があり、その頂上に大きな岩石が集められ、南側が崩れており、盗掘された疑いがある。この地より盆地が南に一目で見渡せ、中央に妻垣山と龍王山がならんで聳え、妻垣山の麓の台地に妻垣神社があり、宇佐神宮の祭神の比咩大神が、封六百戸を天平神護二年に受けた時、その封戸より分けられて創建されたとされる。宇佐八幡宮の行幸会の行事の際、ここに二宿することになっている。

景行軍に従った氏族

これより最初に狼煙の上がった地方に派遣された武将が誰であったか、その出自を考えてみたい。この西征は出雲の国譲り後、しばらく準備して二百七十年代の壱興（豊与）時代と考えられ、豊与が三十歳代の頃であったであろう。そうすると武甕槌神が若くして出雲に行ったとすると、多臣の祖武諸木が武甕槌神で、物部君夏花が經津主神の矢田部の遠祖武諸隅であろう。その証拠に、武諸隅の子孫は仁徳天皇の時、大別連として仕え、後に八田皇女の名代の矢田部になっている。景行天皇の時、別が定められたとあり、筑紫国に四つの別の名のつけられたのは、このためであった。すなわち、大和政権に反対する国を征服すると別がつけられていたのである。残った菟名手は『豊後国風土記』の最初に豊国のつく由来がのる中に出て、豊国直の祖菟名手を豊国に治めに遣わし、豊前の仲津郡の中臣村に行く話をのせている。菟名手を国前臣とするのは間違いであって、出雲臣の氏族であった。誉津別皇子が出雲国造の饗をうけた阿宮と、簸川を隔てた対岸の出雲市の山間部に、宇那手の地名があり、『倭名抄』に筑前国夜須郡雲梯郷・大和国高市郡雲梯郷がある。祝詞の『出雲国造神賀詞』に、事代主命の御魂を宇奈提に坐してがあり、雲梯はウナテと読むのである。すなわち、出雲の国譲りをさせ、その地にいた氏族が西征の主力であったのである。なお延喜式にのる祝詞『遷却崇神《たたりがみをうつしやる》』に、經津主命・健雷命を天降し荒振る神を和《やわ》した後、皇孫を天降らせている。

景行西征の大分より日向までの記事

邪馬台国の連盟国王を殺し、天皇は周防より豊前の京都郡に移り、続いて豊後の平定に移る。この記事は臨場感にあふれ、古代からこのような記録が伝わるはずがないとして、創作されたとする原因になっている。神武東征の記事と同じ扱いである。しかし、これが基になって日向神話が作られており、この詳細を知ることは重要である。

冬十月に、碩田国《おおきたくに》に至った。その地は広く麗しく、碩田と名づけた。速見邑《はやみむら》に至ると速津媛と言う女の首長がいた。天皇を迎えて言うに、「この山に大きな石窟があり、二人の土蜘蛛が住んでおり、一つを青といい、一つを白と言います。又直入縣の禰疑野《ねぎの》に三人の土蜘蛛が有り、一を打猿といい、二をば八田《やた》といい、三をば国摩侶《くにまろ》と言います。この五人はいずれも力が強く、また衆類も多く、皆『皇命に従わぬ』と言い、もし強いて喚べば兵を出して防ぐと言っています」と申し上げた。そこで天皇は進むことを止め、来田見邑（現在の竹田市直入町あたり）に留まった。速見邑の速津媛のことをのせていないが、速見邑は現在の湯布院町で、湯布嶽の頂上に磐室《いわむろ》のあることを『豊後国風土記』にのせ、この地にいた土蜘蛛の青・白を殺してから直入郡に行ったのであろう。なお、湯布院町は安心院町の南に接しており、速津媛の名をひっくり返し、中臣氏の祖の津速命にしたように思われる。この村の若杉で天皇に逢ったとの伝承がある。なお、風土記に海部郡で速津媛に逢ったとのせるのは、その名から想像して作ったので、海部郡は速見邑に入らない。速見邑から山間部を跋渉して直入郡に入り、三土蜘蛛を討つ方策を練られ、「今多くの兵を動かして討てば、勢いに怖れて山野に隠れ、後の愁いを残す」といわれ、椿の木を採って、槌に作り武器とされ、猛き兵を選び槌を授けて、山を削り草を払って石室の土蜘蛛を襲い稲葉の川上に破りその党を殺した。その血が流れて踝に至った。時の人は海石榴《つばき》の槌を作った所を海石榴《つばき》市《ち》といい、血の流れた所を血田といった。また打猿を討とうとして、まっすぐ禰疑《ねぎ》山を渡ると、敵の矢が山の横から射て雨の如くであった。天皇は城原に返って川のほとりに居られ、兵を整え先に八田を禰疑野に撃ち破り、ここで打猿は勝てないと知り、降伏を願ったが許されず、皆自ら谷に落ちて死んだ。天皇は初めに賊を討うとされ柏峡《かしわを》の大野に宿られた。その野に石が有り、長さ六尺・広さ三尺・厚さ一尺五寸。天皇は誓約《うけひ》して言われるに、「朕、土蜘蛛を滅ぼすことを得るならば、まさにこの石を蹴れば、柏の葉の如くに挙がれ」といわれ、蹴ると柏の如く大空に上がった。それでその石を名付けて蹈石《ほみし》といった。この時に祈った神は、志我神《しがかみ》・直入物部神《なおいりもののべかみ》・直入中臣神《なおいりなかとみかみ》の三神である。

以上で討伐の話が終わり、日向国に至り行宮《かりみや》を建てて居られた。この討伐については次章の考古学上で事実であることを述べるが、この蹈石の記事の中に、祈った神に中臣神のあることにより、天児屋命の従っていたことが証明される。なお蹈石の記事は中臣氏は卜占をするから、中臣氏が作ったのかもしれない。志我神がどこの神か諸説があり、志賀島《しかのしま》の安曇《あずみ》氏の神とか、この土地の名の神とするのがある。後世にこの土地名をつけた氏族がいる。私説として多臣がおるから、その出自は近江の滋賀に縁があり、景行天皇も志賀の高穴穂宮に坐しているから、景行天皇の坐す地の神が最大の候補者かもしれない。

日向国における景行天皇

景行天皇は日向国に到って行宮《かりみや》を建て、これを高屋宮といった。続いて熊襲を討つことを議された。天皇がいわれるに「朕聞くに、襲の国に厚鹿文《あつかや》・迮鹿文《さかや》という者がおり、首長であり、衆類が甚だ多い。これを熊襲の八十梟帥《やそたける》という。その勢いは当るべからざるもので、戦さを起こすのに兵が少なくては賊を滅ぼすことは出来ない。多くの兵を動かせば、百姓に害を与える。何か武力によらずにその国を平らげる方法がないか」と言われると、時に、一人の臣が進みでて、「熊襲梟帥に二人の娘がいて、姉を市乾鹿文《いちふかや》、妹を市鹿文《いちかや》といいます。容貌が端正で、気性も雄々《をを》しいです。多くの幣《まひなひ》を示して、天皇のそば近くに召し容れなさい。それよりその消息を伺って、不意の処を犯せば、かえって刃を血塗らずして賊は自滅するでしょう」と申しあげた。そこで天皇は幣《まひなひ》を示して二人を欺き、側近に召し、市乾鹿文を偽り寵愛した。すると市乾鹿文は「熊襲の従わぬのを愁いなさるな。妾に良い謀があります。一、二の兵を妾に従わせて下さい」といい、家に帰って、父に酒を飲ませ酔って寝たところを、弓の弦を断って兵の一人が進み出て熊襲梟帥を殺した。それより妹の市鹿文を火国造に賜った。

以上が景行天皇の熊襲平定の経緯であり、その最後が重要である。火国造が多臣を祖にしている。すなわち、武諸木に市鹿文を賜ったことになり、二人の間に生まれた子が散って、全国に多臣の同祖族が分布したのである。

出雲神話の中で『古事記』でのせる素戔嗚尊が女を娶った系譜の中に、大山津見神の娘の名は神大市比売は、市鹿文からでており、日向神話の瓊瓊杵尊が笠沙の岬で大山津見神の女、神阿多津比売の木花佐久夜比売《このはなのさくやひめ》を娶り、姉の石長比売《いわながひめ》を返す話があるのは、太安万侶が『書紀』のこの段を多臣側に変更して創作しているので、素戔嗚尊の系譜を信用してはならぬと述べた。しかし、創作したにしても、神阿多津比売は薩摩国の阿多郡にいたことで、火国造（多臣がなる）に賜った市鹿文は阿多郡の出身であったのであろう。なお、『古事記』では日向に到った時、「此地は笠沙の御前《みさき》を真来《まき》通りて、朝日の直刺《たださ》す国、夕日の日照《ひてる》国なり。故、此地は甚吉《いとよ》き地」とかたり詔し宮を建てている。なお、国生み神話の中で、生まれた神々の中に、山の神の名は大山津見神、次に野の神、鹿屋野比売を生み、亦の名は野椎神《のつぢかみ》がある。そして、この大山津見神と野椎神が山野により持ち別けて生んだ神々の中に天之狭霧神、次に国之狭霧神等があった。

『古事記』はこのように多臣を中心にして書かれているので、天武天皇が舎人の稗田阿礼に勅語して帝皇日継及び先代舊辭を誦み習はせることは絶対にありえなかったのである。従って、多臣族に対する私家本であった。

景行天皇の筑紫への巡幸

景行天皇は襲国を平定し、高屋宮に六年居られ、その間にその国の佳人である御刀媛《みはかしひめ》を娶して妃とされ、豊国皇子を生んだ。この皇子が日向国造の始祖となる。国造本紀では、日向国造は、応神天皇の世に豊国別皇子の三世孫老男を国造に定めている。そうすると豊国別皇子は何処にいたのかということになる。これは後章で述べることにし、天皇は子湯《こゆ》縣《あがた》に行かれ、丹裳小野《にもののをの》に遊ばれ、東を望んで「この国は直《なほ》く日の出る方に向けり」といわれ、その国の名を日向と号した。この日に野中の大石にあがられ、都を偲んで歌をよまれ、これを思邦歌《くにしのびうた》という、とある。この歌は日本武尊が三重の能煩野《のぼの》で歌われたのと同じである。これは景行天皇の歌が先で日向で国を偲ぶほうが、三重の場所よりはるかに痛切であり、日本武尊の歌は剽窃である。多氏に『琴歌譜』という歌集が伝わり、思邦歌と同様な日向での歌に「正月元旦よみうた」が伝わっている。この段で妃の御刀《みはかし》の名が問題である。私は太安万侶が日矛の鍛冶に繋ぐためにつけた名とする。

天皇は都に向かわれようとして、巡幸され最初に夷守《ひなもり》に着くと、その地の土地人が見に行き、諸県君泉媛《もろがたきみいずみひめ》が御馳走しようと人々を集めています、と言った。次に熊県《くまあがた》に着くと熊津彦という者がいて、兄熊が案内して、海路から葦北の小島に泊まり、水がなく山部阿弭古《やまべあびこ》に求めさすと、天神地祇に祈って冷水を湧かせ、その島を水島といった。葦北から船出して日暮れに火国に着いた。暗くて岸が判らず、遥かに火が見え船頭にそこに行かすと岸に着いた。その地の人が八代《やしろ》県《あがた》の豊村ですと言い、その火を問うと、人の燃やす火でないことから火国と名づけた。（不知火の起源）高来県《たかきあがた》（島原半島）に渡り再び海を渡り玉杵名邑《たまきなむら》に着いた。その地の土蜘蛛津頬《つら》を殺され、阿蘇に着いた。その国は野が広く遠く人家がなかった。二人の神阿蘇津彦・阿蘇津媛が現れ、忽ち人の姿になり他に人がいないと言ったのでその国の名を阿蘇といった。続いて筑紫　後国《ちくしのみちしりのくに》の御木《みけ》に着き高田の行宮に入った。時に倒木《たおれたき》があり、その長さの長い話が入り、その木により御木《みけの》国《くに》と呼ぶことにした。次に八女縣《やめあがた》に入り、藤山を越えて、南の粟崎を望まれ、「その山の峯は幾重にも重なり大変麗しく、神がその山にいるであろう」と言われ、水沼県主《みぬまあがたぬし》が「女神《ひめかみ》がおられ、八女津媛と言い、常に山の中にいられます」いわれ、それで八女国の名がこれより起こった。次に的邑《いくはむら》（生葉村）に着いて食事をされ、食膳掛が盞《うき》を忘れ、当時の人は忘れたことから浮羽といった。

十九年九月二十日、天皇は日向から大和に帰られた。

以上が景行天皇の筑紫への巡幸であるが、筑紫が抜けていることに注意しなければならない。つまり、筑紫の抵抗にあって入ることが出来なかったことを意味する。これを筑紫・筑後・肥前・肥後の『風土記』に見ると、『肥後国風土記』肥後の国号に、肥前の国と肥後の国と合わせて一つの国であった。崇神天皇の世に、肥後国益城郡の朝来名峯《あさくなみね》に土蜘蛛の打猿・頸猿《うなさる》の二人があって、沢山の手下を従えて降伏しなかった。そこで朝廷は肥君等の祖健緒組《たけをくみ》を遣わし討伐させた。健緒組は勅を奉じて尽く誅し滅ぼした。また国内を巡っていると八代《やつしろ》郡の白髪山《しらかみやま》に至って日が暮れて宿ると、其の夜に空に火があり、自然に燃えてこの山に落ちた。朝廷に参上して、このことについて報告すると、火の下った国だから火の国と言うべしと言われた。健緒組の勲《いさお》を挙げて姓名を火君健緒組といい、その国を治めさせた。（要約）とあり、この名には武甕槌神と武諸木を合わせた趣があり、続いて景行天皇が巡狩した時の不知火の話をのせている。

次に基肄《きい》郡の条に、景行天皇が巡狩して筑紫国御井郡の高羅《こうら》の行宮におられて、国内をご覧になると、霧が基肄《きい》の山を覆っていたので、霧の山と言うべし、と言われ、改めて国の名とし、今は郡の名とした、とある。続いて長岡の神の社の条に景行天皇の名が出る。養父《やぶ》郡条にも、郡の名が景行天皇の巡狩の時に妊婦を見て、狗《いぬ》が泣き止んだのでその名がついた、とある。亘理《わたり》の郷条にも生葉山を船山とし、高羅《こうら》山を梶山とし、船を造り備え、人物を漕ぎ渡したので、亘理の郷という、とある。狭山郷の条や米多の郷条にも天皇の名がみえる。神埼郡の条は、ここの吉野ヶ里で有名であるが、昔、この山に荒ぶる神がいて往来する人が多く殺された。天皇が巡狩された時、この神が和らげられた。それでその名がついた、とある。これは間違いであるけれども、吉野ヶ里のある郷であり、神埼郡の名は古くからあった。三根郷・船帆郷・蒲田郷・宮處郷条も総て同じである。杵島郡条は日本武尊が巡狩したことになっている。小城郡条も日本武尊である。松浦郡条は神功皇后が出ているが、『古事記』にのる皇后が釣針無しで鮒を釣る話の引き写しである。その他、杵島郡・藤津郡能美郷・托羅《たくら》郷も景行天皇が出る。彼杵郡《そのきぐん》やその郡内の浮穴郷《うきあなごう》に景行天皇が熊襲を誅滅して凱旋し、豊前国の宇佐の海浜の行宮にいる時、従者の神代直を遣わした話がある。

以上のように肥国に景行天皇の伝承を多くのせ、筑前の風土記にその伝承の無いのは、天皇が実際に平定しようとしたが、特に筑後川の南から西にかけての話が多いのは、この地より東に向かい、日向に向かったことを思わせている。そして、景行天皇の西征が事実であったと判れば、神話で皇孫が高千穂に天降ったことが、事実であったことが判明するであろう。

次に山幸と海幸がどのような事実に基づき作られたか考えたい。西征軍の中に天児屋命が従っていたとすれば、その解釈がしやすくなる。山幸・海幸の話の一書第四を、藤原氏の提出したとしたのは、塩土老翁《しおつちのおじ》を天児屋命の変えた名と推定したからで、邪馬台国の官奴佳鞮族で、山国川の中流を根拠地にし、鹿がとれるため、安曇海人族の占いに用いる鹿の肩甲骨を、供給する立場にあり、安曇海人族についてよく知り、大和政権の軍を勝利させる為には、安曇海人の協力を必要とするのを知っていた。そこで海幸を、安曇海人の王のいる対馬に行かせ、その協力を得る必要を考え、海幸として彦火火出見尊、すなわち、景行天皇の皇子豊国別皇子を送ることにしたのである。当時の邪馬台国は、四人の連盟国王等が殺され、西部にいた彌馬穫支が邪馬台国を支配したために、密かに住吉王の支配下の不彌国（現糟屋郡）の安曇海人の所に行かせ、それより対馬に行かせたのである。

対馬で海神王を説得し、その娘の豊玉媛より彦波瀲武鸕鷀草葺不合尊《ひこなぎさうがやふきあえずのみこと》が生まれ、玉依媛との間に生まれた幼児が、神功皇后の子にされ応神天皇になる。応神天皇の生まれた所が未詳になるのはそのためで、神功皇后の懐妊延長説話が作られる元になっている。

神話の初めで、伊奘諾尊が筑紫で禊をした時、安曇の三神と住吉の三神が生まれたのは、この皇孫の天降りの最終結果に生まれた神をのせたことになるのである。生まれた三童神が応神天皇等である。

第十章　景行西征の考古学上の知見

　これまで津田左右吉氏に始まる合理的文献の解釈の結果、神功皇后以前の日本歴史は『書紀』編纂の時に創作されたものとし、文献を重んじる古代史学者や考古学者により検証されたことはない。三世紀末の東九州の考古学上の知見を知ると、これを元にして景行天皇の西征を作り上げるとする、本末転倒の説を出す人さえいる。古代人の知恵を馬鹿にした思い上がりである。

　これより景行紀にのる戦跡を考古学上から検証し、その正確無比であったことを実証したい。先ずそれには、考古学上の知識がなければ素人の手に追えない。浅学であるが私の得た知識により解説することにする。考古学上で主として利用するのは、出土した土器の年代でその時代を判断する。畿内は古代を研究する機関が多く、出土する土器で時代区分が精密にされている。畿内は古墳が多く、発生期の古墳から出土する土器を標準にして、土器の編年をしている。この標準になるのが奈良県の纒向にある箸墓古墳に近い石塚古墳より出土した土器を、その地の名をとって纒向Ⅰ式とし、古墳時代の始めにし、その前を弥生時代の終わりとし、続くⅡ式・Ⅲ式は、土地の名をとって庄内Ⅰ式・庄内Ⅱ式と呼ばれ、その次が布留式といわれる。年代的には、二十五年位の幅で見積もられている。

先章で述べたように吉備津彦が、出雲振根を殺したのを、卑弥呼の死んだ後の国内の混乱に乗じてしたとし、丁度二五〇年頃とした。この時の四隅突出型方墳から出土したのは、吉備の土器でいえば上東式土器のⅢ期で、三世紀の中頃過ぎであり、弥生時代後期後半を過ぎた頃であり畿内の土器編年に比べるとほとんど同じである。この墓には出雲の土器編年の的場式といわれる土器が出土し、同じ時期である。私は広島県に住んでいるけれど、広島県の後期後半の土器は、大分県の国東半島にある安国寺式土器を標準にしてきめられており、これは広島県の出土した土器に、この土器が併出したからである。四隅突出型方墳は広島県の県北地域から発生したとみられており、これが出雲に伝播したようである。また先述した北九州の下大隈式土器（第五様式）が分布し、北部九州を中心として、主に西瀬戸内や山陰地方におよび、それと共に甕棺葬が消滅し、箱式石棺が盛行し、その間に断絶現象が生じるとされる。広島県でも後期後半になると分布し、島根県や吉備地方でも分布している。ちなみに、吉野ヶ里遺跡でも甕棺が二千余も埋もれていたが、途中から箱式石棺が三百余もあり、中には赤色に染まっていたのもある。従って吉野ヶ里も邪馬台国でなく邪馬台国が成立すると、その支配下に入ったのであった。その埋もれた環壕の上部に庄内Ⅱ式土器があったため、畿内勢力により征服されたことは明らかである。この原因について後章において述べたい。纒向遺跡において各段階において外来系の土器が混ざっており、『纒向』によれば外来系の土器は、初めは八％位、終わりは一五％になっており、Ⅰ式の時は東海・吉備・北陸・山陰・西部瀬戸内・近江の順で少なくなっており、Ⅱ式の時は吉備・西部瀬戸内は極く少なくなり、北陸・山陰が増し関東が入ってくる。Ⅲ式の時には北陸・山陰が大幅に増し、吉備は僅少、西部瀬戸内は極僅少、近江・関東・播磨の順で増しており、始終東海系が圧倒している。これは八坂入彦皇子の存在と、その娘を景行天皇が皇后にしたためと考えられ、それで最終段階の巨大な銅鐸が泳宮のある地から出土したのであろう。

西部瀬戸内の土器は、山口県熊毛郡平生町の熊毛半島の吹越遺跡の高地性集落にあった。広島県の安国寺式土器系の土器の中でAからBに変わる時に激変があったとされ、この時、畿内の勢力が入ってきたのであろう。纒向Ⅰ式の時代である二六〇年頃に支配下になったと思われる。景行天皇の時、蝦夷等東国の人を播磨・讃岐・伊予・阿波・安芸に移し佐伯部にしたとあり、安芸の佐伯郡から庄内式土器が出土すればその証になるであろう。

これより景行天皇西征により残されている考古学上の考察になる。西瀬戸内が大和政権側の支配下になると、景行天皇は九州の征服になり、神話に移る。神話の天忍穂耳尊に代わる皇孫の天降りである。天皇が山口県防府市の佐波川の河口近くから南方を見た後、豊前から日向に到る記事はすでに述べており、この記事が考古学上の知見により証明されるか調べることになる。ただ前述したように地方の土器編年は、纒向より五十年近く遅れているので、それを考慮に入れねばならない。神夏磯媛を倭人伝にのる卑弥呼の宗女豊与とした。景行天皇が二七〇年代の途中で周防の佐波から西征を始めたとすると、邪馬台国の女王の倭王を捕虜にし、それを擁立していた邪馬台国の四連盟国王等が一網打尽に殺されたことになり、戦場になった所は無く遺跡は見当たらないであろう。ただ卑弥呼の跡継ぎと名乗っていた鼻垂は、宇佐の川上の安心院にいたから、その結果として持っていた中広巾銅矛を、真平らな盆地内にある上原台地の谷迫の斜面に七本を一括して隠匿したのであろう。この銅矛の中の四点は綾杉文が研ぎ分けられ出雲の荒神谷遺跡出土の中広巾銅矛と同じである。そのほかに盆地の中央にある妻垣山（卑弥呼を祀る）と海神社のある龍王山があり、この山の南側の絶壁の下に深見川が流れ、その対岸の丘陵に鼻垂がいたとされており、少し上流でその対岸の鳥越に同じ中広巾銅矛二点が出土し、宇佐神宮に所蔵する中広巾銅矛と銅戈も妻垣周辺から発見されたとされ、この地方ではこれ以外に、宇佐周辺では広巾銅矛が発見されているのに比べ、対照的であるとされている。これは、景行軍の通過が一過性であり、邪馬台国の生き残った西部の首長が勢力を得たためである。なお、宇佐市の駅館川沿いの別府遺跡から倒れた家屋に潰されてペシャンコになった馬鐸が発見されたが、朝鮮製である。

次に天皇の大分からの話が始まるのは、天皇が豊前北部の京都郡から船で到着したためと推定され、これより住民との戦闘が始まる。大分川の両岸に、幾つかの後期終末から古墳時代前期にかけての遺跡があり、大分川を二キロばかり右岸を遡った所の守岡遺跡は、独立した高台に位置している。ここは弥生時代中期から終末、古墳時代前期、さらに中世に及ぶ複合遺跡であるが、遺跡の主体は終末から古墳時代前期にかけてである。この場合は前述した纏向式より時代の新しい編年であるのに注意しておきたい。この遺跡の住居跡は竪穴住居で、方形と円形があり、円形のほうが大きくなっている。これは弥生時代の一般的傾向に反しており、次に述べるこの遺跡より上流約三・二キロの雄城台遺跡や大野川の支流で大分市を流れる乙津川左岸の多武尾遺跡でもその例が知られている。この中の弥生終末から古墳前期かけての住居跡から内行花文鏡と獣帯鏡の小さな鏡片が発見され、共に後漢鏡である。そして廃棄された多量の土器の壺や甕の中に、古墳時代初頭に瀬戸内海地方で盛行した外来系の土器が含まれていた。

雄城台遺跡は小高い台地の平坦な頂上部に位置し、ここも守岡遺跡と同様な複合遺跡で、立地や時期は、守岡遺跡と極めて類似しており、竪穴住居跡は大部分弥生終末から古墳前期で、ここからも後漢鏡片二点が発見されている。この遺跡で重要なのは、台地の西側に環状の空壕を巡らせていたことである。

尼ヶ城遺跡は雄城台遺跡の北方に大分川をはさんで対峙する位置の高台にあり、台地の先端近くに断面がV字状の溝を設け、この遺跡からも鏡片が一点発見されている。

多武尾遺跡は大野川の支流の乙津川の左岸の台地の東端に位置し、弥生末に営まれた集落は、西側の台地の端を断ち切るようにV字形の溝が掘られていた。東側は断崖である。この遺跡で注目されるのは、このV字形の溝から豊後で唯一の馬鐸が発見されたことである。宇佐市の馬鐸と同様な品である。

以上の遺跡は、景行軍の防御のために設けられたと推定しても誤りでないであろう。なお、内行花文鏡片は一つの鏡を割って分けられたと推定されており、盟約のもとにこれ等の集落の主に渡されたと考えられている。

景行軍は大分川を遡り速見邑に行き、現在の湯布院町で天皇が速津媛に会ったことになる。伝説では町内の若杉とされ、それより青・白の土蜘蛛を討伐するが、恐らく耳垂と鼻垂の残賊を指したので載せなかったのであろう。

それより直入県の三土蜘蛛の討伐になる。天皇は次に湯布院町を出て南下し、庄内町の阿蘇野川か芹川を遡り直入県の長湯（来田見邑）に入り逗留して、敵を討つ策を練り最初に国摩侶を討つことにし、椿の木で槌を作り兵器にして、山を穿ち草を払い石室の土蜘蛛を襲って破り、尽くその属類を殺し、その血が流れて踝に達し、その地の名を血田といった。この段では『書紀』に稲葉の川上にその党を殺すとしていながら名を載せず、国摩侶を平地にいる敵と見たからである。緒方町の平地に知田の名をみつけ長湯からそこへ山越えで行く途中の朝地町に、志賀の地名があり、近くに軸丸という摩侶につく名の地をみつけたからである。私の最初の著書にこのように書いたが、遺跡を調べているうちに、朝地町の市万田の東、大野町の大野原台地に、弥生末期から古墳時代前期にかかる集落遺跡が多数あることを知り変更する。その代表が二本木遺跡で台地の西端にある。この遺跡には一〇〇基以上の竪穴式住居跡があり、前記した時代の住居跡が六五基が複雑に切り合った状況で検出されている。その中で注目されるのは後漢代の内行花文鏡片を鏃形に加工し、さらに中央に丸い小さい孔をあけて、ペンダント風にしあげているのが発見されたことである。なお、この大野川の上・中流域で鏡片の発見されている遺跡として、当遺跡から数キロ東の松木遺跡と、これから述べる竹田市菅生台地の小園遺跡で知られていることである。従って国摩侶のいたのは大野原台地であったようである。

　これより土蜘蛛の打猿と八田の討伐に移り、打猿を討とうと、真っ直ぐ禰疑山《ねぎやま》を過ぎると敵の矢が雨のように射られた。そこで城原に退却し、八田を禰疑野に打ち破った。そこで打猿は降伏を願ったが許されず、皆自ら谷に落ちて死んだ。この菅生《すがお》台地の遺跡をみると、弥生終末から古墳時代初期にかけて見られる最大級の集落遺跡として知られるのが、国道沿いにある七ツ森古墳群の西側一キロばかりにある石井入口遺跡である。そして終末期にかかる遺跡の住居跡や耕作中に発見された鏡片を含めて六点の小型の銅鏡があって、その内訳は国産品として二面・中国鏡三面・朝鮮半島製一面があった。この朝鮮製鏡についての研究が朝鮮にある鏡と比較し研究されている。七ツ森古墳群の北西にある前出した小園遺跡から後漢鏡片と完形の国産鏡が発見されている。菅生の北に禰疑野遺跡があり、打猿のいたのは、玉来川の上流の久住高原の裾野にあたる内河野遺跡であろう。この地は玉来川の浸食による深い谷があり、その遺跡の主体は弥生時代後期から古墳時代初頭までである。打猿が深い谷に飛び降り自殺したのが実証されている。

　天皇は初めに賊を討とうとされた時、柏峡《かしわを》の大野で誓約《うけひ》して大石を蹴られ、「朕、土蜘蛛を滅ぼすことが出来るなら、この大石を蹴ったなら柏の葉のように挙がれ」といわれ、蹴るとそのように空に舞い上がったので、その石を蹈石《ほみし》と名ずけた、とあるのは、中臣氏の祖天児屋命が従っていたからで『書紀』編纂中に付け加えたのであろう。萩町に柏原があるがその位置は南に外れ過ぎている。

なお、私事になるが、萩町の西の阿蘇山麓の波野村に御沓《みくつ》の名を見いだした。『播磨国風土記』揖保郡大見山条に、品太《ほんだ》天皇がこの山に登り、四方を望まれ、その立たれた處に大磐《いわ》があり、その石の面に所々窪んだ跡があり、これを名づけて御沓、及び御杖《つえ》というがある。波野村の御沓は景行天皇が萩町から波野村を通り阿蘇の裾野伝《つた》いに西に進む時、道の辺の大石に上がられ、広い戦場の跡を見られ、この名がつけられた、と想像した。それというのも私は、宇佐市の安心院町から私の本籍地院内町御沓に行くのに、円座から日生台《ひじゅうだい》に発する恵良川を渡って、御沓に至り高並に行くようになっている。この御沓の由来について、恵良川が峡谷のように川を浸食し底が石ばかりで、昔、えらい人が渡るのに沓を脱いで渡ったからその名がついた、とされている。御沓には何が深い訳があるように思われたからである。

景行軍は阿蘇外輪山の裾野と祖母山の裾野の間を通り日向の五ヶ瀬川の上流の高千穂に出た。『日向国風土記』の逸文知舗《ちほ》郷条にも瓊瓊杵尊がこの地に天降ったことをのせている。これより日向国に行き高屋宮にいた。

日向での景行軍による考古学上の知見をみると、宮崎平野の弥生時代後期終末から古式土師器にかかる土器は、宮崎市の学園遺跡によれば、先に大分市の多武尾遺跡の溝状遺構に埋もれていた、くの字形に口縁部がなっていた西瀬戸内様式の甕があり、一方、畿内系土器が量的には劣りながら日常的な甕に叩き目技法が採用され、線刻絵画のある土器や記号文のある土器が後半になって進出しているとされ、石器については無孔石包丁、両側辺に打ち欠きがあり刃部だけ磨いた特徴的な石包丁が県下の海岸部に多量に出土しており、北部の東臼杵郡から南部の都城までひろがっている。大分縣の竹田市の先述した遺跡の中も多数の石器を製造していた。高千穂町にも熊本縣の免田式土器が出土し、大分県の萩町の古賀遺跡でも石器製造の跡があり免田式土器が発見されている。

免田式土器は熊本県の八代川を遡った人吉市の東にある免田町出土がその名の標識になっており、景行軍が熊襲を征すると、この地方の住民を従え九州西部を支配するため巡狩すると、免田式土器が付いて回るようになる。この巡狩は熊本の八代を過ぎて島原半島の高来に渡り、それより玉名郡に渡っている。阿蘇盆地や熊本平野に人口が多いので、裏側から不意討ちを狙ったのであろう。この際、五島列島の福江市の高地性集落が生まれたと思われる。熊本縣大津町の阿蘇外輪山の裾野にある西矢護免遺跡が生まれ、多数の住居跡があり鉄製品が残されていた。これより北上し、水沼県主を服属させ筑後川に到達した。この川を挟んで筑後・筑前の北九州軍との戦闘になるが、多勢に無勢を悟り筑後川を遡って退却したと思われ、この川の周辺でも免田式土器が発見されるそうである。

景行軍は日田方面に退却し、南九州や中部の九州に分散して居住したのであろう。先に免田式土器が熊本縣を通じ直入県にも入ってきたと述べたのも、これらの退却者を通じてであったのかもしれない。

なお、筑後川の中流の北岸で一番狭まった所にある杷木町大字池田字西ノ迫遺跡は、急峻な尾根の端部に環濠を巡らした、弥生後期後半の高地性集落で、北は更に高い山に続き、南は東西に広く筑後川を隔てて眺望がきき、物見矢倉に近いとみられている。景行軍の接近が伝えられ急遽造られたのであろう。ここで注目せねばならぬのは、筑後川を遡り夜明を抜けて日田市に入ると、この盆地の中心部に近い丘陵に、大分自動車道日田インターチェンジ建設にともなう事前調査で、小迫辻原《おさこつじはら》遺跡が発見され、この遺跡は古墳時代前期の豪族の居館跡があったとして全国にその名が知られた。この遺跡は複雑な地形をした独立丘陵上の平坦な頂上に位置し、弥生時代末から古墳時代始めの竪穴住居跡もあり、その古墳時代始めの住居から後漢鏡片が発見されている。この日田市の居館跡の遺跡の中に三つの居館は一号から三号まであり、一号居館が最大であり、一辺が四七メートルの正方形の環濠で囲まれ、その中に堀立柱の建物跡があった。西側の二号館はやや小さく一辺が三六メートルの正方形に近い環濠で、環濠の巾・深さは共に一号館より小さく、その内側に堀立柱建物はみられないが、壕と平行する幅五〇センチ、深さ三〇～六〇センチの溝が巡らされている。この溝の内側に不規則な小ピットがならんでおり、溝に沿って組み立て済みの柵状の物を立てて固定し、中を見られないようにする施設のためと考られ、豪族の居館と同時に存在して、何か祭祀儀式が行なわれ周囲と隔絶するための空間ではなかろうかと推測されている。私は降伏した神夏磯媛を台与（豊日咩）とするので、豊日咩を祭るのが筑穂にある香春神社ではないかとしていたので、田川市に夏吉の地名があり、この場所にいたのではないか思い現地に行くと、川を挟んで正面に香春《かわら》神社がみえるので納得したが、現在は団地で横穴墓群が百数十基あったので記念碑が建てられていた。もし豊日咩であれば降伏しても二十代の歳であったから、四世紀前後には六十歳過であるから、まだ十分卑弥呼の鬼道を伝えていると察し、豊日咩の居館としたい。日田は中臣氏のいた山国川の上流に続いており、中臣氏の計らいのように思え、西征将軍の中に、物部君夏花と夏のつくのが気になるが、これは經津主命にされた武諸隅であった。

『旧事紀』国造本紀に、「比多国造、志賀高穴穂朝の御世に、葛城国造同祖、止波足尼を国造に定め賜う」があり、高皇産霊尊を祖にする剣根の同祖族がいたのである。先の遺跡の二号環濠内より出土した土器の中に、庄内一式土器があるように写真で見受けられ、この豊日咩が筑後川を下った所にある高良神社と一対になる豊日咩神社になったのであろう。私は豊日咩がどうして香春神社がありながら高良神社の祭神の併神になったのか、その所以を知りたかったのがこの推理により氷解した。この日田郡の郷名が豊後国国埼郡の郷名に全部含まれているのは、何か古代史上の秘密があるようである。

なお、比多国造が誰であったか問題になるが、葛城国造は神武東征で剣根がされているからその同祖族であったことになる。私には、豊比売を祀る豊比売神社の主神社である高良神社の祭神は高良玉垂命であるが、葛城国造につながる人物のように思われる。この人物について、後章で触れるけれど葛城襲津彦の祖であろう。

景行紀によれば、十二年条から十八年条まで詳細が続き十九年秋九月条に、突然日向より返ったとのせ、それより日本武尊の話が多くなり、熊襲が反したとして、再び熊襲の首長を日本武尊に殺させる話がでてくる。これらはすべて創作であり、『古事記』ではこれを受けて、景行西征をのせずに日本武尊が熊襲梟帥《くまそたける》を殺し、その帰路に出雲に入って出雲建を殺す話を出しているのは、『書紀』の受け売りであり、景行西征に多臣の祖の名を出しているためであろう。

日本武尊の話を元にして英雄時代の到来とする学者の話もあるが、『紀・記』の話を元にしているから無駄な推測である。特に景行紀の五十三年条に、日本武尊を偲んで上総国に行った時、膳臣の遠祖磐鹿六雁《いわがむつかり》の膳の功を誉めて膳大伴部を与えた、とある創作までしており、『高橋氏文』といわれる膳部の高橋氏が提出し、同じ膳部の安曇氏と争い自分の方が先だと主張している。これらは天皇が日向より帰る時点で没しているため、全て創作である。『古事記』はこの点で苦労したためか、景行天皇の扱いに無理を重ねており、天皇が曾孫を娶り生まれた子の系図までのせている。これより謎の四世紀といわれる時代の話に入る。

第十一章　仲哀天皇と神功皇后

四世紀は史料がないとして、考古学者の説が重んじられるけれども、考古学により歴史を作ることは出来ない。ある程度、曖昧な記事でありながらも、その史料を考古学上で検証するのが義務ではないかと思われるのである。それが津田左右吉氏による作り事とされた神功皇后以前の仲哀天皇・神功皇后の『紀・記』の記事である。

仲哀天皇の前は、景行天皇と八坂入媛の間に生まれた若帯《わかたらし》日子《ひこ》天皇の成務天皇であり、その事蹟はほとんどない。『続紀』和銅七年六月条に、「若帯日子姓は国諱に觸れる為、改めて居地に因って之を賜う」をのせているにもかかわらず『書紀』にのせているのは何等かの理由があったのであろう。

天皇即位の紀年

天皇の存在した時代を知るには、いつ頃であったかを、『書紀』では即位した年を、太歳と干支で示されている。例をあげれば垂仁天皇は太歳壬辰とのせ、『古事記』は没年とその年齢で示している。垂仁天皇は年齢だけで百五十三歳とし、干支をのせていない。武甕槌神であった武諸木が景行西征に従っていたため知ることが出来なかったのであろう。崇神天皇の没年を戊寅としたのは、出雲の国譲りに立ち会っているので、邪馬台国内の相攻伐の時代を倭人伝により知り、その後の崇神天皇の没年を計算して決めたと推定したからである。景行天皇の太歳は『書紀』に辛未とするけれども、成務天皇も同じ干支であるので両者とも信用がおけない。垂仁天皇の壬辰を崇神天皇より計算すると没年の翌年でないから計算に合わなくなる。もしこれを没年とすれば二七二年になる。景行天皇の太歳をこれに合わせれば、天皇は即位してから十九年目に没したことにしたので、二九一年となり、その生年を崇神天皇の後半の二四〇年代とすれば五十歳前後になるであろう。次の成務天皇は『古事記』に没年を乙卯とし、二九五年になる。

これより問題の仲哀天皇の太歳は壬申である。崇神天皇の没年から計算すると三一二年である。一方、『古事記』では没年が壬戌の年で五十二歳としている。壬戌は三四五年であるから不自然でないようであるが、仲哀紀からすればこれはありえず、太歳が正しいとして、これより考察を進めれば、二年の正月に気長足姫尊を皇后にする。二年に天皇が南に巡行中に熊襲が叛いたことを知り、紀伊国の徳勒津宮《ところつのみや》を出発して穴門に向かった。一方、敦賀にいた皇后は、知らせを受けて穴門に向かい、豊浦津に泊まっていた天皇と合流し、この日に如意珠を海中より得られた。如意珠とはこの珠により思い通りになる意であって、山幸の潮満珠と潮干珠を意識して書かれ、景行天皇の子孫のいることを知ったことであろう。ちなみに、後世になって下関市の長府沖に満珠・干珠の島がある。

八年に筑紫に行かれようとすると、岡県主の祖熊鰐が周防の佐波まで迎えに参いり、あらかじめ五百枝の榊を根から引き抜き九尋の船の舳《へさき》に立て、上枝に白銅鏡を取り掛け、中枝に十握剣を取り掛け、下枝に八尺瓊を取り掛けて、申し上げるに「穴門より向津野《むかつの》の大濟《おおわたり》に至るまでを東門とし、名籠屋の大濟を以て西門とし、その近くの島を御筥《みはこ》とし、逆見海《さかみのうみ》を塩地《しおところ》とす」と申しあげ、海の路を案内して山鹿《やまが》の岬より回って岡の浦に入られる時、船が進まなくなった。そこで天皇が熊鰐に「汝が清い心であるなら何故進まないのか」といわれると、「私の罪でなくこの浦のほとりに男女の二神がおり、男神を大倉主といい、女神を菟夫羅媛《つぶらひめ》といい、この神等の心でしょう」と申しあげた。天皇は祈祷して舵取りの倭国の菟田《うだ》の伊賀彦を祝《はぶり》にして祭らすと、船が進んだ。皇后は別の船で洞海《くきのうみ》より入ると、潮が引いて進むことができず、熊鰐が迎えにきて、皇后がいらいらしているのを見て、魚沼鳥池を作って、魚・鳥を遊ばせると皇后の心が和らぎ、潮が満ちて岡津にいくことが出来た。

猿田彦と猿女君の話

この条に、舵取りの大和の宇陀の伊賀彦を祝にすると船が進んだとするのは、この時に日向の槵觸峯《くしふるみね》に降った猿女君がこの場にいたことにより、宇陀の伊賀彦が猿田彦であることを知り、岡の浦にいてその邪魔する神を知らせて、祝《はぶり》になることを指図したのである。すなわち、景行天皇の西征の時に、討った豊前国の北部を支配していた土折猪折であったからである。これより神功皇后の東征する時に、猿女君の仲間が加わり従ったのである。

『風土記』逸文、『伊賀国風土記』で伊賀国、国号の由来（二）条によると、伊賀の郡。猿田彦の神が始めこの国を伊勢の加佐波夜《かざはや》の国につけ、そして二十余万歳の間この国を治めていた。猿田彦の神の娘吾娥津媛命《あがつひめのみこと》は、日神の御神《みかみ》が天上から投げ降ろしになった三種の宝器のうち、黄金の鈴を受領してお守りになった。その領有し守護した御いわいどを加志の和津賀野といった。現在手柏野《たかしの》というのは、すなわちこの言葉をいいあやまったものである。また、この神が治め守った国であるので、吾娥《あが》の郡といった。その後、天武天皇の世に吾娥の郡を分かって、国の名とした。その国名が定まらないことは、十余年であった。これを加羅具似《からくに》といったのは虚国《からくに》の意味からである。後に伊賀と改めたのは吾娥という発音が転訛したものである。

以上の話にのる猿女君が祭っていたのが『延喜式』神名帳にのる大和国宇陀郡御杖神社であろう。御杖村は宇陀郡の東南隅にあり、東は伊勢国の壹志郡に接し、この郡に『古事記』にのる猿田彦の死んだ阿邪訶《あざか》がある。

邪馬台国の最後の王は、景行天皇の西征の発進地である佐波に、激戦地の関門海峡を避けていた仲哀天皇の所に行ったのである。かくして最後の邪馬台国王が降伏し、邪馬台国は永久になくなったのである。東門を向津野の大濟《おおわたり》としたのは、卑弥呼のいた地がこの地方であり、このあたりも支配下に置いていたのである。

また、筑紫の伊都県主の祖五十迹手《いとて》が天皇の来られるのを聞き、船の舳と艫に五百の枝の榊を取って立て、上枝に八尺瓊を掛け、中枝に白銅鏡を掛け、下枝に十握剣を掛けて、穴門の彦島に参り迎え献上した。そこで差し上げるわけを申し上げると、天皇は五十迹手《いとて》を誉めて「伊蘇志」といわれた。それより儺縣《なのあがた》にいかれ、橿日宮に居られた。

この段で彦島に天皇がいたのは、岡県主が降伏した後、筑前平野での戦闘が始まっており、岡の津から後退していたのである。博多平野の戦闘が一段落したので、次の戦闘に備え橿日宮に移った。かくして邪馬台国時代の残った伊都国と奴国が滅ぼされることになった。

橿日宮において天皇は、群臣に熊襲を討つことを謀られると、神が皇后に憑いて「熊襲を討つより、金銀や色々の財宝のある新羅があり、我を祭れば新羅も熊襲も血を塗らずに平服させることができる。その祭りをするには、穴門直踐立《ほむたて》の献じた水田を幣《まひなひ》にしてたまえ」といわれた。天皇はこの託宣を信ぜず、「我が皇祖諸天皇・悉くの神祇を祭っている。残る神があろうや」といわれると、神がまた皇后に憑いて「水鏡に写るように我の見る国をなんで国無しといい、我を謗《そし》るのか、信じなければ、その国を得ず、皇后の孕んだ子も得ることは出来ない」と言ったのに無理に熊襲を討ち、勝つことができず還った。

九年の二月に急病で亡くなられた。一説に熊襲を討って賊の矢に当たって崩じたとあり、時に年五十二とある。皇后は竹内宿禰と共に天皇の喪を秘めて、中臣烏賊津連《いかつむらじ》・大三輪大伴主君・物部膽咋連《いくいむらじ》・大判武以連《たけもつむらじ》に詔して、天下に知らせずに済ますように命じ、屍を穴門に移し、豊浦宮で火を用いない殯《もがり》をした。

これまで述べた『書紀』の概略によれば急病のようであるが、『古事記』によれば、皇后は当時神を寄せられ、熊襲を討とうとされた時、宮で天皇が琴を引き、竹内宿禰が沙庭《さにわ》にいて神の命を乞うた。ここで皇后が神を寄せて言うに、『書紀』と同様なことをいい、天皇が「高い所から西を見ても国土は見えず、ただ大海のみ」といわれ、偽りをいう神であるとして琴を押しのけ黙って坐されていた。神は大きく怒って「天下は汝の知らす国ではない、汝は一道《ひとみち》に向かえ」といった。竹内宿禰が恐れ多いと、天皇に琴を引きなされと進めると、琴をしぶしぶ引かれるうちに音が聞こえなくなった。火を掲げてみると、すでに崩じられていた。そこで大祓《おほはら》いをして沙庭にいて神の命を請うと、先の日の通りで、皇后の腹にいる子が国を知らすと告げ、その子はいずれであるか問うと、男子ぞと答えた。竹内宿禰が教えた神の名を問うと、「こは天照大神の御心ぞ。

また底筒男・中筒男・上筒男の三柱の大神ぞ。」細注に、この時にその三柱の大神の御名は顕はれき、とある。神話の最初に伊奘諾尊が筑紫の禊で生まれた神々は、この時に生まれたのである。安曇氏も同様であった。この三柱の神は、この段の続きで新羅征伐の中で墨江大神《すみのえのおおかみ》の名で荒魂になっている。仲哀天皇の年齢は五十二歳で『書紀』と同じであるが、没年は壬戌になっていた。この干支から一巡した後が大歳の壬申であるから、太安万侶が計算違いしたのかもしれない。仲哀天皇の死は、神功皇后が景行天皇の曾孫が幼児で存在するのを知り、自分の子として大和政権に反逆心を起こし、竹内宿禰とされる人物と共謀してクーデターをし、内密にしたように思われる。そして、これをけしかけたのが中臣烏賊津臣《いかつおみ》であったのであろう。中臣氏がいつ頃現れたか判らぬが、海中で如意珠を得た時と思われる。

神功皇后紀の始めに、皇后は開化天皇の曾孫気長宿禰《おきながすくね》王の女で、母は葛城高額媛といったとある。年代的にみれば、開化天皇は崇神天皇の前であるからその四世孫であるので不合理ではない。ただ、応神記の終りにのせる葛城高額媛の系図は、天日槍の系図によれば葛城高額比売命は五世孫であり、天日槍が開化天皇より一代古い。これは重要で『書紀』の垂仁天皇条にみえる天日槍の渡来は、皆創作になってくる。

仲哀天皇が没すると『書紀』では、皇后は祟った神を知ろうと、齋宮《いつきのみや》に入り自ら神主になり、竹内宿禰に琴を引かせ中臣烏賊津使主を審神者《さには》にして、先に天皇に教えた神がいずこの神か、その名を知ろうとすると、七日七夜して答えていうに、「神風の伊勢国の百伝う渡会県《わたらいあがた》の折鈴《さくすず》五十鈴宮《いすずのみや》にいます神、名は撞賢木《つきさかき》厳之御魂《いつのみたま》天疎《あまさかる》向津媛命《むかつひめのみこと》と。また問うと「幡萩穂《はたすすき》に出し吾や、尾田《をた》の吾田節《われたぶし》の淡 郡《あわのこほり》に居る神あり」と。また問うと「天事代《あめにことしろ》虚事代《そらにことしろ》玉籤入彦《たまくしいりひこ》厳之事代神《いつのことしろのかみ》有り」と。「亦有るや」と。答えて言うに「知らず」と。「今答えずとも更に後に言うこと有るや」と。答えて言うに「日向国の橘小門の水底にいて、水葉《みなは》も稚《わかやか》に出て居る神、名は表筒男《うわつつを》・中筒男・底筒男の神有り」と。それより神が答えず、時に神の語を得て教えのままに祭った。その後に吉備臣の祖鴨別を使わし熊襲を討たすと、すぐ自《おの》ずから降伏したとある。

この話は国造本紀に、「葦北国造、纒向日向朝御代、吉備津彦命兒、三井根子命、定賜国造」とあり、景行西征に従い九州に残っていた吉備族がいたから使わしたのであろう。

この段にでる五十鈴宮にいる神は、後に天照大神にされた卑弥呼であって、荒祭宮の祭神であった。賢木は榊で九州の首長が降伏する時に、各々のその枝に三種の神器にあたる物を取りかけていた。そして、向津は熊鰐の東門にした向津野があり卑弥呼のいた地方であった。次の幡萩穂に出る神の解釈は、これまで色々あるが、私は尾田の吾以下を志摩国答志郡にある粟島坐伊射波《いざは》神社の祭神とするので、尾田を地名とし、そこにいる吾は、とする。そして、この神を海に入った事代主命にする。粟島は小彦名命に縁がある。次の長たらしい名の神を実際の五十鈴宮に最初に祭られた高皇産霊尊であったとする。これらの神は邪馬台国の王や大和政権の最初の王であって、事代主命は出雲の国譲りの犠牲者であったから、祟り神になる要素を持っている。なお、『書紀』の祟り神をのせる細注に、仲哀天皇が橿日宮にいる時、神が佐波県主《さばあがたぬし》の祖に憑いて天皇に誨《おし》えると、皇后に琴を引かせる仲哀天皇と同じ役をし、神が皇后に憑いて言う中に、三筒男神の他に、吾が名は向匱《むかひつ》男《を》聞襲《もそふ》大歴《いつ》五《の》御魂《みたま》速狭《はやさ》騰尊《のぼりのみこと》なり、と言い、天皇が聞き苦しいことを言う婦人か、なんぞ速狭騰という、と言われ、その夜に天皇が病を起こし崩じたとする。この長たらしい名の解釈を誰も出来ていない。佐波は景行天皇の西征の発進地であり、また邪馬台国の最後の首長岡県主熊鰐の降伏に行った地でもあった。そこでこれ等の邪馬台国の首長を襲を支配していた御魂といい、匱に向かうのに速狭騰であって、騰とは死なされたことを意味していたのである。仲哀天皇の喪をするのに、ホナシアガリをしたアガリに相当する。この佐波県主は玉祖命であったように思われる。防府市に出雲より来た『式内社』玉祖神社二坐がある。

仲哀天皇の崩後に神功皇后軍の筑後平定に移る。荷持田《のとりた》村（現甘木市野鳥）に羽白熊鷲と言う者あり、性質は強壮で身に翼あり、飛んで高く翔《かけ》った。これにより皇命に従わず、常に人民を掠めていた。皇后は討たんとして香椎の宮より松峡宮《まつをのみや》に遷つられた。時に飄《つむじかぜ》が急に起って御笠を吹き落されたので、時人はその所を名づけて御笠といった。それより層増岐野《そそきの》において撃ち殺した。皇后は心が安んだので、その地を安（野洲）と名づけられた。この際、熊鷲に連合していた吉野ヶ里の首長も滅ぼされたか降伏している。次に山門郡に進出し土蜘蛛田油津媛《たぶらつひめ》を殺し、救援に兄の夏羽が兵を起こして来たが、妹の殺されたのを聞き逃げ去った。これで筑後平野と周辺が平定された。

考古学上からみれば、博多平野の住居に庄内式Ⅱ式や西瀬戸内式土器が入ってきたのが認められ、吉野ヶ里の環濠も邪馬台国時代に要らなくなって埋められていたが、その上層部に最後の伊都国時代の西新式土器といわれる福岡市の西新町出土を標識とする土器があり、それに混ざって庄内式土器が出土している。また、熊本県山鹿市の菊池川の右岸の台地上に位置する方保田《かとうだ》東原遺跡でも巴型銅器、小形の国産内向花文鏡が発見され、この巴型銅器は、吉野ヶ里遺跡で発見された巴型銅器の鋳型で作られたと思われ、遺跡の西側の小学校の遺跡から舶載方格規矩鏡が出土している。この遺跡から畿内を中心に見られる水差形土器の把手と同様な土器の把手や、出雲地方の鼓形器台や、甕は在地系に替わって庄内式土器や布留式土器の影響したのが出土している。例によって交流によるのであろうとしているが、神功皇后の西征のためであったのである。

ここで神功皇后の筑紫の平定を終わった年代を考えると、仲哀天皇の即位を太歳を三一三年とし、仲哀天皇は九年に崩じているため、その年は三二二年である。それより筑後を経て熊本県まで進出したとすれば、二、三年は掛かり、以下述べることからすれば、大和に帰還するのは、二三〇年台前後であろう。皇后が新羅を攻めるのは、勿論『書紀』選集時の新羅への反感からであって事実ではない。皇后は諸国に命じて船・兵士を集めるよう命令したが、兵士が集まりにくかった。そこで神の御心であろうと三輪社を立てて刀・矛を捧げると、軍衆が集まった。『筑前国風土記』大三輪神条に、これと同様なことを述べ、新羅を討とうと軍士を整えて出発したが道中で逃げ失せた。その由を占い求めると、祟る神があり名を大三輪神といった。それでこの神の社を建てて、遂に新羅を平らげた、とある。この社は福岡県朝倉郡三輪村弥永にある式内社大三輪神社（延喜式神名帳では夜須郡於保奈牟智神社）であって『新抄格勅符抄』によれば太宰神封に大神神、筑前六十二戸とある。この社を造らせるよう祟ったのは、景行西征に従った三将軍の多臣の祖の武諸木・物部武諸隅・出雲臣族の宇那手の遺臣や兵卒の処遇に対してであった。すなわち、これ等の遺族を大和政権が見捨てていたから復讐心を持っていたのである。私には三諸山が三輪山にされたのは、これによると思われる。

『古事記』に、娘の所に大田田根子が夜な夜な通って来るのを、何者か知ろうと、麻糸を裾に針でつけ、残った麻が三巻きだったのでその神の地を三輪とつけたのは、この残った三氏族より三輪とつけたと推定している。なお、この朝倉郡の三輪社の成立が大和の三輪社より先とされる。ちなみに、仲哀天皇のホナシアカガリを、皇后が詔した中に大三輪大友主君がいた。

神功皇后の大和に帰還する話を、私は神武東征に書き替えられたとするが、神武東征で日向を出発し宇佐から安芸の埃宮に行く前に、筑紫の岡田宮に一年滞在しており、これは岡県主のいた所で、筑穂地方に集めた兵士等の残る者と東征に従う者に分け、筑穂の大分の地名は、それによりつけられたとされる。なお、夜須郡の三輪の地は『倭名抄』にのる夜須郡賀美郷であり、隣りの雲提郷は宇那手と同じで、大和国高市郡雲梯郷と似た地名がある。『出雲国造神賀詞』の中に、事代主命の御魂を宇奈提に坐せ、があり、出雲の国譲りに関係している。

神功皇后の東征

神功皇后は生まれた子を連れて東征するが、この幼児の出生の延長説話が作られたのは、実子でない子、すなわち彦火火出見尊の孫である応神天皇であって、豊国別皇子の孫であったのである。年代的に考えると、景行天皇が二八〇年代頃に豊国別皇子を生み、安曇氏の娘豊玉姫との間に彦波瀲武鸕鷀草葺不合尊が生まれ、叔母の玉依姫との間に神武天皇が生まれており、神武天皇を稚三毛野命にすれば、応神天皇になる。すると神武天皇が架空であることがはっきりするであろう。従って、応神天皇の出生が三三〇年代であっても不思議ではない。漢風諡号が神武に応ずる意で応神天皇にされている、崇神天皇は神と崇める意味で天皇の祖を表している。

これより神功皇后の東征をたどることになるが、仲哀天皇の喪を終えて海路にて京に向かった。その時、仲哀天皇の子の兄香坂王《かごさか》・忍熊王《おしくま》が神功皇后に子があるのを知り、なんで弟の王に仕えようかと、偽って天皇の陵を作るといい、船で淡路の石を明石に渡して作り、人毎に武器を持たせて待ち受けた。香坂王《かごさか》と忍熊王《おしくま》は菟餓野《とがの》で祈狩《うげひかり》をし、二人が桟敷にいると赤い猪がよじ登って香坂王を咋い殺した。これは悪い徴《しるし》であるとして軍を退き住吉に陣を構えた。これを知り竹内宿禰に子を抱かせて横ざまに南海に出させ、紀伊の水門《みなと》に居らせた。皇后の船は真っ直ぐ難波を目指したが、武庫川の川口で海流が回るので進むことができず、天照大神の荒魂を広田に置き、山背根子《やましろねこ》の娘葉山媛に祭らせ、稚日女尊《わかひるめのみこと》の誨《おし》えで生田の長田に海上五十狭茅《うみなかみのいさち》に祭らせ、表筒男・中筒男・底筒男の三神が和魂《にぎたま》を、大津の渟中倉《ぬなかくら》の長峡《ながを》に居て、往来する船を見たいといったので、住吉神社に祭ると平安に船が進んだ。神武紀では日下津《くさかつ》より上陸して長髄彦の抵抗に会い南下している。忍熊王はまた退いて宇治に陣をしいた。皇后軍は南下して紀伊の日高で竹内宿祢に合流し、それより皇后軍は北上し紀の川に達していた。竹内宿禰は和珥臣の祖武振熊に命じ山背より出て、宇治川の北に至り対峙した。謀でもって狭狭浪《さざなみ》の栗林で破り、忍熊王は逃げる處がなくなり、瀬田の渡りで沈んだ。神武紀で似ているのは、南下して紀伊の近くで五瀬命が矢傷がもとで死に、それより南下し紀伊半島を回って、熊野から大和に入っており、その中で、出雲の国譲りに立ち会った武甕槌神がでたりし、宇陀県の首長がでてき、仲哀天皇の船の舵取りに倭国の宇陀の人伊賀彦を祝にしていた。また天皇は吉野を見ようと宇陀より回って行くが、神功皇后は吉野に向かっている。神武紀に、椎根津彦が我が女軍を遣わし忍坂より出さんと言うのは、神功皇后軍を意識して書いたと推定されるのである。

考古学上からみると、菟餓野《とがの》あたりで戦ったとすると、神戸市の桜ケ丘から十数箇の銅鐸が一括出土しており、滋賀県の大岩山から二十数箇の銅鐸が一括出土しているのも、不思議な暗合である。

なお、この間の状況を調べると、『姓氏録』右京皇別下の和気朝臣条に、神功皇后が都に帰ろうとした時、忍熊別皇子等が明石境で待ち受けているのを知り、弟彦王を針間吉備境に遣わし関を造り之を防ぎ所謂和気関という、とある。この弟彦王の子孫が後世の和気清麻呂の時に和気朝臣を賜っている。神戸市西区池上口ノ池の丘の上の集落は、庄内Ⅱ式土器を使用していたが、多数の住居が焼失していた。これは住民が退去するのに際して、一斉に焼却したか、神功軍が攻撃して焼却したか、これは判らないが非常事態が起きたことは確実である。

神功皇后紀では、瀬田の勝利の後、摂政元年とし、太歳辛巳とある。仲哀天皇の即位を壬申で三一三年とすれば、辛巳は三二二年で平仄が合っているけれども、実際は十年近く遅かったであろう。十三年条の『書紀』に竹内宿禰が太子を連れ、敦賀の笥飯《けひ》大神を拝みに参って宴をした時の太子と皇后の宴での歌は『古事記』と同じである。その中に少名御神の名が出るのは、出雲の国譲りの伝承の残りであろう。それだけ少彦名命である事代主命が重要な神であったのである。

神功皇后の記事は、この条に続く年紀は三十九年条になり、倭人伝の明帝の最初三年の記事が入り、四十年に正始元年の記事を挟み、四十三年に正始四年の記事を挿入している。三十九年は己未であり辛巳より数えれば近いが、勿論竄入であり、『書紀』が中国で読まれた時に、日本で卑弥呼が神功皇后であると思わせるために挿入されたのである。

応神天皇が宇佐八幡宮に祭られたのが、いつであるか不明であるけれども、宇佐氏の分かれが応神天皇であることが密かに伝えられ、それが表にでたのであろう。宇佐八幡宮の行事に行幸会といわれる行事があり、薦枕を神験として、鵜羽屋殿といわれる館で作られ、この名は彦波瀲武鸕鷀草葺不合尊が生まれるのにちなんで作られたと当然考えられる。そうすると応神天皇の父方が宇佐に残っていたと考えられるであろう。

神功皇后紀の紀年は倭人伝を挿入した後、韓国内との交渉の記事が多く百済関係の記事には、百済の王の在位期間が推定されるので、これを参照して考察してみたい。

個別に各年条をみれば、これ等は百済記といわれる一番古い書によっており、信頼性が高く、四十六年条に、卓淳《とくじゅん》国に斯摩宿禰《しますくね》を遣わすと、その国の王が、百済人の久氏《くてい》等の三人が来たり、百済の王が「東の方に日本という貴国のあるのを聞いて臣等を遣わし、その国に行く道を知りたいので、使人が来たら伝えて欲しい」と述べたことを伝えた。斯摩宿禰の従人と百済人の従人を連れて百済に行き、鉄や色々の珍物を贈られて帰国した。

四十七年条に、百済王は久氏等を遣わし、新羅人と共に朝貢した。この時、新羅人が百済の貢物を横取りしたと述べたので、千熊長彦《ちくまながひこ》を新羅に遣わし責めた。

四十九年条に、荒田別・鹿我別を将軍とし、久氏と共に卓淳国に至り、新羅を襲おうとすると、兵が少なく破れないと人がいい、木羅斤資《もくらこんし》・沙沙奴跪《ささなこ》が精兵を率いて卓淳国に集め、新羅を討ち破り、加羅等七ヶ国を平定すると、百済王肖古と皇子の貴須も兵を率いてやって来、千熊長彦と百済王は百済に行き、山の上の磐石の上で友好を誓い、久氏を付き添わせ帰国させた。

五十年条に、荒田別等が還り、百済より千熊長彦・久氏等も続いて還った。

五十一年条に、久氏が朝貢し、千熊長彦が送り還す。

五十二年条に、久氏等が千熊長彦に従って来日し、七枝刀一口・七子鏡一面・種々の宝物や谷《こく》那《な》の鉄山の鉄を献じた。そしてその孫の枕流王《とむるおう》に肖古王が語って言うに「今我の通う所の東の貴国は、天の啓《ひら》きたまう所なり云々と」言っている。

五十五年条に、百済の肖古王が死ぬ（三七五年）

六十二年条に、百済記に云う、として壬午年（三八二年）貴国が襲津彦をして新羅を討たせると、新羅が美女で迎え籠絡し、かえって加羅国を討ったので、加羅人が百済に逃げた。加羅の国王の妹が大倭に参り、これを申し上げた。天皇は沙至比跪《さちひこ》を遣わし新羅を討たしたので、怒って木羅斤資に命じて本国に返させた。一つ云うに、沙至比跪は天皇の怒りを知り、公に帰らず、密かに隠れた。その妹が側近に仕えており、ひそかに天皇が怒っているか問うと、妹が天皇に「今夜の夢に兄を見ました」と知らせたことを告げ、沙知比跪は免れぬことを知り、石穴《いわつぼ》に入って死んだとある。

これ等の年条からすると、神功皇后の没年は四世紀後半の半ば過ぎた時期になり、百歳近くで死んだことが事実となって合理的でなく、これまでの話の中の日本の名は勿論『紀・記』撰集時の用法である。貴国とは何を指すか問題であり、天の啓いた国であり、邪馬台国の後を継いだ景行天皇の開いた国ということになる。すなわち、『隋書』俀国傳にのる俀国であった。これにつき後章でまとめて述べることにする。

神功皇后の話を終わり、神武天皇から開化天皇までの系譜に移る。

神武天皇より開化天皇までの天皇系譜

神武天皇を創作としたが、大和平定後に畝傍の東南の橿原の地が国の中央として都に定め、ここで即位し、事代主命が三島溝代耳神の女に生ませた子の媛タタラ五十鈴媛命を正妃にしているが、この神は出雲神話で海に入った同じ神であるから、神代より歴史に繋ぐ人物として出されたことは明瞭である。その皇子に神八井耳命・神渟名川耳尊があり、神八井耳命は多臣の祖であって、景行紀の武諸木が武甕槌神であったから、多臣と藤原不比等が共謀して神武天皇を創作し、綏靖天皇の時、神八井耳命が天位を弟に譲り忌人になった後、没して畝傍の北に葬るとのせ、畝傍の北には多臣の祭る多神社があることにより、多臣の創作であることはより明瞭であろう。この条により多臣が皇族の地位を獲得したのである。

大和を平定後の行賞で、日臣命を道臣命に改めた大伴氏に、宅地を身狭《むさ》の築坂に与えているが、この地は崇神天皇の子である倭彦命を葬る際に、生きながら埋める殉死の始まりになったとする地である。

神武東征の道案内をした椎根津彦を倭国造に、剣根という者を葛城国造にしており、椎根津彦については、これまで度々述べているけれども『旧事紀』にのるように彦波瀲武鸕鷀草葺不合尊の弟武位起命であって皇統を引いていたのである。それで大倭国造になっている。道案内をした頭八咫烏を、葛野主殿《かどののとのもり》県主《のあがたぬし》にしている。この葛野県主は建角身命《たけつのみのみこと》であって、『山城国風土記』の賀茂社条にのっている。この神は大和国の葛城から徐々に移動して現在の地に移ったので、賀茂のつく賀茂御祖神社と賀茂別神社の中の後者のほうであり、八咫烏の神事をしている。いずれにしても、神武東征は虚構で、神功皇后東征で九州にいた氏族が移ってきたが、その指導者は景行西征の残留者と仲哀西征に従った氏族であった。それで大伴氏の指導者振りが発揮されており、そのために『古事記』では皇孫の天下りに、天忍日命と天津久米命が従ったと作られ、神武東征においで活躍するが、日臣から道臣に格下げされている。

これより神武天皇に始まり開化天皇までの系譜を述べたい。

綏靖天皇　神渟名川耳天皇

和風諡号の渟名は敏達天皇の諡号に渟中《ぬなか》倉太珠敷《くらのふとたましき》があり、奈良盆地に沼沢が多かったので付けられているようである。母は事代主命の長女で神話の中ですでに述べられていた。

安寧天皇　磯城津彦玉手看天皇

和風諡号は磯城に初めて入った意味でその名をつけた土着の人物であろう。皇后に渟名《ぬな》底仲《そこのなかつ》媛命《ひめのみこと》をし、二人の皇子が生まれ、次男が懿徳天皇になる。

懿徳天皇　大日本《おおやまと》彦《ひこ》耜友《すきとも》天皇

和風諡号は次に入って、大倭の地方を開拓した意であろう。皇后に天豊津媛命を立てる。豊は豊国を意識して付けられたのであろう。『旧事紀』天皇本紀では、二年に出雲色命《いずもしこのみこと》を大臣となす、を加えている。

孝昭天皇　観松彦香殖稲《みまつひこかえしね》天皇

和風諡号は見て待ち養育した意と考えられ、日矛が渡来して以来、天皇になるまで援助した意味であろう。母の皇后天豊津媛命は息石耳命《おきそみみのみこと》の女である。都を掖上《おきがみ》に移す。皇后に世襲足媛《よそたらひめ》をする。

皇后は天足彦国押人《あまてらしひこくにおしひと》命と日本足彦国押人《やまとたらしひこおしひと》尊を生み、兄の天足彦国押命は和珥臣等の始祖となり、弟が天皇になる。兄が日矛族を押した意であろう。

孝安天皇　日本足彦国押人《やまとたらしひこくにおしひと》天皇

母の皇后の世襲足媛は、尾張連の遠祖瀛津世襲《おきつそよ》の妹とある。日矛につながる女性であろう。母を押媛といい、天足彦国押人命の子かとし、都を室に移し、秋津嶋宮という。

孝霊天皇　大日本根子彦太瓊《おほやまとねこひこふとに》天皇

和風諡号の大日本は前と同様の大倭の意で、根子はその生え抜きを育てた意であろう。都を黒田に移したのは、日矛族の住む三宅郷の隣に移したことを意味する。細媛命を皇后にし孝元天皇、妃の倭国《やまとくに》香媛《かひめ》はヤマトトトビモモソ媛命・ヒコイサセリヒコ命・ヤマトトトワカヤ姫命、また妃のハエイロドは彦狭島命・稚武彦命を生み、稚武彦命は吉備臣の祖になる。

孝元天皇　大日本根子彦国牽天皇《おおやまとねこひこくにくる》

和風諡号の前半は前代と同じを繰り返す意であろう。母の細姫命は磯城縣主大目の女である。皇后に鬱色謎命《うつしこめのみこと》を立て、二男一女が生まれ、第一を大彦命といい、第二を稚日本根子大日日《わかやまとねこおほひひ》天皇といい第三をヤマトトトビ姫といった。妃の伊香色謎命はヒコフツオシノマコト命を生んだ。次の妃、河内の青玉繋《あおたまかけ》の女、埴安媛《はにやすひめ》は武埴安彦命を生んだ。兄の大彦命は阿倍臣・膳臣・阿閉臣・狭狭城山君・筑紫国造・越国造・伊賀臣等七族の先祖であり、ヒコフツオシノマコト命は竹内宿祢の祖父である。

開化天皇　稚日本根子彦大日日《わかやまとねこひこおほひひ》天皇

和風諡号の稚は若い意であるから、日本《やまと》になる始めの氏族の祖になった意であろう。母を鬱色謎命《うつしこめのみこと》とし穂積臣の先祖、鬱色雄命《うつしこをのみこと》の妹である。都を春日の率川《いざかわ》宮という。妃伊香色謎命《いかがしこめのみこと》を立てて皇后にし、崇神天皇が生まれる。伊香色謎命は物部氏の遠祖オホヘソキの女である。

以上で崇神天皇までの欠史といわれる天皇がのせられている。勿論、弥生時代より先のことは文字のない時代であるから当然であり、私は日矛の伝承は事実を含むとするので、注意してみると『旧事紀』に所々に出石の名が出るので、多少の事実が込められているように思われる。

第十二章　三角縁神獣鏡の謎

四世紀の謎の問題で、考古学上で焦点になるのは三角縁神獣鏡の分布の問題である。倭人伝に卑弥呼に百面の鏡を与える記事のあることにより、畿内の大和政権が配布したとして、大和に邪馬台国があったとする有力証拠にしている。景初三年十二月に汝の好物として賜る物の中に鏡百面があり、これを三角縁神獣鏡とするけれども、それまでに大和地方に後漢鏡が弥生時代に出土したのは極めて僅かで、一方、北九州からは多量に発掘されており、魏には後漢時代からこの地方で鏡を好むことが知られていたのである。なぜ大和地方が好むことを知ることが出来ようか。これは卑弥呼になる以前の時代において、九州地方以外から漢鏡がほとんど出土していないのである。漢鏡が入手出来るのは、景行西征において、邪馬台国を討った時に、国王の神夏磯媛が船に白幡を掲げ、根ごと引抜いた榊の枝に八咫鏡を取り付け、神功皇后西征の時、岡県主は白銅鏡を取り付け、特に伊都県主は舳艫の枝に着けていた。この時に多量の船載鏡を神功皇后軍が手に入れたことは当然である。従って当然、神功皇后東征に際して、多数の漢鏡を持参したことになる。これらは魏より与えられた鏡で、寄せ集めた内行花文鏡・方格規矩鏡、盤竜鏡等が主であったであろう。これら全ての鏡が畿内に多いのは、豊与が東遷してなったとする根拠のない説を立てた人もいる。私は景行西征が事実で、卑弥呼の宗女豊与が降伏し、邪馬台国の四連盟国王が殺されたと述べているので、邪馬台国に敵対していた狗奴国が崇神政権であることがはっきりしている。

それでは三角縁神獣鏡はどのようにして作られ配布されたのであろうか。『旧事紀』の国造本紀の頭初に、「椎根津彦を以て大倭国造と為す。即ち大和直の祖なり。釼根命を以て葛城国造と為す。即ち葛城直」続いて凡河内忌寸の祖をのせ、「次に天目一命を以て山代国造と為す、即ち山代直の祖なり」がある。天目一命は神話の皇孫の天降りの一書第二の中に「天目一箇神を作金者とす」がある。この書は忌部氏関係者が提供したように思われるが、この天目一命を祖とする人物を国造本紀にみると、「山城国造　橿原朝の御世に、阿多振命を山代国造と為す」とある。また「山背国造志賀高穴穂朝の御世に、曾能振命を以て国造と定賜う」がある。前者は神武天皇の時代、後者は成務天皇時代を意味するが、神武は架空であるため、神功皇后東征後に、古代の日向より畿内に入ったことを、阿多と曾に天降りした意味でつけていたのである。従って、景行西征に従い九州に残留していた子孫が、神功皇后東征に従って山城に入ったことである。

それでは山城国の何処に入ったのであるか。この人物が京都府相楽郡山城町にある椿井大塚山古墳の被葬者であったのである。この前方後円墳は布留式土器の古い段階の古墳として知られ、四世紀の中頃より以前、すなわち、箸墓古墳が完成した後、しばらくしてから築造されたことになるであろう。天目一命はここに住み、鏡造り工人の支配者として君臨し、庄内式Ⅱ式土器から布留式土器になる時代に九州から入って来たことになる。すなわち、箸墓古墳を卑弥呼の墓とすることはできず、また、邪馬台国は景行天皇西征で滅び、倭人伝にのる邪馬台国は無くなっているため、三角縁神獣鏡を邪馬台国を通じて手に入れることは出来なかった。

大塚山古墳より出土したのは、内向花文・方格規矩四神鏡・画文帯神獣鏡のほか、合計三二面の三角縁神獣鏡の鏡があり、ほかに素環頭大刀・鉄刀・剣・鎗・銅鏃・鉄鏃・短甲・小札造冑などの武器・武具類、鎌・斧・刀子・削刀子・やりがんな・錐・のみなどの工具類、銛、魚叉・釣針などの漁具や弧形尖頭器などがあった。山幸・海幸を思わす釣針まであり、鏡にかぎらず金属製品がなんでもあった。天目一命にふさわしい品々である。

崇神天皇陵に近い黒塚古墳に、大塚山古墳に近い数の三角縁神獣鏡が副葬されていたので有名になったが、崇神天皇陵古墳により近くにある陪塚とみられる天神山古墳の副葬品には、多数の舶載の後漢鏡があった。黒塚古墳では頭の所に一面の漢鏡が置かれていただけで、残りはすべて三角縁神獣鏡であったのであり、漢鏡が重視されていたことが判る。三角縁神獣鏡は全国ですでに五百面近くが出土しており、私のこれまでの歴史観からすれば、景行西征により邪馬台国は、壊滅的に近い打撃を受けており、従って、魏や晋に使節を派遣することができなかったのである。魏による特注品が作られたとか、何度も使節を送ったなどは空想であり、私は伊都国に呉から逃避していた鏡作りに命じ、作らせた鏡であったとみている。

その文様の中に笠松文様といわれる中国の旄《ぼう》の文様があるのは、使持節の標章として、倭人伝にのる黄幡の意であろう。神功皇后の正統性を示すために、魏の鏡にない文様をつけたとみられる。そして、これらの鏡を協力する各地の首長等に与えていたとする。丁度、それ以前に、銅鐸や銅矛を各地の首長に与えていたと同じ心理であり、東征の際に各地の首長の持つ銅鐸は一斉に埋没されていたのである。これらの鏡を多数持つ古墳の主は、その地方の大豪族であったか、明器であるならば首長の死に際して、近くにいた者がその持つ鏡を奉献したかであろう。椿井の山城国造はその配給センターの役をしており、たとえ、それより古い古墳から出土したとしても、山城国造より早く死んで贈られたことになり、一番古い古墳から出土しても、その鏡を一番先に与えられた古墳主が最初に持っていたとは限らない。

山城国造の後裔で知られるのは、天武天皇が吉野に隠棲する時、従った舎人山背直小林があり、『続紀』に、文武天皇が難波に行幸され、還宮されると、位を一階進められた中に、従八位上山背忌寸品遅がいる。

三角縁神獣鏡の分布　Ⅰ

私説の三角縁神獣鏡の分布した状況を述べたい。神話の解読により、景行天皇である瓊瓊杵尊が日向を征服し、対馬の安曇海人の王の娘と通じて、彦火火出見尊・彦波瀲武鸕鷀草葺不合尊・神武天皇の順で生まれたのを事実に直すと、景行天皇が豊国別皇子を生み、その子を神話の彦波瀲武鸕鷀草葺不合尊とし、その弟の武位起命の椎根津彦を生み、兄の子が神話では神武天皇にされるが、事実は応神天皇の父に当る人物が宇佐にいて、宇佐市の赤塚古墳に葬られた人物であったとし、この古墳から出土する鏡が、三角縁神獣鏡の最初に近く、その中心になるとしている。これが九州から発し、同じ日向に発する天目一神が、京都府の椿井大塚山古墳の主となり、神功皇后東征により地方を平定する過程で、各地の首長等に配布したとする。従って、血縁を共にする氏族や神功皇后の西征に従い、続いて東征に従った氏族等に対して、与えた鏡の数や種類が異なっていたと考えられる。

最初に赤塚古墳より出土した三角縁神獣鏡を述べるが、どのような鏡を三角縁神獣鏡というか知っておく必要がある。

この鏡は中国の漢鏡の縁が平らであるのに、断面が三角になっているのが特徴であり、内区といわれる鏡の鈕を中心に、一神が三方にあるのと四方にあるのとがあり、その間にいろいろの獣の文様をちりばめてあるのでこの名がつけられている。この模様には、他の種類のもある。次にこの内区と外縁の間に円形の幾つかの円周で分け、その中に波や鋸の刃のような文様とか、細かい斜めの線や文字を刻んでいるのがある。内区の中には前述した笠松文様といわれる中国の鏡にはない旌と思われる文様のあるのがある。

赤塚古墳　三角縁神獣鏡を副葬していた古墳で、最古とみられる古墳が大分県宇佐郡宇佐市にある赤塚古墳であり、風土記の丘にある。この古墳は四世紀中頃の築造とみられ、この前段階とみられる方形周溝墓群に続いてある。赤塚古墳出土の五面の鏡の中に、天王日月の銘が小さい四角い枠の中にあるのは三角縁天王日月獣帯文三神三獣鏡といわれ、同型の銘の入った小型のが二面あり、同じ天王日月銘を大きくして二つの円周の枠内に、はめ込んだのを三角縁鋸歯文帯三獣鏡といい一面、三角縁唐草文帯二神二獣鏡（銘文が一つ枠にあり笠松文あり）一面、三角縁波文帯盤竜鏡一面と合計五面あって、天王日月を大きくした銘があるのが最重要であり、同型鏡が三面あり、最初に述べる。

一面は椿井大塚山古墳で三角縁神獣鏡の配布元。次は奈良県桜井市外山茶臼山古墳である。

桜井茶臼山古墳　桜井市外山《とび》にある前方後円墳で全長二〇七メートル、後円の径一一〇メートル、前方部は後円部にくらべ低く、幅が狭くて長く柄鏡式といわれる。他の古墳と変わっているのは、墳頂に長大な竪穴式石室があり、その上に方形の壇を造り、それを囲んで底部に始めから穿孔した穴のある壷で囲んでいた。石室内から玉杖といわれる鉄の杖に碧玉製品をつけたのがあり、鏡は破損しているのでその破片から判ったのに、赤塚古墳の銘文の大きかった天王日月の入った鋸歯文帯四神四獣片があった。この同型鏡が京都府長岡京市の南原古墳（前方部が短い）という小さい古墳から出土した鏡の中にあった。一緒に出土した鏡の中に椿井大塚山古墳や、同府綴喜郡の西車塚古墳・岐阜県の大垣市の長塚古墳出土鏡（大垣市十六から小型菱環鈕式銅鐸出土）があったが、赤塚古墳との関係は判らないが、或いは景行天皇が大和にいた時の順行先との関係があったかもしれない。茶臼山出土の鏡の中に、内向花文鏡で大形で径が四〇センチから三〇センチにわたる鏡が五面出土したことである。この大きさの鏡が福岡縣前原市の平原の周溝墓から多数の鏡が出土したことが知られているが、その鏡の中に四六・五センチの大きな内向花文鏡の同型鏡が四面あったことである。するとこの鏡を造った工人が神功皇后東征に従い、畿内に移ってきた可能性が大きい。中国の考古学者の王仲殊氏が中国の呉の鏡造り工人が、晋との軋轢を避けて日本に渡来した説を立てたが、最初は九州の伊都国に入り用いられていたが、神功皇后東征に従い天目一命に従って畿内に入り、鏡造りの指導者として働いていたのであろう。そして、最初に赤塚古墳の鏡を造らされたと思われる。

ここで南原古墳のある地を考えると、昔の乙訓村の中にあり『古事記』の垂仁天皇条に、丹波から道主王の女等を召す時、日葉酢姫命等四人を召し、その弟姫一人を残し、後の二人は顔が醜いので本の国に送り帰す時に、圓野比売《まとのひめ》は醜いのを恥じて、山代国の相楽《さがら》にて木に枝を掛けて死なんとし、その地を今は相楽といい、次に弟国《おとくに》に至った時、深い淵に堕ちて死に、その地を名付けて堕国《おちくに》といったのを、今弟国と言う、とある。この中の相楽郡に椿井大塚山古墳、乙訓郡に南原古墳のあることはなんらかの関連があるのかもしれない。

メスリ山古墳　茶臼山古墳の南西方にある古墳で丘陵尾根上にあり、茶臼山古墳に似た形状で大きさも余り変らない。墳丘は三段築造で各段の縁辺に埴輪があり、後円部の中央に墳丘主軸に直交した竪穴石室と天井部が合掌形になる副室があった。これ等の上部に茶臼山と同様に、二重の方形に円筒埴輪が並び、中には器高二メートルを超す大型の円筒埴輪があった。石室の内部からいろいろな石製品・鉄剣や鏡の欠片があり、副室から碧玉製玉杖・多数の鉄製品や鉄弓まであった。これ等は茶臼山に続く次代の人物の墓のようである。

これ等の墓は神武紀の四年二月条にのる、神々の祀りの場を鳥見山の中に設け、そこを上小原の榛原《はりはら》、下小野の榛原といい、高皇産霊尊を祀ったのに当たるであろう。

どうしてこれに相当するかその理由を述べると、この型式の墓が日向に多く、宮崎県の東諸縣郡国富町本庄の町中に古墳が数多くあり、この柄鏡式前方後円墳がいくつか見られ、宮崎県の持田古墳群の中の計塚古墳一号墳はそっくりそのままの柄鏡式古墳で、盤龍鏡を出土しており、四十五号墳には天王日月獣帯四神四獣鏡を出土している。それでは何故ここに、これらの古墳が出土するか考えると、景行天皇の日向で生まれた兒を育てたのが諸縣君であったと考えられるからである。国造本紀に「日向国造、応神朝の世に豊国別命の三世の孫老男を定め賜う」とある。『書紀』の応神紀に、日向国の髪長媛が諸縣君牛諸井《うしもろい》の女とあり、ある説によると、牛諸井は朝廷に仕えて老齢になり、仕えを止めて本国に帰り、その途中の話に播磨の加古で、舟を鹿皮に間違える話をのせている。使えを止めたとあるのは神功皇后時代のことで、大和で玉杖を持っていたのも、赤塚古墳の主の代理であったからであろう。

ちなみに、諸縣氏が重要な意味を持っていたことは、次の史料により判る。『令集解』職員令、雅楽寮条に、弘仁十年十二月廿一官符で、雅楽諸師数を定めた事の中に、舞師四人は倭舞師・五節舞師・田舞師・筑紫諸縣舞師であった。そして、大属尾張浄足説をのせ、寮にある舞曲をあげ、最初は久米舞で大伴・佐伯氏が蜘蛛を斬る舞曲をする。神武東征に合わせていることが判る。筑紫舞廿人、諸縣師一人、舞人十人。舞人八人は甲を着け刀を持ち、禁止二人とする。禁止は途中で舞を止めさす時の役であろう。これは、神功皇后東征を模したように思えるのであり、筑紫舞は安曇海人族にさせたのであろう。

景行天皇陵　崇神天皇陵の成立

次に椎根津彦である大倭直の動静をみてみたい。この人物は彦波瀲武鸕鷀草葺不合尊の弟で武位起命にしたが、豊国別皇子の血筋を受け、その祖は景行天皇であった。従って神功皇后東征に安曇海人が加わっているから、先に述べた日向の諸縣君と同じ立場であったはずである。以下、この人物の行動を調べたい。これら天皇陵の名は和風諡号から漢風諡号に変えられた名であるから、元の名はなんであったか解らぬが、『書紀』編纂時の名は、景行天皇が大足彦忍代別天皇、崇神天皇は御間城入彦五十瓊殖天皇であったと推測される。両天皇陵の墳形は余り差がなく、前方後円墳で後円部は三段築造である。景行陵は長さが三〇〇メートルで、崇神天皇陵より六〇メートルほど長い。天皇陵であるので考古学上の調査が出来ず、埴輪やその他の出土品がなく内容が判らない。ただ、崇神天皇陵の陪塚とみられる天神山古墳から漢鏡が多数出土しているので、古墳を築造した時に、平行して造られた可能性が高い。これ等の鏡は神功皇后の東征の時、北九州で降伏した首長が捧げた鏡と私はみており、これをしたのが大倭直であった武位起命であると推測している。それで大倭直が自分の祖の景行天皇陵を、他の諸縣君等の古墳の築造の終わった頃を見計らって、多人数を動員し、特に景行陵から始めたので大きくなったのであろう。時期的にいえば四世紀の半ば頃から始めたと思われる。これらを推測させるのは、大倭直がどこにいたかにより判るであろう。大倭直を祀る大和神社は崇神陵の西北の上ツ道より二〇〇メートルほど長い参道を通った先にある。この神社は元は崇神陵の北東にある丘陵の長岡にあったとする説が強い。すると、このあたりに大倭直が居り、工事の監督をしていたとみられる。それでは大倭直の武位起命が死ぬと何処に葬られたということになる。私は崇神陵に一番近い黒塚古墳にしたいのである。この古墳は三角縁神獣鏡を三十二面と椿井大塚山と同数の鏡を出土し、この古墳見学に大勢の参観人のいたことで知られ、その中に私も遠路をいとわず出かけていたが、まだ、古墳や鏡の研究を深く始めておらず不思議な縁としか言いようがない。この古墳から出土した鏡の中で、漢鏡が頭部に置かれていた。多分持っていた漢鏡をすべて天神山古墳に入れたためであろう。次にこの古墳の主の次の一族の築造された古墳を推測すると、明石国造を国造本紀に「軽島豊明朝御世、大倭直同祖、八代足尼兒都彌足尼を国造に定め賜う」があり、時代的に応神天皇時代とするのに一致している。明石海峡に望む五色塚古墳は椎根津彦の子の墓であろう。海人族を母方に持つので、海峡に面した所に造られたと推定される。この古墳は三段築造の後円を持ち、埴輪は墳頂・上段・中段のテラスに一周して設けられ、その埴輪の種類は大和のメスリ山古墳のとよく似ている。内部の構造が不明であり、出土品が無い。墳丘の西側くびれ部上段から子持勾玉が出土している。先の桜井茶臼山古墳にも滑石製の子持勾玉が周壕状の低地から二個出土しており、後に奉納したのであろうが、両者間に密接な交流のあったことが示されている。

なお、景行天皇の母の日葉酢媛陵が奈良市山稜町にあるが、この陵から出土した品々が知られており、墳形や埴輪にも五色塚古墳に似たところがあり、大倭直の関係者により四世紀の半ばから終末、すなわち、応神天皇の時代に造られたことになる。

先述したように崇神天皇の没年を二五八年にしたため、丁度、一世紀ほど後にその墓が造られたことになり、土器の編年で纏向一式の始まりの石塚古墳の造られた時期に重なることになった。偶然の一致であろうが、私の述べた古墳製作の時期により、古代史研究者が考古学上のこれを真実と受けとめ利用されないように注意されたい。

なお、大倭直の存在は、『続紀』和銅七年二月条に、「従五位下大和忌寸五百足を氏上と為し神祭を主らしむ」とあり、その他に、元正天皇養老六年条に、従六位下陽侯史真身に続き、従七位大倭忌寸小東人に田四町を賜る記事がある。この時は養老律令を撰した功に依っているから、漢字に練達していたことが知られ、『続紀』孝謙天皇天平宝字元年十二月九日条に、養老律令を修した功田四町を賜った中に、正五位上大和宿祢長岡・従五位陽胡史真身があり、この年に大倭から大和に名が替わったことが判明し、大和氏が長岡にいたことも推測されるのである。これまで大和の名が何時であったか知られていなかったが、天平宝字元年からであったのである。

三角縁神獣鏡の分布　Ⅱ

現在、三角縁神獣鏡の出土した数は、全国で五百面近くあり、すべてが舶載鏡として知られている。しかし、すでに述べているように三世紀の後半の中頃に、景行軍により邪馬台国が滅ぼされ、邪馬台国の一員であった岡県主が旧邪馬台国の王になっていたから、当然九州から手に入れることは出来なかった。これらのことは、筑穂平野から庄内Ⅱ式の時代の遺跡から漢鏡が出土していることにより証明される。（『東アジアの古代文化』九六号「三角縁神獣鏡と初期ヤマト政権　奥野正男　表3墳丘墓（庄内併行期）の副葬鏡」）

なお、この墳墓は福岡県鞍手郡若宮町大字沼口字汐井掛にある土坑群の中にある箱式棺の一基の中より出土した飛禽鏡を述べたのであるが、『吉備古代史の未知を解く』（間壁忠彦・葭子著新人物往来社刊）にのる飛禽鏡の分布によれば、福井県武生市岩内D区土坑に、大巾二つの土坑が接してあり、大きい方より斜縁飛禽鏡が出て、間壁氏は、互いに遠く離れていながら、共に組合せの木棺を用いたと思われる長方形の土坑の中より出土しており、しかも両遺跡とも同様な土坑群が存在し、両者の鏡は、径の寸法が九センチ余で、すべて中国製で朝鮮北部に出土が多いとされ、福井県のは古式土師器が伴っていたとある。このことは、神功皇后軍に従い、九州より福井県の僻地に移ったことを示すであろう。なお、飛禽鏡とは、鈕を中心にして鳥が羽根を拡げ、頭尾羽根が上下左右にある文様である。

以上により仲哀・神功皇后による岡県主の降伏の記事は、実状を述べたことになり、神功皇后摂政紀の記事に虚偽も含まれるが、事実を述べていたのである。津田左右吉による創作説は、頭の中で考えた説であり、これに追従する考古学者は信用できないことになる。この際に、舵取りの倭国の菟田の伊賀彦のでるのも、大和の宇陀郡の遺跡を参照する必要があろう。

さて、それではなんの為に、三角縁神獣鏡が配布されたかという問題になる。現在の古代歴史学では、先のように津田説による『書紀』の神功皇后の話以前は歴史でないという説を破棄する必要があり、ここに三角縁神獣鏡の配布の秘密が隠されているのである。

大分県の宇佐の赤塚古墳出土の「天王日月」銘のある鏡が配布の元になることを述べたが、赤塚古墳の周囲の古墳の成立とその前後の古墳の状況をみると、最初は宇佐市を流れる駅館川の今の瀬社橋の東岸、川沿いの丘陵上の上田にある古稲荷古墳（方形台状墓）は朱により色どられていた。次は赤塚古墳の北側にある方形周溝墓群で、その一つより飛禽鏡が出土している。同じこの鏡の出土したのに岡山県の古墳の初期とされる宮山古墳があり、この原始的墓の周囲に箱式石棺がちらばり、古墳出土に飛禽鏡があり、福岡県小郡市の津古生掛古墳より飛禽鏡を出土し、この古墳には庄内Ⅱ式の新しい土器と平行する土器が出土している。次に赤塚古墳の西の東岸の丘陵の南端の免ヶ平古墳で、斜縁神獣鏡を出土しており、北端の前方後円墳よりずっと続く六番目の古墳であり、このように父子代々の墓が続く所は全国でも稀であろう。この古墳の順を考えれば、豊国別王が最初に方形台状墓に葬られ、次の方形周溝墓にその子や擁護者（日向からきた氏族の諸県氏族と思われる）が葬られたのであろう。方形台状墓は丹後国に伝統的に続けらてれおり、景行天皇の母日葉酢媛の従者によるのかもしれない。

以上のように想定すると、天王日月の銘は、豊国別王が天王で日月を支配する意で作られたと思われるのである。これについては先に述べた『隋書』俀国傳にのる隋王にたしなめられた、天を兄とし、日をもって弟とし、日の出ている間は、弟に政治を任せる方法を取られていることを思わせており、たとえ字の読めない当時の人々であっても自己の思いを伝えたかったと想像したい。現在、三角縁神獣鏡は五百面近くも出土しているが、一字づつ字で書いたものもあり、判で押したようにあるのは、手間を省く意味もあったのであろう。しかし、其の中でも鋸歯文帯四神四獣鏡だけ目立つように文字銘を大きくし数を少なくしたのは、王としての特権を思わせている。ただこの中で椿井大塚山のだけ直径が二三・三センチで、赤塚古墳と桜井茶臼山古墳・南原古墳のは二三・〇センチであるのは、椿井大塚山鏡を元にして踏み返し鏡を、同じ鏡を使ったため、湯冷して同じ大きさになったと思われる。赤塚古墳出土の鏡についてはすでに述べたが、この天王日月銘の付く色々の鏡が各地の古墳から出土し、現在七十面ばかり知られている。（『邪馬台国の鏡』奥野正男著　新人往来社刊　表5三角縁神獣鏡出土地名表参照）これらの日月の銘をのせる鏡を出土した土地は、神功皇后東征前の豪族をそのままにするか、または新たに支配者が替わったことを知らせる意味で配布したように考えられる。

西からこの銘のつく赤塚古墳と同型鏡を持つ主たる古墳を調べたい。近くでは福岡県京都郡苅田町南原の石塚山古墳に天王日月三神三獣鏡が三面あり、（この古墳の主は豊国直とされた菟名手の一族と想定され、多数の鏡あり）福岡県大野城市武蔵の原口古墳にこれ一面だけ、福岡市東区天神森古墳もこれ一面だけ、多数の三角縁神獣鏡を出土した岡山市の湯迫車塚古墳に天王日月銘のある鏡で獣文帯四神四獣鏡は、前の石塚山と同型鏡であり、この古墳に併出した陳氏作二神二車馬山岳鏡は、これと同型鏡が後述する奈良県の佐味田宝塚古墳にあるのは重要であり、山岳を省いた陳氏二神二獣車馬山との関係が重要である。これは福岡市西新町藤崎六号方形周溝墓・群馬県藤岡市三本木所在古墳・山梨県八代郡下曽根銚子塚古墳である。何故かといえば、『三角縁神獣鏡の謎』と題する日中合同古代史シンポジウム（角川書店刊）の口絵の写真中に、図5中国南方出土の呉鏡・東晋鏡の6に三角縁神人車馬画像鏡があり、中国にないとされる三角縁つきの鏡で、その精密さは日本にあるそれと違い、また外区も佐味田宝塚古墳と違っているからである。陳氏とは呉から渡日した鏡作りの工人の名であろう。

ここで京都市の南原古墳が宇佐の赤塚古墳と天王日月銘の大きな銘の三角縁神獣鏡を共有して

いたとした。南原古墳に出土した鏡の中に天王日月唐草文帯二神二獣鏡が二面あり、この断片が佐味田宝塚古墳にもあったのである。そこで価値の高い三角縁神獣鏡を所有する佐味田宝塚古墳を最初に詳しく調べねばならない。

佐味田宝塚古墳　この古墳は、奈良県北葛城郡河合町の馬見丘陵の北部にあり、その場所は、麓の平野は曽我川を隔て一帯は三宅郷で但馬の地名に続く所にあった。従って、日矛の子孫の住む土地に続く山であり、その奥津城として佐味田の地を選んだと推定される。この古墳は小さい尾根上に造られ、全長一〇〇メートル、後円部の径約五〇メートル、前方部の幅約三〇メートルの小型の古墳である。盗掘されて詳細はわからぬが、鏡は当初は三十六面あったとされ、現在は二十五面と破片が五面ある。この古墳の三角縁神獣鏡は尚方・陳氏・吾作・新作と作者の名をつけるのが多く、既に述べた天王日月唐草文帯四神四獣鏡や天王日月唐草文帯二神二獣鏡や陳氏作二神車馬山岳鏡があった。出土品の中で有名なのは家屋文鏡といわれる、日本で作られたことが明瞭な鏡があり、直径が二二・七センチの三角縁神獣鏡の直径とあまり差のない鏡である。

家屋文鏡　この文様は四世紀の日本の家屋の様子を表わした鏡として貴重である。これを作らせるだけの権威があったことである。ここに表わされた家屋は周知のことであるので、私説を極く簡単に述べたい。この鏡の外区は三角縁でなく三角縁神獣鏡の天王日月銘鏡の銘のある部分までの外側を利用している。写真では鈕の位置や格好は分からぬが、多分三角縁神獣鏡の鈕と同じく直方形の穴であろう。次に述べる直孤文鏡がこの形で作られていると見えるからである。この模様は萱葺きの二階建の建物を上にして左側の階段の見える屋根が上に広がるのが宝物殿、右側の一階建ての家屋が同じ様なのは侍臣の住む建物、下の屋根だけ見えるのが庶民の住む竪穴式住居であろう。入り口の戸が上に跳ね上げるようになっている。主殿の二階の柱から左方に、一階の地表から斜めに突き出している棒の先に笠のようなものが付けられているのは、この主人の地位を示すためのものであろう。

以上の模様は、垂仁紀条に、五十瓊敷命が妹の大中姫に「自分が年寄ったので神宝を掌ることができない。今後はお前がしなさい」と言われると、「自分はか弱い女ですから神宝を納める高い宝庫に登れません」と返事をすると、私が梯子を作るから倉に登れるといった話を彷彿させている。多分、この鏡を死体の側に置かせたのは、それに相当する地位のある人物で日矛族の関係者であろう。東部にある石上神宮にその主が祭られ、この様式と同様なことをしていたからと思われる。なお、主殿と侍殿の間の階段の上の空間に、小童のような人物が見られるとした人がいる。よく見るとそれらしくも見えるが、私には何かしら誉津別皇子のように思われる。

直孤文鏡　この文様の鏡は、馬見丘陵の南部にある新山《しんざん》古墳より出土した中にある。この古墳の出土品に九面の三角縁神獣鏡があり、その中に天王日月四神四獣鏡・天王日月獣文帯四神四獣鏡があり、それぞれ同型鏡が知られ、前者に湯迫車塚古墳・福岡県京都郡石塚山古墳、後者に椿井大塚山古墳がある。三角縁神獣鏡以外に多数の鏡があり、内行花文鏡が多くその中に直弧文鏡が三面あり、一面だけ直径が短く素文縁である。あとの二面は直径が二六から二八センチほどある。古墳は前方後方墳で全長約一二七メートルである。出土品の中にある金銅製の帯金具は中国の晋時代の物で、時代的に四世紀末とみられている。しかし直弧文は三世紀中頃すでに吉備で作られ、前方後方墳も吉備地方にあったことは車塚古墳で知られ、この地方に関連がみられる。

さて、この被葬者が何氏族か、以下推定してみたい。ほかの地方でこの文様のみられるのに、福岡県筑後市一条にある石人山古墳がある。全長約一三〇メートルの前方後円墳で、石人が立っているのでこの名がつけられ、筑紫君磐井の父の墓ではないかとみられている。この古墳の死体を納めた横穴式石室の中にある石棺に、屋根形の蓋石の外面の両面に計一〇単位におよぶ直弧文と円圏文が彫刻されていた。どうしてこれができたか考えると、筑紫君といわれた磐井の出自に関係する。国造本紀に「筑紫国造、志賀高穴穂朝御世、阿倍臣同祖、大彦命五世孫日道命国造に定め賜う」とあり、阿倍氏族になるのである。このことを証するのに、大宝律令が制定されると、最初に筑紫の筑後守になったのは道君首名であった。彼は律令が制定される頃、中央の官僚として活躍し、最後は新設して間のない筑後守に任命され、肥後の守の役もし、善政をしたため、死後に両国の住民が慕ったことを『続紀』にのせている。道君については『書紀』の孝元天皇紀に、大彦命は阿倍臣・膳臣・阿閉臣・狭狭城山君・筑紫国造・越国造・伊賀臣等すべて七族の先祖とのせ、『書紀』の中で明確に氏族のことをのせる最初である。この中の越国造が道君であることは、欽明紀の三十一年条に、高麗の使人の乗った船が迷って越の国に漂着した時、道君が天皇の名を偽り語って、その調《みつぎ》を受け取っていた。それを越の人、江渟臣《えぬのおみ》が朝廷に通報し、膳臣が遣わされると道君が平伏して迎えたので、使者がその正体を知り、調を取り返させたとある。

以上からすれば、新山古墳の主は大彦命の子孫道君を祖にする氏族であった可能性が強い。なお、筑紫君磐井が近江の毛野臣に無礼な揚言《ことあげ》をし、昔は袖ふり合わせ、同じ釜の飯を食った中と言っており、ここにタブーであった死を意味する揚言《ことあげ》が用いられている。

金石文の解釈

大彦命のこと　孝元天皇の長子で次男が開化天皇である。母は細姫命といい敷城県主大目の女である。命の娘の御間城姫が崇神天皇の皇后になっている。孝元天皇の妃の伊香色謎命の間に彦太忍信命が生まれ武内宿祢の父である。このことは、大彦命の一族は紀の国が出身地であったことになるであろう。武内宿祢は勿論創作された人物であるが、紀の国の出身を元にしている。さて、和銅七年一月十日に紀清人・三宅藤麻呂に国史を撰させている。この両者により天日槍のことや大彦命の由来を撰させたと推定され、それがこの項の古墳のあり方により示されている。これに対して武甕槌命を祖にする九州に発した景行天皇系の子孫が反発し、応神天皇から別け系の記事を基にする物語を、多臣が『古事記』を私家本として作ったと私はみている。しかし、最初に述べているように、多臣も日矛に従属していたことは、『古事記』の中で日矛に詳しいことでも判る。

ここで大彦命の存在を金石文にみると、埼玉県稲荷山古墳出土の鉄刀銘にのる大彦命がある。この銘文は日本の歴史の中で最古の貴重な史料であり、私のような専門家でない古代史愛好者が述べるのは僭越であるが、私の古代史観により解釈したい。これには宮崎市定著『謎の七支刀』（中公新書）にのる同氏のこの銘に対する解釈が非常に役立っている。

原文、辛亥年七月中記乎獲居臣上祖名意富比垝其児多加利足尼其児名弖巳加利獲居其児名多加披次獲居其児名多沙鬼獲居其児名半弖比

（以上表面）

其児名加差披余其児名乎獲居臣世々為杖刀人首奉事来至今獲加多支鹵大王寺在斯鬼宮時吾左治天下令作此百錬利刀記吾奉事根原也

（以下裏面）

宮崎説では始めの「七月中記乎獲居臣上祖名」の記を、記する意でなく木か紀の意味ではないかとする。それは大彦命が紀出身であるから自分が紀であることを示すためとしている。次に寺があるが私は侍るの人偏が省かれたとみている。宮を斯鬼にしているが、獲加多支鹵大王を雄略天皇とすれば、宮は初瀬朝倉宮であって斯鬼宮でないとする説もあるが、磯城宮とすると、河内

国志紀郡志紀郷があり、その陵は丹比高鷲にあるから、斯鬼宮が志紀にあった時もあったであろう。そして、裏面の吾佐治の吾を、為の読み誤りとするのは合理的である。

ここでこの系図によれば、大彦命は崇神天皇より百年に四世代として計算すると、崇神天皇が二五八年に崩じたとすれば、大彦命は三世紀前半の中ば過ぎまで存在し、足尼という後の宿禰がすでに成立していたことになる。『旧事紀』にもこの頃に始まったことをのせている。獲居という後の別制が、崇神天皇以後にすでに始まっていることを示し、この獲居は文字通り、獲得した所に住む意が込められているようである。すると垂仁天皇の頃からこの制度が始まったことが判る。足尼より七代目が乎獲居臣であるから、百年を四世代とすれば、七世代は百七十年位になり、乎獲居臣が死ぬ時には二百年近く後になる。生まれたのは五世紀の中頃より前で、辛亥年は崇神天皇の崩年を二五八年とすれば、四七一年に該当するであろう。これより後の還暦した六十年後ではない。

次に乎獲居臣と別の付く人物が、何故、杖刀人首に起用されたかである。父と祖父に獲居が付けられていない。別から別のなくなる例に、出雲の国譲りの際に、矢田部造の先祖の武諸隅を遣わしているが、『旧事紀』天孫本紀に、仁徳天皇の妃の宇治稚郎皇子の妹矢田皇女の名を残すために、皇子代として侍臣大別連に賜った、とある。大別連は景行西征に従って日向に残っていたため別がつけられていた。すなわち、神話の經津主神にされた人物であったのである。

以上のように別の人物を考えると、出雲の国譲りの攻撃に、吉備津彦と武渟河別を遣わしているが、この名のつくのは『古事記』によれば阿倍臣等の祖とある。従って乎獲居臣はこの子孫であろう。どうして獲居がつけられたか考えれば、これより任地に行く際に、獲居臣姓を授けられたことにより、それを記念してこの系図を彫らせたのであろう。

稲荷山古墳出土の画文帯神獣鏡の分布　埼玉県のこの古墳から出土した画文帯神獣鏡の同型鏡が全国で十八面、今まで知られている。三角縁神獣鏡の出土数が増えるように、今から後にも現れるかもしれない。最初に挙げたいのは、同様に鉄刀銘のあった熊本県玉名郡菊水町の江田船山古墳に同型鏡のあったことである。この古墳は前方後円墳で石人山古墳と同様な横口式家形石棺で同型鏡が出土している。五世紀末から六世紀初頭とされる。すると、稲荷山古墳も同じ頃であって、大王も同じことになる。この同型鏡は九州では宮崎県の持田古墳群の中の第二〇号墳から出土し、福岡県嘉穂郡穂波町の山ノ神古墳、熊本県宇土郡不知火町国越古墳から出土し、この石棺も横口式石室で石製の屋根形の蓋に直弧文と三角文が刻まれていて、筑紫君磐井の勢力が及んでいた。宇土郡は肥君の分布する所とされている。この鏡の分布をみると、九州と東国の群馬県の西部に多く、高崎市の観音山古墳は、この鏡以外に多数の色々の品を出土し、武寧王陵出土の鏡に類似の獣形文鏡を船山古墳から出土しているが、これと同じようなのが先の観音山古墳からも出土している。ただし、この古墳の築造は七世紀になってからのものとされ、それだけ長く貴重品として伝えてきたことになる。雄略天皇になると、『書紀』にみえるように平群臣真鳥を大臣とし、大伴連室屋・物部連目を大連にし、武力による支配を全国に及ぼそうとし、遠国にいる豪族に共通の鏡を配布し、服属を促したのであろう。なお、これらの鏡で畿内にあるのは、大阪府八尾市の郡川西車塚古墳より出土し、同じ西車塚古墳より人物画像鏡が出土し、これに画文帯神獣鏡の文様を加える和歌山県橋本市の隅田八幡宮に伝世された鏡の中に「開中費直」の銘文があり、この古墳等は五世紀末頃といわれるので、このあたりで製作されたとされるようである。

紀伊隅田八幡宮所蔵の人物画像鏡　この鏡の銘文の読み方は色々されているが、これまでの私の古代史観から解釈してみたい。

発未年八月日十大王年男弟王在意柴沙加宮時斯麻念長奉遣開中費穢人今州利二人等取白上同二百旱作此竟

発未年八月、日十大王年に、男弟王在り意柴沙加宮に、時に斯麻念じ長奉を、遣し開中費直穢人今州利等を、取り白上同二百旱を、作る此竟を。（私訓）

判り易く書けば、発未年は崇神天皇の崩年を戊寅二五八年にすれば、発未は四四三年になる。日十大王は『隋書』俀国傳にのるアマタリシホコにあたる兄であって、日たり大王であった。大和の弟王が忍坂宮に即位して以来、病弱の身で住んでおり、斯麻が河内直穢人・今州利を遣わし白上の銅（錫の多い意か）二百旱を用いてこの鏡を作った、になる。允恭天皇が病弱であったことは『紀・記』にのせられている。この病弱の王が忍坂大中姫に押されて王になると、皇后の息長氏は日矛の護衛の大伴氏の陰謀に加担し、盟神探湯《くがたち》を行ない、自分の意に添う氏族を選ばせ、別姓を捨てて実質的な大倭国の王になろうとしたのである。これより大伴・物部両氏の武力により大和政権の基礎が作られることになった。

郡川古墳に葬られたのは、これらの鍛冶工人の支配者であろう。そして、この工人等の総支配者が斯麻である凡河内直であろう。江田船山古墳の刀銘もここに述べた工人の銘文の作法とよく似ている。そして四世紀の三角縁神獣鏡の天王日月銘もこの意をすでに表わしていたのではないかと想像されてくる。

鉛同位体比法による青銅器の研究

これについては、鉛同位体比法の説明をしなければならぬが、どのような方法か、一般の人には判りにくいので、この研究をされている馬淵久夫・平尾良光両氏による解説によらねばならぬが、極く簡単に私が説明すれば、早く云えば、現在大問題になっているウランに、核に利用される同位元素に二三五とそれ以外の二三八があり、核に利用するのにはウラン鉱を精錬してウランをとり出し、それよりウラン二三五を分離するように、銅鉱山から銅を掘り出して精錬すると、銅鉱に付属している鉛が銅に含まれてくる。この鉛には三つの同位元素が含まれており、銅に錫を交ぜて青銅にしてもこの三つが含まれている。そこで一番多い本体と少ない二つの同位体の割合の違いを、質量分析器という装置で、その量を計りパーセントで表わし、二つの違いを表にして比べると、その違いが表にあらわれてくる。この表を作ることにより、銅の作られた鉱山が何処であったか判ることになるのである。『福岡県出土青銅器の鉛同位体比と題する研究』が先の両氏により考古学雑誌七五―四にのせられている。舶載鏡に関しては前漢鏡と後漢中期以降の鏡とが一つのグループを作り、舶載鏡とされる三角縁神獣鏡はこれとは別のグループを作り、中国の中・南部製の銅とされる。銅剣はすべて華北系であり、加工品は鉛同位体比から華南の鉛とされる。銅矛（中広形2、広形4）は華北系であり、これらの六資料は近畿式・三遠式銅鐸と同じ値の所に集中しており、それ以前の銅鐸は華北系のを使用したと思われると述べられている。

ちなみに出雲の荒神谷遺跡の銅剣の材料が華北系と、この分析により判ったのである。ここではからずも思い出したのは、伊予に伝わる『予章記』の類似本を読んだ時、その中に、南海に大魚が現れ、住民を襲い大混乱を起し、景行天皇の神櫛皇子が急いで水軍をかき集めて、これを退治した話である。大魚は邪馬台国が滅びた後、邪馬台国を支配した岡県主が広巾銅矛を作り、豊後水道を渡り土佐の南部から紀淡海峡方面に侵攻したのであろう。その時、多数の広矛が崇神政権に渡り、これで大きな銅鐸を作ることが出来、紀伊や四国東部の沿岸部に銅鐸が配布されていたことになる。これは熊野水軍に配布し、九州を攻める反撃にでるためである。ちなみに、愛媛県・高知県の沿岸部に広矛が多数出土しており、大分県臼杵市坊主山より七本一括出土している。これらからすれば北九州では邪馬台国が滅びた後、生き残りの岡県主が邪馬台国王になり、華北との交易をしていたのである。仲哀天皇の軍が岡県主の支配権を覆すために、『書紀』にのる仲哀天皇等による攻撃が始まった。考古学者は歴史の流れを推測すること無しに、物により歴史を作ろうとするのを改めねばなるまい。仲哀天皇が紀伊の徳勒津宮から熊襲が叛いたので討とうとされたとあるのは、熊鰐が支配下にした邪馬台国を討つためであった。すなわち、南海の大魚を討つのが始まりであった。古い伝承本といえども昔の記憶が伝えられていたのである。なお、神功皇后軍が敦賀から出発したとあるのは、日矛を祭る気比神社に合わせ創作された可能性が高く、出発して渟田門で浮き鯛の話をのせるが、安芸国の昔の沼田郡の幸崎《さいざき》の沖は、浮き鯛の名所で、この地の名を借用したのであろう。

以上のように鉛同位体の研究によれば、三角縁神獣鏡は江南地方の銅を用いた可能性が高く、先に呉の浙江省紹興の三角縁神人車馬画像鏡を述べたが、王仲殊氏の呉より渡来した鏡作工人の推定が確かめられ、魏に対する特注説や、神功皇后の応神天皇を我が子とする説も成り立たないのである。庄内式Ⅱ期の時代に北九州が席捲されたことが明瞭であるのに、なぜこれに言及しないのか不思議でならない。交流説が巾をきかすが、弥生時代は戦乱の時代であったから、三角縁神獣鏡はこれを鎮めるために、各地にいる豪族を統一させる手段の一つであり、天王日月銘のあるのはこのために使われ、宇佐の赤塚古墳から始まったのである。そして、銅鐸の埋没された地方（紀伊半島の出土地を除く）の古墳に多く、日矛の地方は配布する必要がなく、ただ標《しるし》として景初名の入った鏡を与えたのであろう。同様に物部氏・多氏族の発祥の地域には、最後の段になって野田川鐸のような巨大鐸があるのは、地元にいた氏族に与えたのであろう。

第十三章　大物主神のこと

前章までに神話から続いて、景行天皇・神功皇后の事蹟について色々の方面から述べてきたが、それ以前の天日槍について殆ど触れていない。そこで天日槍が畿内をいかにして征服したか触れなければならない。

崇神紀のはじめの五年条によると、国内に疾病が流行り、民で死ぬ者が多く、六年には百姓の流離するものや、反逆するものもあり、徳を以って治めようとしても難しかった。それで朝夕天神地祇にお祈りをした。これより先に天照大神と倭大国魂を殿中にお祀りしたが、その神の勢いに畏れ共に住むに不安であった。天照大神を豊鍬入姫命《とよすきいりひめのみこと》に託し大和の笠縫邑に神籬《ひもちぎ》を造った。倭大国魂神《やまとおおくにたまかみ》は渟名城入姫《ぬなぎいりひめ》に祀らせると髪が落ち痩せて祀ることができなかった。

そこで天皇が八十万《やそよろず》の神々を招き占いをさせた。その時、神がヤマトトトビモモソ姫命に神《かみ》憑り《がかり》して「天皇はどうして国を憂えるのか、もし吾を敬《うやま》い祀れば、きっと自然に平らぐであろう」とあった。そこで天皇がどこに居られる神か問うと「我は倭国の境にいる神で、名を大物主神という」と神の名を言った。そこで教えのままに祀られても験がなかった。そのため斎戒沐浴して、殿内を浄めお祈りして、「夢の中で教えて神恩をお垂れ下さい」と願うと、この夜の夢に一人の貴人が現れ、自ら大物主神と名乗り「天皇よ、そんなに憂えなさんな。国が治まらないのは、我が意によるものだ。もしわが子大田田根子に、吾を祀らせたなら、たちどころに平らぐであろう」と告げた。その後、ヤマトトハヤカムアサジハラマクワシ姫・穂積臣の先祖大水口宿禰・伊勢麻績君《いせのおみのきみ》の三人が、同じ夢を見て、「大田田根子命を大物主神を祀る祭主とし、市磯長尾市《いちしのながをち》を倭大国魂神を祀る祭主とすれば、天下は平らぐであろう」と言われたと申し上げた。天皇はますます喜ばれ、天下に告げて大田田根子を求められると、茅渟《ちぬ》県《あがた》の陶邑《すえむら》に見つかり、連れてこられた。天皇が自ら神浅茅原で大田田根子に誰の子かと尋ねると「父を大物主大神、母を活玉依姫と言い、陶津耳《すえつみみ》の娘です」と、別に「奇日方天日方武茅渟祇《くしひかたあまつひかたたけちぬつみ》の女」ともいわれた。次に物部連の先祖伊香色雄《いかがしこを》を神班物者《かみものあつかい》に占いで決められた。長尾市を倭の大国魂神を祀る祭主とし、また八十万の神々を祀ると、疾病は収り国内がようやく鎮まった。

　崇神天皇の始まりはこのように国内の治安の回復から始まっているが、一方、『古事記』も同様で、大田田根子を求めるのに、河内の美努《みの》村から探し出されており、誰の子か尋ねると「大物主神が陶津耳命の女、活玉依比売を娶して生める子、名は櫛御方命《くしみがたのみこと》の子、飯肩巣見命《いいがたすみのみこと》の子、武甕槌命の子、僕意富多多泥古ぞ」と言っている。そして、神主となり御諸山の意富美和の大神の前をいつき祭る、と述べている。

両者を比べると、『古事記』では神話の武甕槌命を出しているので、太安万侶の創作であることは明らかである。そして三輪の名の起こりになる夜に来た人が、麻を三輪残したことより名づけたとある。

神話で大物主神のでるのは、『書紀』の神代上の終わりの少彦名命のでる前の素戔嗚尊の最後の一書第六に、大国主神の名がいろいろあげられている中にあるだけであり、続く少彦名命が常世に去った後に大己貴神の前に現れたものが、お前の幸魂・奇魂といい、何処に住みたいか聞くと大和の三諸山に住みたいといい、そこで其処に行かせ住ませた、これが大三輪の神としている。

神功皇后の章で述べたように、兵を集めるために三輪神を祭る社を建てたのが最初で、仲哀天皇の喪の時にいた大三輪大友主君が最初の名である。『書紀』の最初に倭国の境にいる大物主神とされているのが重要である。垂仁紀の天日槍が渡来してきた時の記事の一説に、天日槍が播磨国の宍粟邑にいる時、天皇が三輪君の祖の大友主と倭直の祖長尾市を遣わしている。これは編纂時の創作であり、両者が天日槍との関係があったから作られたのであり、この地にいたのが大物主神であったと推定されるのである。そのために倭の境にしていた。それでは何かその証になるものがあるかということになる。播磨国宍粟郡に『延喜式』神名帳に伊和坐大名持御魂神社名神大がある。ここが本来の大物主神の居住地であったと考えられ、これを推考したい。これには『播磨国風土記』を参照することになる。

播磨国風土記

この風土記は、和銅六年五月二日に諸国に風土記の編纂を命じた中で、一番最初に提出された風土記で、霊亀の始め頃に『書紀』の編纂中に出来たとされる。この中の天日槍の記事を探るのがこの目的に対して最適であり、まことに幸運である。この風土記の最初に賀古郡がのせられ、日岡の地名の由来が出てくる。この岡に比礼墓の話があり、景行天皇が印南《いなみ》の別嬢《わきいらつめ》を妻問いされる話がのせられている。この妻問いした別嬢が皇后の播磨のイナミノオオイラツメで日本武尊の双子を生んでいる。揖保郡大田の里の条に、大田の里について紀伊の大田の村から分かれて、摂津の三島の賀美郡の大田に移り、そこより分かれて揖保郡の大田村に移り、もといた紀伊の大田をとってその名にしたとある。この話はしばしば地名移動の例えの話として引かれている。この後半の言挙《ことあげ》の阜《おか》は、神功皇后が韓の国から帰還して京に上る時、軍の行動を開始する日に、軍中に訓令して「このたびの出兵は決して言挙してはならぬ」と仰せられた。それで言挙の前というとある。第一部で言挙のタブーに触れたが、この段は、これを知って書いたと思われる。

揖保の里　粒《いいぼ》と称するのは、この里が粒山に寄り添っているからその山によって名とする。粒丘と呼ぶわけは、天日槍が韓国から渡ってきて宇頭川《うずかわ》の下流の川口に着いた。宿所を葦原志挙乎《しこをの》命《みこと》に乞われて「貴方はこの国の主たる方である。私の泊る所を与えてほしい」と言った。そこで志挙は海上にいることを許した。その時、客神は剣をもって海水をかき回して、そこに宿った。客のこのたけだけしく盛んな行為に恐れて、客神より先に国を占めようとして、巡り上がって粒山にきて急いで食事をし、口から飯粒が落ちた。それで粒山という、とある。

宍禾《しさわ》郡　宍禾と名づけるわけは、伊和大神が国を作り固めて終えられた後、山・川・谷・峰の境界として定めるため巡行された時、大きな鹿が舌を出して来るのに矢田村で遇い、矢はその舌にあるとして志禾郡といい村を矢田村としたとある。川音村は天日槍がこの村に宿り、「川の音がひどく高い」と言われたので、その村の名になった。庭音《にはと》の村の名は、元の名は庭酒で、大神の乾飯《かれいい》が濡《ぬれ》て黴が生え、酒を醸し庭酒として神に奉り酒宴をしたので庭酒村になり、今の人が庭音村といっている。酒の話がでることに注意。この村の奪谷の条は、葦原志挙乎命と天日槍命がこの谷を奪い合ったのでその名になった。それでこの谷は形が曲がって藤蔓のような形になった。

柏野の里、伊奈加川　葦原志挙乎命が天日槍命と国を占める時、嘶く馬があり、出会ったのでこの名になった。

安師《あなし》の里　(もとの名は酒加の里) 大神がここでスカ (飲食の意) された。それで須加といった。

後には山守の里と呼んだのは、山部三馬が里長にされ山守の里といった。今それを改めて安師としたのは、安師川があることによって名にしたものである。その川は安師比売神によって名としたとある。伊和大神は娶ろうとして妻問いされた。この神は堅く辞退して許さない。そこで大神は大いに怒って、石をもって川の源を塞き止めて、三方に流した。だからこの川の水は少ない。

石作りの里　（元の名は伊和）石作りと名づけるわけは、石作首がこの村に住んでいて、庚午年（六七〇年）に石作の里とした。

雲箇《うるか》の里、波加の村　国占めされた時、天日槍が先にここに来、伊和大神がその後にここに来られた。そこで大神は大変不思議がられて、「はからざるも先にきたものだ」と、言われたので波加の村と言う。

御方《みかた》の里　御方とよぶわけは、葦原志挙乎命は天日槍命と黒土の志《し》爾《に》嵩《たけ》に行かれ、お互いにそれぞれ黒葛《つづら》を三条を足に着けて投げられた。その時葦原志挙乎命の黒葛は、一条は但馬の気多郡に落ち、一条は夜夫《やぶ》郡に落ち、一条はこの村に落ちた。だから三条という。天日槍命の黒葛はみな但馬の国に落ちた。だから伊都志（出石）の地を占めておられる。或いはこうも言っている「大神が形見として御杖をこの村に立てられた。だから御形という。大内川・小内川・金内川、大きいほうを大内といい、小さいほうを小内と称し、鉄を産するのを金内と称す。

伊和の村　（元の名は神酒である）大神が酒をこの村で醸された。また神酒の村という。また於和《おわ》の村という。大神は国作りを終えて後「於和」と仰せられた。於和は美岐（神酒）と同じである。

以上は『東洋文庫版　風土記　吉野　裕著』によっているが、最後の「於和」について、日本古典文学大系『風土記』は「於和。我が美岐に等らむ」とし、等を守らむにしているが、神酒が正しいであろう。なぜなら、直ぐ後に伊和大神が三輪山に祭られる大物主神になるからであって、三輪山には酒が付き物であるからである。

伊和大神の敗北

餝磨郡《しかまぐん》伊和の里条に、伊和部と呼ぶのは、宍禾郡《しさわ》の伊和君らの族人がやってきて、ここに住んだから伊和部と呼ぶ、とある。この部のある地は、現在の姫路市内である。すなわち、伊和大神は、このあたりまで支配する豪族であったのである。『和名抄』の餝磨郡の中に郷名として、宍粟郡《しさわ》の中にも伊和郷が残っている。神前郡《かむさき》の多駝《ただ》の里条に、粳岡《ぬかおか》と八千軍野《やちぐさの》があり、粳岡は伊和大神と天日槍命の二人の神がおのおの軍兵を発して互いに戦った、とある。八千軍というわけは天日桙命の軍兵が八千あった。だから八千軍というとある。

ここで日矛の軍兵が多数いたことは、先述したように丹後にいた物部氏と多臣族の祖の武甕槌神にされた氏族が、日矛の軍の中にいたから多数であったのである。敗北した伊和大神は大物主神にされて三輪山に祭られたのであった。伊和は磐であり、それで三輪山には磐座といわれる場所があるのである。

三輪山は始めは三諸山であったのが御諸山となり、最後に三輪山になったのである。崇神紀の始めの国内での混乱している状態を述べていたのは、この両者による戦闘の影響が及び、引き続き大和へ入るまでの騒乱の結果であろう。そこでこれを鎮めるために、伊和大神を大物主神として三輪山に祭ったことになる。この祭りのために大田田根子を探す話が創作されることになった。

大田田根子のこと

大田田根子が探し出される経過は前述したが、『古事記』にのる武甕槌命の子とする所に、すでに馬脚を表わしている。『書紀』では茅渟《ちぬ》県《あがた》の陶邑《すえむら》に見つかっている。『古事記』でも河内の美努《みの》村から捜しだされている。これは多臣氏と美努に住む氏族と関係があるからであろう。例をあげれば鳥取氏を祖とする同じ氏族がいたからであろう。神話で武甕槌神は鳥船神と一緒に行動していた。『書紀』の茅渟《ちぬ》県《あがた》の陶邑《すえむら》の名がでるのは、茅渟県が特別の場所であったからであろう。雄略紀に、根使主《ねおみ》が若日下《わかくさの》王の兄の玉縵《たまかずら》を取ったことが露見し、その子孫を二つに別け、皇后と茅渟県主に賜わり袋担ぎにされている。茅渟県主は『姓氏録』に豊城入彦命三世孫御諸別命の後としている。恐らく茅渟県の陶邑は、この諸のつく命のことであろう。それでこの王の諸をとって、武諸木・武諸隅の二諸に一つ加えて三諸山と最初は呼ばれていたのが、御諸山となり三輪山になったと思われる。なお、日矛系図に最初の子に但馬諸助があるから、これから取られたものかもしれない。

出雲神話の神代下に、高皇産霊尊が葦原中国に遣わす者を選んだ中に、「磐裂根裂神の子で磐筒男・磐筒女が生んだ經津主神がよい」と言った時、天の石屋に住む稜威雄走神《いつのをはしりかみ》の子の甕速日神、その子の熯速日神、その子の武甕槌神が進んで語気荒く言ったので同行させることにしている。これは、稜威雄走神が大物主神で、御諸山にいたのが經津主神と武甕槌神であったのである。すなわち、伊和大神が大物主神として三輪山の主にされると、日矛軍の中にいた物部氏と多氏が三輪山に住むことになったのである。『古事記』に御諸山の上に住みたいとしたのはこれによっている。

穴師兵主神社のこと

『播磨国風土記』に伊和大神がいた地が安師《あなし》の里の名にかえられたが、飾磨郡条に、安師の里と称するのは、倭《やまと》の国の穴无神《あなしかみ》の神戸として奉仕したから穴師とよぶとあり、因達《いだて》の里は、神功皇后が韓国を平定しようとした時、御船前の伊太《いた》氏《て》の神がこの処におられ、その神の名を里の名にしたとある。『延喜式』神名帳に飾磨郡射楯兵主神社があり、大和国城上郡穴師坐兵主神社名神大がある。この神社は纒向の穴師にあり、大物主神を三輪山に坐させた時に、纒向山（三輪山の連山、弓月ヶ岳）を背後にする穴師（安師の通音）の場所に目付け役として入った日矛族がいたのであろう。報告書『纒向』によれば三世紀の中頃より纒向川のこのあたりの流域が急に開発されたとされる。穴師には柿本人麻呂が住んでいたのを、万葉集にもいくつかの歌にのせている。纒向遺跡には各地方からの土器が搬入されており、特に尾張地方からの土器の数が変化せずに、いつも最高の量である。歴史は年代をいつも意識して考察しなければならない。私説は、崇神天皇の崩年を二五八年とした。丁度、纒向遺跡が急激に発達する時期に重なっている。日矛の系図からすれば、四世孫のタジマモリが垂仁天皇の崩じたすぐ後に、常世の国から帰って来ており、二世孫のタジマヒネから三世孫のヒナラキの間にかけて崇神天皇の時代に存在していたのであろう。すると日矛が渡来したのは、崇神天皇より二世代前であるから二世紀の後半の中頃になるであろう。

ここで尾張地方が何故に力を入れ大和に後援するようになったかである。崇神天皇の八坂入彦皇子が崇神天皇と尾張連の祖オオアマ姫の間に生まれているからであろう。この尾張連は物部氏と関係が深く、この間に日矛族が銅鐸を通じて介在し、その勢力を伸ばしたのではないかと推測される。これは銅鐸の終末期の三遠式銅鐸（三河・遠江地方出土）が作られていることからも察することができる。

さて、四世紀になると大和では箸墓を始めとする前方後円墳が作られ始められると、棺やそれを入れる石室作りが専門職として登場してくる。石作連という石作部の惣領的伴造があり、『姓氏録』左京神別に「石作連、火明命六世孫建真利根命之後也、垂仁天皇御世、皇后日葉酢媛命の為に石棺を作り之を献じ奉る。乃ち姓を石作大連公と賜る」とある。考古学者で石室作りの研究する人を私は寡聞であるので知らない。『播磨国風土記』にも印南郡大国里の条に、神功皇后が石作連大来を率い讃岐の羽若石を求めさせた、とある。飾磨郡安相里条に、賀毛郡長畝村人が至り来たって刈る時、この処の石作連等と奪うために相闘う、とある。宍粟郡の石作りの里は、元は伊和の名でこれを改めた、とあった。

石作部は尾張国では『和名抄』に愛智郡・中島郡に石作郷をのせ、神名帳に山田郡・丹羽郡・中島郡に石作神社があり、石作部人のいたのに近江国伊香郡人がおり、石作神社がある。山城国乙訓郡に石作郷・石作神社がある。これ等の石作りは、すべて石棺を作るわけでなく、四・五世紀には、棺だけなく、それを入れる石室を専門にする工人もいたのであろう。石を手から手に渡して積み重ねるのではなく、石室を作るにも技術が必要であるはずである。

最後に大物主神の本拠地の伊和の里についての知見を述べたい。本項は『播磨学講座1古代神は野を駆けて』（姫路獨協大学播磨研究会編　神戸市　神戸新聞総合出版センター発行）の「播磨人の原像　村上鉱揚」の項に準拠している。

これは播磨一宮伊和遺跡の発掘調査である。これが行なわれたのは神社の近くにある県営の圃場整備事業において、その平地部を行なった時、その南方の場所において全部で百単位になると思われる中の四基の竪穴住居を調査した結果、建物跡や遺構から火炎による焼けた垂木や土器が出土し、土器はいろいろあった。高坏・壷・甕・碗類があったが、手捏《たつくね》土器の祭祀用にもちいられる土器が高坏《たかつき》と一緒に出たり、住居跡から鉄製の剣や勾玉・管玉・小玉が何十個となく出てきた。何等かの突発的事件が起こり、このようになったと推定されている。

この伊和遺跡の東方の山の尾根伝いに伊和中山古墳群がみつかり、一番大きい前方後円墳は後円に竪穴式石室で割竹型の木棺を入れていた。これらの遺跡は五世紀前後と判断されている。私説からすれば、すでに伊和大神は大和に移されているので関係ないように思われるが、伊和族の住民がまだここに残っていたので、大和政権が仁徳天皇に代わった頃に、目障りになる住民を除去しようとして行なわれたのではないかと想像している。『播磨国風土記』の中に、品太天皇や仁徳天皇の活躍がしきりに述べられている。伊和神社は全国でも珍しい北向きの社殿であり、この原因について諸説があり、この討伐をしたのが安曇族であったことは、安積の地名が伊和にあることによっても証明され、それで朝廷に反抗する意味の北向きの社殿が後に造られたと思われる。なお、伊和神社について、著者は伊和神社の建物は元もとなかったとし、神社の建物が三世紀時代からあったとは思われず、もとは神の住む木立ちがあった場所に、鳥居だけあったのであろうとし、伊和神社の社叢の東側に宮山という山があり、別名を「一ツ山」といわれ、神社の境内から見ると、神奈備形をしていて大和の三輪山とそっくりな山容であると述べている。伊和大神を大物主神として祭るとき、伊和から見た東の山の姿になぞらえた山として三輪山が選ばれたのではなかろうか。さて、穴師兵主神社から離れた三輪山の話になったが、この神社は三輪山から目立たぬように、つかずはなれずの位置にいて情勢を見るために日矛族がいたように思われる。

この神社について『日本の神々』（神社と聖地4　大和　白水社刊）の「穴師神社」を参照したが、大和岩雄氏は微に入り細に至るまで述べ、私の入る余地がないようであるが、『延喜式』神名帳には、「穴師坐兵主神社」と「穴師大兵主神社」があり、上社の神体は日桙、下社の神体は鈴桙とされている。兵主の名のつく兵主神社は各地方にあり、特に但馬を中心にする山陰地方に多いことは、天日矛に関係することは間違いない。

『大倭神社注進状』裏書によれば、穴師神社の祭神について、「上社　社伝に曰く、御食津神也。神体を日桙。神名帳云、大和国城上郡穴師兵主神社　名神大。下社　社伝に曰く、下社は天鈿女命也。神体鈴矛也。兩社共に神体を矛と為す。故、兵主神と云う。亦天鈿女命、初めて笛を作り吹く、その神鎮座の地。仍て穴師と云う。神名帳云う、穴師大兵主神社」とある。後者が神名帳にのる社格のない小社の穴師大兵主神社であろう。

この神社の名の兵主神とあるのは、いかなる意味の神であるか詮索されており、通常は蚩尤《しゆう》とされ、中国では太古の青銅神にされている。日矛の銅鐸に繋がる。従って、日矛であることは間違いなく、兵主の意味について詮索する必要はなく、日矛を祭り、御食津神について如何なる神か、その正体が不明であるが、今井啓一氏はその著『天日槍』の中で、この神は気比神社の祭神で『古事記』にのる応神天皇とその名を交換した神で、気比神の日矛としている。現在は上社が焼失し下社に合さっている。『古語拾遺』に岩戸の前で天鈿女が鐸着きの矛を持って踊ったとある鐸が、鳴物である笛に替えられている。しかし、先章で猿田彦と猿女君について詳述しており、この段には縁がない付会であろう。

薦枕と薦

ここで『播磨国風土記』で私の発見したのは、飾磨郡伊和の里条に、手苅丘に、手で草を刈って食薦《すこも》としたため、其の名がついたとある。食薦の意味について、私は宇佐八幡宮の研究で、八幡宮の二大行事の一つに行幸会という、中津市の三角池で真菰を刈り、その真菰を宇佐八幡宮に送り、下宮の鵜羽屋殿で薦枕に作り、神験として正殿に納める前に、これを神輿にのせてこの地方の神社に巡行する行事が六年に一度行なわれる。この神験とするのに、何で薦を用いるか研究していたが、この食薦の用途が判明した時、この風土記で食薦の記事を読み、先の言挙げの里条と共にびっくりした次第である。食薦の意味は、ほとんどの人が知らないと思われ、風土記にのる古い時代には薦を刈って、集めた薦を藁で平らな薦に組み、食事の時にこの上に食器を置き食べていたのである。先の薦枕はこの真菰を丸めて形を整え枕にし、薦枕にしていた。この薦枕をして寝ている神が重要である。宇佐神宮では薦枕に大高檀紙といわれる丈夫な四角い紙で覆い、その四隅に重い金塊をのせて起き上がりできないようにしていた。これは薦枕した人物の神が起き上がり祟りを広げないためであったのである。

これが重要であることは、『延喜式』践祚大嘗祭条にのせられている。一世一代のこの行事について、余談になるけれど載せれば、この行事は京都を中心にして東西に悠紀・主基の国郡を卜定し、大祓使者をして、その国郡に幣物を送る。その中に裸薦九十枚がある。続いて十月に天皇が川上に臨幸されて禊をされる時の品々中に、食薦四枚がある。抜穂田が定められると、色々の建物が作られ、その中に斎院が国郡により二院作られ、その祭神は八座で、御歳神・高魂神、庭高日神・大御食神・大宮女神・事代主命・阿須波神・波比岐神であり、この中に事代主命のあるのに注目されたい。高魂神は高皇産霊尊であり、宇佐氏の祖でもあった。この中の御歳神が不明であり、『古事記』にのる大年神の系譜の中に、色々な女との間に生まれた神の名がこの中に含まれ、御年神として載っている。なお、この大年神は、大己貴神が一人になった時に、幸魂・奇魂として三輪山に祭れ、といった神で、すると大物主神の子に当ることになり、この神の生んだ子の中に阿須波神・波比岐神が含まれているのである。御歳神は『古語拾遺』にのせられる神であるならば、広く知られ、要するに、大地主神が田を作るのに牛の肉を田人に食べさせたのを、歳年神の子が父に知らせると、父が怒って蝗を放ち枯れさせた。そこで大地主神は占いを巫《かんなぎ》にさせて、白猪・白馬・白鶏を捧げて怒りを解いた。そこで御歳神は怒りを解き、供え物を指定すると元のようになったとある。従って御年神を祭るのは豊作を祈願することになる。大御食神は先の大食津神と同じで気比神である。『古事記』で大年神の系譜を乗せたのはこれらのことを知って書いた疑いが濃厚である。

大宮女神は丹後国丹波郡にある『延喜式』神名帳にのる大宮売神社の祭神であり、日矛の丹後の国との関係を伺わせ、大嘗祭の女官の代表であろう。阿須波神・波比岐神は宅神で土地の神であり、先の大年神の系譜の中にのせられている。

薦に戻り、色々な雑器を作る国をのせ、主に雑多な土器で飲食に用いるのが多い。由加物を調進する中で淡路国と阿波国は色々の物を進上するが、その中に葉薦一枚づつがある。

これより悠紀殿・主基殿が院内に作られて、色々の品物が運び込まれる中に食薦一荷が運び込まれる。主上の通られる道に大蔵省が二幅布単を敷き、掃部寮が葉薦を設け、主上の御歩に従って布単上に敷き、前敷き後巻して他人に踏ませない。還る時も同様にする。これは出雲大社の真菰の神事とよく似ている。この神事は、国造以下祀職一同が本社の一丁余り北の出雲森に至り祭事をして、銅鳥居の裏の御手洗井に至るまでの道筋に、立砂を盛り真菰を敷いた上を国造が歩き、参拝者が競ってこの真菰をもらいうける神事である。（『出雲大社』　千家尊統著　学生者刊）

次に主上が神と共に召し上がる時、采女の一人が神御食薦を採り上げる。この御食薦は巻いた茎の薦を四ヶ所で紐で束ねられている物で、机に乗せられており、食べる物ではなく、済んだ後に典膳・内膳により清浄な地を選んで埋められるのである。これは事代主命が美保岬で水死させられて、薦の上に乗せられ薦の枕をさせられたことにちなんで作られていたのである。神功皇后が筑紫で祟り神を顕すよう願った時に、「幡荻穂に出し吾や」といった伊勢の粟島坐神乎多乃御子神社の祭神であった。『出雲国風土記』出雲郡漆沼郷条に、神魂命の御子天津キチカミタカヒコ命の御名を薦枕シツヌチといったとある。これは先章で述べた鳥取連が鵠を捕えたとある地で、荒神谷に多数の銅剣を埋めた際の持ち主であった誉津別皇子のことである。事代主命が祟り神であったから、その祟りが出ぬよう食薦を供えていた。宇佐八幡宮や出雲大社の真菰も皆同様であったのである。

なお、この祭、主上の寝られる時の枕は、坂枕といわれる物で、これは黄泉津平坂《よもつひらさか》で伊奘諾尊と伊奘冉尊が別れられたとある、黄泉《よみ》とこの世の境にある坂のため、この枕をして黄泉の神と、この世との交流するための名付けであろう。また標山《しめやま》といわれるのが悠紀・主基の両国司により大嘗祭の庭に作られ、その標山の下に国司以下が並び、その木の飾りが年々派手になるので『類聚国史』に、弘仁十四年に藤原冬嗣等の奏言で金銀等の飾り物を止め、標に榊・飾りに橘《たちばな》と木綿《ゆう》にするように奏している。この標山が後に祇園社の僧により取り入れられて、祇園祭りの山車の基になっている。私には『古事記』の誉津別皇子が出雲の大神に参詣した帰り道に、出雲国造の祖岐比佐都美が川の中に仮宮を作り、青葉の山を飾って大御食を奉る時、皇子が「この河下に青葉の山の如きは、山と見えて山にあらず、もしや出雲の石隈《いわくま》の曾宮《そのみや》に坐す葦原色許男大神のもちい拝す祝《はふり》の大庭か」と問われた、とある青葉の山から標山が作られたように思われる。

『播磨国風土記』で神前郡条に、日矛の兵が八千あったのでその名がついたとあったが、この多駝の里条に、邑日野《おほわちの》の名の起源は、味耜高彦根命の神が新次《にいすき》の社に来られて神の宮をこの野に造られた時、大輪茅を刈り巡らして院（垣の意）としたのでこの名がついたとある。味耜高彦根神は、神話の中で天若彦が返矢で死んだ時に、友人として現れた神であったから、神話の成立過程の中を知っていたことになり、新次の次を主基と読めば、この地で主基が行なわれたことがあったのかもしれない。ただし、神名帳に新次社があり、播磨が主基の国になったことは記録にある。隣の多可郡に兵主神社がある。

この大嘗祭の際には、院内に入る門が左右にあるが大伴・佐伯氏がつとめ大伴・佐伯氏が衰えた後も、替わりの氏族がしてもその名を負って行なっていた。

これ以後の章について、拙著の『九州王朝と宇佐八幡宮』の中の記事に重複しているが、天日矛が大伴氏の祖と知らないで私説を述べていたのであって、それを改編した部分が多くなっていることについて、あらかじめ寛恕していただきたい。

第十四章　応神天皇政権のこと

応神天皇が存在していたことは古代史家も認めているけれど、その前の神功皇后の存在は、津田左右吉氏による創作とする説が現在も合理的であるとして認められている。しかし、この説も確たる証拠があるわけでなく、神話により都からはなれた辺鄙な九州から神武東征が出来るはずがないとする合理観による推測である。私説は、はじめから述べているように、神話にのる皇孫瓊瓊杵尊の日向への天降りは、景行天皇による西征によって邪馬台国が壊滅し、天皇が薩摩・大隅を含む日向国を征服して、その地の女の御刀媛を娶り、豊国別皇子が生まれ古代の豊国の王になる書き替えであると述べてきた。

ここで応神天皇に別姓のあることを知っておかねばならない。『古事記』の仲哀天皇条に、皇子に品夜和気命《ほんやわけのみこと》、大鞆和気命《おおともわけのみこと》亦の名、品陀和気命《ほんだわけのみこと》とあり、別《わけ》姓が付けられている。そして、鞆をホムタというので品陀和気命になったとする。『書紀』では或る説として、夢の中で敦賀の笥《け》飯《ひ》大神に参り、その時に大神と太子の名を入れ替えられ、大神の名をイザサワケ神から御食津神《みけつかみ》とし、気比《けひ》大神《おおかみ》になり、太子の名を誉田《ほんだ》別《わけ》神《かみ》と名づけたとあるけれども詳らかでない、とのせている。私は神功皇后が豊浦津で如意珠を得たとあるのは、景行天皇の子孫の存在を知ったことを意味するとした。すなわち神話の皇孫の瓊瓊杵尊が日向の高千穂に天降ったことは、景行天皇が日向を征服し、その地で崩じ、その子の豊国別皇子の子孫がいたことを知ったことである。景行天皇は諱名は、大帯《おおたらし》日子《ひこ》忍代別《をしろわけ》天皇で別がついており、神功皇后が懐妊の石を身体に巻き付けた懐妊延長説話は、合理的に考えれば不可能であり、その子にされた応神天皇は、その先祖からの別姓を引き継ぎ名乗るのは当然であった。景行天皇の諱の大帯忍代別の名は、景行天皇の将軍多臣の祖武諸木である武甕槌神が先導し、天皇として守り立てたため『書紀』編纂時に、大帯《おおたらし》をつけ、正式の天皇として認められないため忍代別《おしろわけ》をつけたと、推定される。従って、その後継者としの応神天皇政権を、別政権の名にしたいのである。

　四世紀の謎といわれるのは、神功皇后が実子でない豊国別皇子の子孫を我が子として、九州から大和へ帰還するのを武力によって行なったことで、これが神武東征として書き替えられていたのである。この時に叔父の椎根津彦である大倭直が一緒にいた。これについては、第十二章の三角縁神獣鏡の謎の中で日向の諸県君の記事を詳述しており、神功皇后が九州を平定したのは、四世紀前半の中頃過ぎで、大和を平定したのは、十年も経っていなかったであろう。すると応神天皇はその崩じたのを『古事記』に甲午年とするので三九六年になり、その時に六十代の年齢であったであろう。

応神天皇

応神天皇の諡は前述したが『古事記』の内容は、最初にその后妃の名とその出自を述べており、后妃は五百木入彦《いほきいりひこ》（景行天皇と八坂入彦王の娘の間の子）と尾張連の祖、タケイナダ宿禰の間に生まれた品陀真若《ほんだまわか》王の娘等三人を娶り、次女から仁徳天皇が生まれている。すると諱名の品陀は真若王の名を採ったのかもしれない。和珥族の女を娶り宇治ノワキイラッコ皇子が生まれ、クイマタナガヒコ王の女、息長真若中比売を召して若沼毛二俣王が生まれる。この王の娘が允恭天皇の皇后になっているのに注意しておかねばならない。次に日向国の諸県君の女髪長姫を召すと、天皇の皇子の仁徳天皇が見初めて希望をかなえさす話があり、また、日向の泉長姫を娶り、大羽江王・小羽江王を生んでいる。遠国の日向から召すのは、応神天皇が日向に関係していることが証明されている。

天皇の事蹟としては、これらの女を召すまでの歌を交えた話が大部分を占めており、所々の池を造ったり、渡来人が来る話や、大山守皇子と宇治ノワキイラッコ太子との確執で大山守皇子を殺す話がでる。この間に百済の照古王が馬を阿知吉師につけて貢上する話が入る。神功皇后摂政紀五十五年条にのる百済の肖古王が没する話は、恐らく応神天皇の時代のことを述べていたのであろう。

『書紀』によれば神功皇后の摂政元年の太歳を辛巳とし、誉田別皇子の皇太子にしたのを三年一月三日にしているが、辛巳は崇神天皇の崩年から計算すると三二一年になる。三二一年は、仲哀天皇の崩年であろう。

『書紀』の応神天皇の記事は、応神天皇が神功皇后から生まれたとする故に、応神天皇の在位が水増しされるので太歳は当てにならなくなる。恐らく『古事記』の崩年がほぼ近いと推定され、その后妃から考えれば、四世紀の後半になってからしばらくしてであろう。官撰の『書紀』では判らぬが、『播磨国風土記』では、品太天皇の活躍はすさまじく百姓の主を集めて殺したり、命令に従わなかった者を罰したりしており、強権を発揮している。

三年条に、各地の漁民が騒いで従わぬので、阿曇連の先祖大浜宿禰を遣わし平定している。阿曇族は豊国別皇子の母方であったので神功皇后東征の先兵であった。髪長媛についてすでに三角縁神獣鏡の章で述べている。十四年条に、弓月君が百済から来て自国の住民で渡来したい者が新羅人に邪魔されて加羅国に留まっています、と言ったので葛城襲津彦を遣わすと三年たっても還ってこなかった。このいきさつについてすでに述べているが、この条では平群木菟宿禰《へぐりつくすくね》・的戸田宿禰《いくはとだすくね》を加羅に遣わし、新羅は恐れて襲津彦が弓月の民を率いて還ってきた。この帰国については、神功皇后紀の終わりにのる岩穴に入って死んだのにそぐわない。その後にも倭漢直の先祖、阿知使主《あちのおみ》等の渡来の話が続いてある。続いて吉備の話になり、吉備の国を分けてそれぞれの国の首長を決めている。神功皇后東征の際の行賞であろう。三十七年条に、阿知使主《おみ》・都加使主《おみ》を呉に遣わし、縫女の四人を与えられ、呉から帰り筑紫に着き、宗像大神が工女を欲しいと言われたので兄媛を奉った。この女達の子孫が今の呉衣縫・蚊屋衣縫である。この帰国した前に天皇が崩じており、年齢が百十歳とあるのは勿論ありえないので、これまでの年条も信用できない。ただ、『古事記』にのる甲午年（三九四年）は信用性が大きい。なお、呉衣縫の話は雄略紀十三年条に、呉織を伊勢衣縫の先とのせ、この条は雄略紀の接合であろう。

仁徳天皇　大鷦鷯天皇

仁徳天皇には諡名に別がつけられていない。それは皇后が葛城襲津彦の娘であったためかもしれない。皇后に磐の名がつけられているように頑固で一徹であったためであろう。四十一年春に応神天皇が亡くなられると、太子の宇治ノワキイラッコと大鷦鷯尊が皇位につくのを譲りあい、この時、額田大中彦皇子が倭の屯田と屯倉（天皇の御料田と御倉）を支配しようとして、屯田司の出雲臣の先祖、於宇宿禰《おうすくね》に「この屯田は山守りの元から司る地で自分が治めるから、お前に用はない」といい、大鷦鷯尊にそれを申し上げると、大鷦鷯尊は倭直の麻呂に問うと、「弟の吾子《あご》籠《こ》が知っています」と答えたので、丁度、吾子籠が韓国に遣わされていた。そこで淡路の海人を遣わし呼び寄せると、「伝え聞くところでは、垂仁天皇の時に、景行天皇の倭《やまと》の屯田《みた》の定められ『倭の屯倉《みやけ》は時の天皇のものである。帝の御子といっても天皇の位になければ司ることは出来ない。』と申し上げた」。大山守皇子は言うべき言葉をしらなかったが、罰せられなかった。これより大山守皇子は太子を殺そうとし、宇治ノワキイラッコの策謀により、反対に殺されている。

倭直の祖は、椎根津彦で彦波瀲武鸕鷀草葺不合尊の弟の武位起命であったから、丁度、高麗の広開土王との闘いに、水軍の長として安曇海人族等を率い参加していたのである。それで祖先の景行天皇の話を聞いていたからである。吾子籠の名付けも目無籠で山幸が海人の王の島に行ったことを、『書紀』撰集中につけた名であろう。なお、この屯田の話は重要であり、『隋書』俀国傳に、開皇二十年、俀王姓は阿毎、字は多利思北孤、とあり、太子の名を利歌彌多弗利と為す、とある。太子の名は若屯田降りであろう。俀王は天垂矛で、これを姓と名に区別していたのであり、俀国が倭国と違っていることが判るのである。応神天皇の崩年を『古事記』により甲午としたが、『広開土王碑文』に辛卯の年に倭が海を渡り、百残以下新羅を破り、以て臣民となすとあり、辛卯年は三九一年であり、甲午は三年後であるから正確である。

仁徳天皇の事蹟は『紀・記』に記されているので述べるまでもないが、十二年条に、高麗国が鉄の盾と的を奉り、的臣の先祖盾人宿禰だけ的を射通し、的《いくは》戸《と》田《だ》宿禰《すくね》の名を賜り、同じ日に小《を》泊瀬《はつせ》造《みやつこ》の先祖、宿禰臣に名を賢遺臣《さかのこりおみ》と賜った。この段の的の話は創作と考えられ、的臣は葛城襲津彦を祖とし、筑後国の生葉郡の名から出たと考えられるからである。葛城襲津彦は筑後川から長江がつけられ、その下流の地であるからであり、景行紀にその由来が述べられている。この時に、小泊瀬造に賢遺臣の名を賜っているのが問題になる。小泊瀬は武烈天皇の諡名で、この天皇は悪逆無道な行為が記されているが、実際は幼少で崩じており、この御名代として作られており、多臣氏族がなっているのが多く、神武記に神八井耳命を祖とする中に小長谷造がある。私には賢遺の意に大田田根子のイメージが浮んでくるのである。なお、的のイクハは『播磨国風土記』

に神前郡に的部の里があり、的部の人が住んだからその名がついた、とある。淡路国津名郡に育波郷があり、的部の海人が住んでいたのであろう。

宇治ワキイラッコ太子と大鷦鷯尊は皇位につくのを譲りあって、海人が獲物を届けても受け取らず、魚が腐って困った話をのせ、結局、太子が自殺され、皇子が見舞うと、蘇生し妹の八田皇女を後宮に入れるよう願って死なれる。これは宇治ワキイラッコの和珥氏派と大鷦鷯尊の葛城派の軋轢があり、その結果、自殺した話に作られたのであろう。

仁徳天皇の事蹟に、聖帝と言われる宮の壊れた所を直さず、倹約を重ね、民の竈の煙の立ち上るのを見て、三年目には民が課税をずっと課されておらず宮の修理を願ったが、六年目にやっと課役を命じられ宮室が整い聖帝とあがめられた。これは撰集時の粉飾と思われ、各地で池を作り道路整備をし民を酷使し、その代償として凶作がなくなった。

二十二年条に、天皇が皇后に「八田皇女を妃にしたい」といわれると、承知されず、歌にして乞われた。その歌に

ウマヒトノ、タツルコトタテ　儲弓弦　タエマツガムニ　ナラベテモガモ

とあった。この中の儲弓弦は、武内宿祢が忍熊王の軍を宇治川の戦いで相手を騙して弓弦をはずさせ、隠した弓弦を出してつけて勝利した時にこの名をウサユズルと名付けている。私はウサユズルを宇佐にいた倭王が位を譲ることにかけて、この文字を用いたとした。

皇后が紀伊の熊野に行き御綱《みつなかしわ》葉を取って帰られる間に、八田皇女を召して大宮に入られた。

難波でそれを聞いた皇后は怒って淀川をさかのぼり筒城宮に住まれた。三十五年に皇后はそこで亡くなられた。続いて異母妹の雌鳥皇女を妃にしようと隼別皇子を仲立ちに遣わすと密通し、怒った天皇が追っ手を差し向け伊勢で殺し、播磨佐伯直阿餓能胡《あがのこ》が皇女の身につけた足玉・手玉を奪ったことが露見し、死罪になるところ自分の持つ地を納めて許され、その地を玉代《たまて》といった。姫路市の玉手であろう。

　六十七年条に、陵地を定められ陵を作られる途中で、役民の間に鹿が入り死に、百舌鳥《もず》が耳から飛びだし死の原因が判ったので百舌鳥耳原といった。仁徳天皇陵は寿陵であった。これをみると聖帝といわれる裏腹であったのがわかる。仁徳天皇の崩年は『古事記』によれば丁卯であり、四二七年になる。御年八十三歳は相当水増しされている。四世紀の後半の中頃に生まれたとすれば、五十代であろう。

履中天皇　去来《いざ》穂別《ほわけ》天皇

仁徳天皇と磐媛命の間の長男である。仁徳天皇が崩じられて、太子が即位する前に、羽田八代宿禰の女黒媛を妃にしようとし、住吉仲皇子《すみのえのなかつみこ》を使者にして遣わすと媛を姦し、それに気づいた太子を殺そうと住吉皇子が夜襲し、平群《へぐり》木菟《つく》宿禰《すくね》・物部大前連・漢直の祖阿知使主《あちのおみ》が酔っている太子を連れて大坂から倭に向かうと、途中で少女に待ち伏せしている兵が竹内道にいるから当麻道に回り行きなさいと教えられ、道中で追ってくる者を捕えると、淡路の野島の海人で安曇連の浜子の命令ですと答え、伏兵により全て捕えた。このとき、仲皇子と倭直吾子籠が親しかったので兵を率い待っており、太子が何のために来ているのか問いつめられ、殺されるところを、妹の日之媛《ひのひめ》を奉り許しを乞うた。倭直が采女を奉ることは、この時に始まったとある。

太子は石上神宮に入られ、瑞歯別皇子《みつはわけみこ》は太子の居られぬのに気づき、訪ねて追ってこられた。太子は弟の心を疑われ、仲皇子を殺してから来い、と言われ、平群木菟宿禰を付き添わせて行かせた。弟の皇子は仲皇子の隙を狙って付き添いの隼人を利用して殺させ、木菟宿禰は隼人を自分の君に対し慈悲がないといって殺し、弟皇子は石上に行き太子に報告し、安曇連浜子を捕えた。

皇太子は磐余の稚桜宮に即位された。(神功皇后の宮と同じ)安曇連浜子に対して、国家に対する反逆の罪であるとし、大恩をたれ死罪を免じ、額に入墨の刑にした。この事件は九州に発する氏族が、大和朝廷の中でその主導権を、神功皇后東征以来に確実に獲得するために行なったことは、その氏族の名によって判る。住吉は神功皇后西征の時にその名が出、安曇氏は応神天皇の母方であり、野島の海人は前述した的臣の部下であり、葛城襲津彦族も応援していたのである。倭直は応神紀の終わりにもその名が出たが、これから後も武内宿祢より長い世代に続いてあらわれてくる。

なお、この段は『古事記』に、天皇の皇后を葛城襲津彦の子葦田宿禰とするのが通説になりつつあるが、羽田八代宿禰が事実であったのである。これはすぐ次の条で判明する。

三年条に、磐余の市磯池で両股船に乗られ遊ばれ、膳臣の余磯《あれし》が酒を奉った時、桜の花びらが盃に散った。天皇が物部長真胆連《ながまいむらじ》に探させると腋上《わきあげ》の室山《むろやま》で手に入れ、珍しいのを喜んで宮の名を磐余若桜宮とされ、膳臣余磯《あれし》を稚桜部臣《わかさくらべおみ》とされた。『古事記』も同様であり、この時に膳臣の名が起こったのである。国造本紀に「若狭国造、遠飛鳥の御代、膳臣祖佐白米《さしろめ》の兒、荒礪命国造定賜」とある。『古事記』は続いて比売陀君《ひめだのきみ》等に姓を賜ひて比売陀の君とあり、不得要領な記事があるのは、猿田彦が滅びて猿女君にその姓を与えたことであろう。

四年条に、始めて諸国に国史《ふみひと》を置かれ、これを記し諸国の情報を報告させるものである。『播磨国風土記』美嚢郡条に、この名は大兄《おおえ》の伊射報和気命《いざほわけみこと》が国の境をきめられたとき、志深の里の許曾の社まで来て、勅して「この地の水流は非常に見事だ」と仰せられた。それでこの名でよぶとあり、志深の里条では、天皇がこの里で食事をされた時、蜆貝《しじみかい》がご飯を入れた笥の縁にふらふら上がってきた。「この貝は阿波国の和那佐で食べた貝ではないか」といわれたので、志深の里と呼ぶとあり、先の設置のあったことを物語っている。

五年条に、筑紫の宗像の三神が宮中に現れ「何故、わが民を奪うのか。いまにお前に恥を与えるから」といわれたが、祈祷だけして祀ることをしなかった。その秋に天皇が淡路島に狩りをされると、お供した河内の馬飼部の目さきの入墨の血が治らず匂うので、島にいられる伊奘諾尊が、祝部に神憑りして「血の匂い堪えられない」といったので、祝部に占わし、馬飼部の入墨を止めさした。翌日に風の音のように大空に呼ぶ声がし「剣刀太子王《つるぎたちひつぎのみこ》」といい、また呼んでいうに「鳥通う羽田の汝妹《なにも》は羽佐に葬《はぶ》り立ちぬ」と。また「狭名来田蒋津命《さなくたこもつのみこと》、羽狭に葬り立ちぬ」というと、急使いがやってきて「皇妃がおかくれになりました」といった。天皇は驚いてすぐ帰られた。天皇は羽田八代宿禰の娘とその父の死んだことを知り、その咎《とが》めの元を探らすと、車持《くるまもち》君が筑紫に行き、車持部をすべて取り上げ、そのうえ三女神の神部の民を奪ってしまわれ、この罪でしょう、とあった。そこで、車持君に犯した罪の供え物をださせ、長渚崎《ながすのさき》で祓《はら》い禊《みそぎ》をさせた。

この段は、先の住吉皇子を殺した履中天皇への筑紫出身者の復讐であって、羽田八代宿禰族がその槍玉に上がったのである。羽田氏は武内宿祢を祖にする氏族で、筆頭にのる波多八代宿禰であり、大和国高市郡波多郷に住む豪族であった。勿論、武内宿祢を祖にしているわけでない。波多氏は、これ以後に衰退したのであろう。

この段に、空に呼ぶ声のした剣刀太子王が何を意味するか、これまでにその説を出した人はいない。これは雷鳴の音がごろごろしたことであった。すなわち、この太子は雷神として畏れられた人物で、出雲の荒神谷に埋められた多数の銅剣の持ち主であったのである。先の伊奘諾命が神話で淡路島から国生みを始めたことから出され、この段を書く時はすでに日本神話が完成していたことになるのである。従って、剣刀太子王は出雲の荒神谷遺跡より出土した多数の銅剣を持参した人物が誰であるか知っていて、その名を出したのである。すなわち、その人物が太子の身分であったことであり、神代下での天若彦がこの人物に当たり、その喪に弔いに来た味耜高彦根神があり、この人物は『古事記』に大国主神が胸形の奥津宮に坐す神、タキリヒメノ命を娶って生まれたタカヒメの兄であり、怒って飛び去った時、妹の下照姫が兄の名を現わそうと歌ったのに、み谷二渡らすとあるのは稲妻をあらわしていた。このように雷神と宗像が話の中に組合わされており、この段と同様になる。すなわち、この天若彦は垂仁天皇の太子である誉津別皇子であったのである。応神天皇の諱も誉津の名を取って誉田にした可能性がある。

童子と剣に関しては、『信貴山縁起』（日本の美術3　一九九　至文堂刊）を参照し述べたい。信貴山は河内の生駒山系の南端にあり、その東側の下にある朝護孫子寺も有名である。この絵巻の中に醍醐天皇の病気介護のために、宮中に急ぐ剣の護法童子が描かれている。この童子の背中に沢山の剣を付け、右手に剣を突き刺すように持ち、足は尖った先のある車の輪一輪を蹴りながら突き進んでいる。剣刀太子王の姿を模したのであろう。車の輪は蹴るたびにごろごろ音を出すことを表わしている。すなわち、空でこの名を呼ぶ声とは、雷鳴を表わしていたのである。古代は雷は小人と考えており、『日本霊異記』の第三話に、敏達天皇の世に、尾張国の里において農夫が田を作り水を引く時、小雨が降りだし木の元に隠れ、金の杖を突き立てていると、雷が鳴り、恐れて杖を捧げ持つと、雷が前に落ちて小子となり、撞こうとすると、汝に報いをしようといい、その法を教えた後に霧を伝って天に上ったとある。要するにごろごろ鳴る間だは子雷がしており、稲光は大人と考えていたのであろう。このように荒神谷の銅剣の話は、後の世まで伝えられていたのである。雄略天皇紀に少子部《ちいさこべ》の話があり、この解釈にいろいろの説があるけれども、集めた子供を宮垣の内に住まわせたとあるのは、雷り避《よ》けであったのである。すなわち、雷鳴がすると集めて並ばせ同類がいるぞとして、落雷を防いでいた。これが後の戸坐《へざ》になり、天皇や皇后の行幸される時、行った先の国に戸坐の童子女が選ばれ雷り除けにされた。
なお、先章の家屋文鏡の中で二階建の家と隣の一階建の間だに、人らしき文様があるとする説のことを述べたが、この鏡の作られたのは四世紀であるので、三世紀中頃の出雲の国譲りの伝承が強く残っていたので、雷避けとすることも出来よう。
脇道にそれたが、皇后が没すると『書紀』は仁徳天王と日向の髪長姫の間の子草香幡梭皇女《くさかはたび》を皇后にし、蔵職を立て蔵部を置いた、とあるが『古事記』は阿知直を始めて蔵官にしたとのせ、また幡梭皇女のことをのせておらず、天皇の崩年を壬申年（四三二）御年、六十四歳とするけれど、実際は翌年であろう。

反正天皇　瑞歯別《みずはわけ》天皇

この天皇について『紀・記』共に簡単に、瑞歯《みずは》の由来話と后妃だけで、和珥氏の出身であり、崩年は丁丑年（四三七）御年、六十歳とある。

允恭天皇　雄朝妻間稚子宿禰《をあさづまわくごすくね》天皇

仁徳天皇の皇后の子の末子である。この天皇に別姓がついていないのは、理由があったと推定される。すなわち、九州にいる兄の指示に従わなかったからであろう。天皇の皇后は強情な性格であったと推測され、皇后は応神天皇と息長氏のワカノケフタマタ皇子の娘に生まれた忍坂大中《をしさかおほなか》姫命《ひめのみこと》といわれていた。父の皇子は神功皇后の息長氏の血を引いていたので、東征後に九州系の豪族に押され閑職についていたと考えられる。朝妻は葛上郡にあり、葛城襲津彦族の居たところであり、九州の高良玉垂命のいた高良神社に朝妻の地があり、これが移ってきた名であろう。近江の息長氏のいた地にも筑摩朝妻の名がある。皇后の強情な気性は、母と一緒にいた幼児の時に、都祁国《つげくに》造《みやつこ》が無礼を働いたとして、皇后になると殺そうとし、知らなかったこととして誤ると、稲置《いなぎ》に落としたとある。天皇が病弱で天皇になるのを拒んだ時に、必死に努力して皇位につけている。

四年条に盟神探湯《くがたち》をして氏姓を正している。『古事記』も同様なことを述べ、これは伊福部臣系図によっても第廿若子臣の時、出頭したことをのせており、事実であった。この目的は九州系の人物に同調する氏族を調べるのが目的であったのであろう。この行事を行なった背後には、九州系でない大伴氏の策謀があったと推定される。

『古事記』では天皇の没年齢を七十八歳、甲午（四五四）とする。反正天皇の没年が四三七年であるから在位が十七年となり、末弟であって反正天皇の没年齢が六十歳であったから、殆ど合っている。

先に紀伊の隅田八幡宮所蔵の人物画像鏡の銘文を述べたが、発未年を四四三年にし、忍坂の宮にいる男弟王が允恭天皇であることは間違いなく、斯麻が長泰を念じて鏡を作った、とあるのは、男弟王が病弱であり、新羅の医師により治ったことに一致し、年代も余り差がない。ここで問題になるのは、男弟王とあることで、日十大王年をこれまでどう解釈するかであった。これは、三角縁神獣鏡の天王日月の銘に関係し、この天王が日十大王であったのであり、十はタリと読み、垂と同じである。日から垂れた大王の意である。すなわち、兄にあたる王であり、この後に盟神探湯をして王となり、これまでの別のつく天皇の身分から離れたのであった。

次に衣通郎姫《そとおしのいらつめ》の話になり、『紀・記』に相違があり、『書紀』では皇后の妹であり、近江から呼び寄せるのに、舎人の中臣烏賊津使主《いかつおみ》を遣わしている。中臣氏が九州以外で正式にのるのは、この段が始めてである。烏賊津使主は策略を用い連れ出して、倭《やまと》の春日に着いて櫟井《いちい》の傍で食事をし、倭直吾子籠《あごこ》の家に留めて、天皇に報告すると大いに喜ばれ、皇后の嫉妬を恐れて宮中に近づけず、別の殿舎を藤原に建て住ませた。このように中臣氏は倭直と同じ名が用いられている。天皇は茅渟に宮を建て衣通郎姫《そとおしのいらつめひめ》を住ませ、時々通われた。妃が浜べによる藻の歌を詠まれ、この歌を皇后に聞かれたら恨まれると天皇に言われ、時の人が浜藻を名付けて「なのりそ藻」と言った。この藻は玉をつけるほんだわらであることを第一部で述べている。『古事記』では衣通郎姫を天皇の皇女の軽大郎女にあて、兄の軽皇子との兄妹の相姦の話に替えて、妹が伊予に流される話に作り替えている。その後、軽皇子と穴穂皇子の相続争いになり、穴穂皇子が勝ち軽矢（銅鏃）穴穂矢（鉄鏃）のいわれをのせ、穴穂皇子が石上の穴穂を宮にする。

安康天皇　穴穂天皇　太歳甲午（四五四）

天皇は允恭天皇の第二子である。天皇になると丁度この頃に、若い大泊瀬皇子（雄略天皇）が反正天皇の娘たちを自分のものにしようとすると、娘等はその残虐な性質を知っており、身を隠してしまった。元年に大泊瀬皇子に大草香皇子の妹幡梭皇子（履中天皇の後妻）を宮にして大泊瀬皇子に娶あわせられた。大草香皇子の妻の中蒂姫命《なかしひめのみこと》を皇后とし寵愛されたが、大草香皇子との間に眉輪王《まよわおう》を生んでおり、眉輪王は母の縁で父が無実の罪で死罪にされたのに許されて母方で育てられていた。三年目に天皇と皇后が宮殿で酒を飲み話している中で、天皇が眉輪王が恐いと話されたのを、楼の下で聞いた皇子が天皇の熟睡している時、刺し殺した。

この経緯は『古事記』に詳しくのせられ、『書紀』では雄略紀の中でこの事件が発覚した事情がのべられている。

雄略天皇　大泊瀬幼武《おはつせのわかたけ》天皇　太歳丁酉（四五七）

天皇の名に幼武と諡がつけられるように『古事記』にその当時に童男《おぐな》とのせる。すると反正天皇の娘を雄略天皇の妃に当てようとした話は創作になるであろう。眉輪王が雄略天王の兄と葛城氏の円大臣《つぶらおおおみ》の家に逃げ込むと、他の兄を殺して、家を取り囲み円《つぶら》大臣の嘆願にもかかわらず焼き殺している。続いて履中天皇の子の市辺押磐皇子《いちべのをしいわみこ》を近江の国の狩りに誘い射殺している。この陰謀に加担したのに狭狭城山君《ささきやまぎみ》（大彦命の子孫）がいる。続いて、弟の御馬君が三輪君身狭《むさ》と親しかったので出掛けた途中で待ち伏せして殺し、殺される時に、御馬君はそばの井を差して呪って「この水は百姓のみ飲み、王者は独り飲むことが出来ぬ」といっている。

これらの行動をみると、その裏には、忍坂大中姫と大伴氏の策動が安康天皇の暗殺を好機としてクーデターが始まったと推定される。天皇になると泊瀬の朝倉に宮を定め、平群臣真鳥を大臣とし、大伴連室屋・物部連目を大連としたことにあらわれている。これにより全国にわたって権力が行われているのが判る。天皇は即位すると草香幡梭皇女を皇后とし、三人の妃を立てられ、采女であった春日の和珥氏臣の女が召されて春日大郎娘《かすがのおおいらつめの》皇女《みこ》を生み、この皇女が仁賢天皇の皇后になり、一男六女が生まれ、男の武烈天皇で応神天皇系がなくなる。

ここで草香幡梭皇女を考えると履中天皇の後の皇后になっており、かなり年上であったと考えられ、草香氏は日向の髪長姫を母方の祖にしており、その祖が景行天皇であり、豊国別皇子の血を引き継いでいた為、相当な年上にもかかわらず皇后にしたのであろう。結局、別王朝とは、景行天皇の諡に別がつくように、別王朝の始祖であったのである。

『古事記』によれば、若日下王が日下にいる時、天皇が日下の直越えの道より河内に行くと、堅魚《かつをぎ》を上げた家が見え、その家の主を問われると、志幾県主《しきあがたぬし》の家であったので、怒って燃やさせようとすると、白い布をかけた犬に鈴を着けて献上したので、若日下王への手土産にすると、王は「日に背《そむ》き行《いか》されたのは懼れ多い、私が出向きます」と答えている。これにより天皇より年上であったことが判り、志幾県主は多臣族であるから太安万侶が書いたのであろう。

七年条に吉備に対して攻勢を仕掛け、下道臣を殺し上道臣田狭が妻の美人を誇り、自分の妻にして田狭を任那に派遣している。そして妻より二人の男子が生まれている。その後半部は韓国の内部における戦闘状況が多くのせられており、また乱暴する記事が多く人民に恐れられていたことが判る。九年条に凡河内《おほしかわち》香賜《かたぶ》に胸方神を祀らせると壇所《かむには》にて行なう前に采女を冒したことが発覚し、逃げると弓削連豊穂に追わせ、摂津の三島郡で捕え斬ったとある。この人物につき後述。

天皇は皇子の星川王について大伴室屋大連に眼を放すなと、遺詔されている。

清寧天皇　白髪《しらか》武《たけ》広《ひろ》国《くに》押《おし》稚《わか》日本《やまと》根子《ねこ》天皇　太歳庚申（四八〇）

吉備上道臣の妻より生まれた星川皇子が母にそそのかされ、大蔵の官を取り自由に使った。大伴室屋大連は遺詔により東漢氏を派遣し、母共々に焼き殺した。吉備の上道臣は救援の船を送ったが、それを聞き引き返し、室屋はその持つ山部を奪い、三男の天皇を擁立したが、天皇は虚弱な体質のために結婚せず、ここに応神天皇に始まる皇統が絶えた。

顕宗天皇　弘計《をけ》天皇　太歳乙丑（四八五）

天皇は履中天皇の孫で祖父の天皇が雄略天皇の策略の狩猟にかこつけ殺されると、兄と共に帳内の日下部連により丹波の与謝郡、次いで播磨に隠れて屯倉に仕えている時、伊予久米部に発見され、空位になった清寧天皇のあとを兄が譲ったために天皇になった。

三年に使者が任那に行く時、日神が人に憑いて「磐余の田を我が祖高皇産霊尊に献じよ」とあったので、神の乞うた田十四町を献じ、対馬下県直《しもあがたあたい》が祀った。この田に大和国十市郡目原坐高御魂神社二座が創られたのである。

仁賢天皇　億計《おけ》天皇　太歳戊辰（四八八）

兄の仁賢天皇は、雄略天皇の童女姫《おみなきみ》といわれた春日大郎皇女《かすがのおおいらつめ》を皇后にし、六人の皇女と六番目に生まれた小初瀬稚鷦鷯皇子があり、次の武烈天皇になる。この天皇の事跡はほとんどない。

仁賢天皇は市辺押磐皇子の長男で、父が雄略天皇に狩猟にかこつけて謀殺された時は十才代であろうから、それより雄略・清寧・顕宗天皇の期間が三十年余であったから、雄略天皇の采女の童女君との間に生まれた六女一男があり、女の多くは継体天皇やその皇子の皇后になっている。従って、次の天皇になる武烈天皇はまだ十代になっていないであろう。

武烈天皇　小初瀬稚鷦鷯《をはつせのわかさざき》天皇　太歳（四九九）

天皇の即位した時の年齢を考えると、前述したように武烈天皇はまだ幼児で即位したと推定される。従って、武烈紀にのせる大臣平群真鳥臣が日本の王になろうとし、太子が物部麁鹿火大連の娘影姫を召そうとすると、影姫が大臣の子の鮪《しび》と出来ていた。それより鮪との歌合戦が行なわれ、大臣と鮪が大伴金村の軍により殺され、鮪の殺されるのを見て次のような歌を作った。

石の上　布留を過ぎて　薦枕　高橋過ぎ　物多《ものさわ》に　大宅《おほやけ》過ぎ　春日《はるひ》春日《かすが》を過ぎ　妻隠《ごも》る　小《を》

佐保《さほ》を過ぎ　玉笥《たまけ》には　飯《いい》さへ盛り　玉盌《たまもひ》に　水さへ盛り　泣き沾《そぼ》ち行くも　影媛あはれ

がある。

真鳥は殺される前に、広く塩を指して詛《とこ》い、その時、ただ敦賀海《つるがのうみ》の塩だけ忘れ、これにより敦賀の塩のみ天皇に用い、他の塩は物忌みとした。

天皇の所業は悪逆無道に記載されているが、幼児のため創作であり、歌合戦も同様である。『古事記』では、この歌合戦を弘計・億計両者の時代にしているが、この方が合理的である。

天皇の崩年を壬辰年とするが五〇五年である。

第十五章　倭の五王

前章にて応神政権の大和・河内地方における天皇の存在していた時代について述べ、天皇の存在した時代の年数まで決めていた。これは私説の出雲の国護り神話が、実際にあった事件として、崇神天皇の没年を二五八年にして計算して決めている。果たしてこれが正確であったかは、紀伊の隅田八幡宮の人物画像鏡にのる銘文により、四四三年にあたることが『紀・記』にのる允恭天皇であることがほぼ間違いないことが判った。多臣が神武紀に、忌人になって仕え奉るとのせるように、天皇の崩年を記録することを任務の一つにしていたことを述べていたのではないかと推定したからである。

応神政権は雄略天皇で終わったようにみえるが、まだ終わったわけではなかった。雄略天皇が崩じ、清寧天皇になると、平群真鳥が大臣となるのは元通りであった。平群氏がどうして大臣になる氏族であったか、これまでに推定した説を私は知らない。

平群氏のこと

平群氏の最初にでるのは、仁徳天皇が生まれる時、産屋に木菟《つく》が飛び込み、天皇が武内宿祢に「何のしるしか」と問われると、武内宿祢が私の妻が出産する同じ時に、鷦鷯《さざき》が産屋に飛び込みましたといったので、その名を交換したことになっている。そのため平群氏が武内宿祢を祖にすることになった。他の武内宿祢を祖にする氏族も同様に作られているのであろう。平群氏の出自の地は、宮崎県の西都原古墳群の南にある平群郷がその元祖の地と考えられる。『日向国風土記』逸文、韓槵生《からくしふ》の村条に、昔、「哿瑳武別《かさむわけ》といった人が、韓国に渡って、この栗を取って帰り植えた。この故に槵生《くしふ》の村という。それならばつまり韓槵生の村というのは韓栗林《からくりばやし》ということか、といっている」とあるように、栗は平群氏に縁があり、韓国とも往来していたことが推定される。景行天皇が子湯県に行かれ、丹裳小野に行かれ作った思邦歌の中に、「畳薦　平群の山の」歌がある。これが『古事記』に、日本武尊が伊勢での歌に盗用されている。従って、応神王朝は平群氏の衰退により絶え、その名を日向王朝といっても差し支えなかろう。

ちなみに、天武天皇九年三月四日に、帝紀及び上古の諸事を記し校定された時、中臣連大嶋・平群臣子首が自ら筆を取り記した、とあるのは、平群氏が日向出身の日下氏と同様であったためであろう。平群氏は『古事記』で平群臣を祖にするのに、平群臣・佐和良臣・馬御樴連の祖とある以外に『姓氏録』未定雑姓、攝津国条に、「韓海部直、武内宿祢男平群木菟宿禰之後也」があり、仁賢紀に韓白水郎《からあま》の男の妻が母でもある逸話をのせるのは、韓海部直に関係した話を書いたのであろう。武烈紀の最終に歌合戦をのせ、物部麁鹿火の娘影媛が、平群氏の子の鮪を偲ぶ歌をのせたのは、物部麁鹿火が継体朝で筑紫君を討つことからその名を出し、敦賀の塩を天皇の専用にしたのは、気比神が日矛で御食津神であることを知っており、『書紀』選集中に、応神天皇朝の最終として創作したことになる。平群氏は履中天皇の救出にその名を連ねた以後、その名がでることはなく、神功皇后軍の海人の指揮者の一人であったのであろう。推古紀に、馬ならば日向の駒とあり、平群氏の馬御櫼連は馬具製造や馬の放牧に関係していたと推定され、河内国讃良郡にその拠点があったと考えられ、讃良は佐和良と通音であり、筑前国相良郡に平群郷、この郡に額田郷があり、『姓氏録』左京神別に「額田部湯坐連、天津彦根命子明立天御影命之後也、允恭天皇御世、薩摩国に遣わされ、隼人を平げ、復奏の日御馬一匹を献じ、額に町形の毛有り、天皇之を嘉し、額田部姓を賜う」とあり、日向の馬に関係している。伊勢国桑名郡に額田郷があり、隣の員辨郡に平群神社がある。『姓氏録』河内皇別に、「額田首、早良臣同祖、平群木菟宿禰之後也、父氏を尋ねず母氏額田首」とあり、両者は親密であった。『古語拾遺』に天目一箇神は筑紫・伊勢の忌部とは、平群・額田両者で鉄製品を扱っていたからである。

倭の五王

前置きが長くなったが、中国の『宋書』といわれる宋の時代を書いた書物の中に、倭国の朝貢した事項により、当時の国際関係の事情が判り、日本の位置づけや、国内の王の時代や、その変遷が判り、日本の古代史にとって非常に参考になる書物である。そして、応神天皇以前の神功皇后時代から前は創作が多く、歴史として信用できないとする定説が生まれる原因にもなっている。従って、倭の五王についての論争は、一時は盛んであったが現在においては、考古学が進歩したからそのうちに判るであろうとする風潮もあり、余り論議されないようである。

倭の五王について拙著ですでにのべており、『日本の歴史　2　大王の世紀』（上田正昭著　小学館刊）にのる倭の五王の章を参照し考察していたが、この度は天日槍の子孫が判り、ますます確信に近いものになってきた。そこで私説をこれより述べたい。

これまでの各説は、帯に短く襷に長しのような戸惑うのが多く、これらは『紀・記』にのる応神天皇の子孫を倭王として推考するのがほとんどであり、これ以外に、別の国の王の話がまぎれこんでいるとして、研究する価値がないとするのに、本居宣長の『馭戎慨言《からおさめのうれたみごと》』や、鶴峰戊申著文政元年（一八二〇）の『襲国偽僣考』での熊襲の五王であるとする説がある。前者は、その遣使や爵位の授受は、「任那日本府」の卿などの勝手な仕業とするのは、皇国史観から発しており、後者の説は、私が日向を征服した景行天皇を祖とする豊国別皇子が、応神天皇の祖になるとしているので、ほぼ近いことになる。彼は宇佐八幡宮の記録や、九州年号の研究により、九州に違った年号のあることに気づき、それで確信したのではないかと推察する。

それ以前では中国の『梁書』『南史』倭国傳に、武を持節（都）督六国諸軍事・鎮東大将軍に除する。武を進めて征東将軍と号させる、とある。中世に撰された朝鮮人の申叔舟著の『海東諸国紀』に日本の各天皇の用いた年号が載せられている。継体天皇の条に、始めて年号を建て善化と為すとあり、鶴峰戊申の元号は以前の拙著の中で述べているように、武王元号を建て善記としている。これは宇佐八幡宮関係の著書の中や、九州の各地、伊予や西瀬戸内の中の書物に残されている年号を採録したと考えられる。

九州に残る『彦山流記』に、北魏の僧善正が来て始めての年号が善記とつけられたとされ、藤原恒雄が始めて踏み出した、とある。善化は善記が正しいと思われる。この年号は継体天皇の十六年で、五年目に正和、六年目に発倒に改元し二月に没し、在位二十五年寿八十二とする。九州年号はこのあたりで違っており教到にしている。これからすれば、『梁書』などの記録は、日本で勝手に作ったものでなく、武王は五世紀の終りに近い四七八年より継体天皇十六年（五二二）頃まで生存することは出来る。

これより九州に違った王朝が宇佐にあったことを、すでに赤塚古墳の鏡が三角縁神獣鏡の配布される手本になっていたことを述べ、人物画像鏡の銘文の中に、允恭天皇が男弟王で、日十大王年とのせ、『隋書』俀国傳に、夜を兄、日を弟が治める統治法であるのを隋王にたしなめられていることをすでに述べている。このように考えれば、九州に国外と交際する権利のあるのは俀国であり、邪馬台国が、ずっと中国の書に引き継がれていることが判り、長いあいだ大倭との国交がなかったことによるのであろう。継体天皇以後になると、中国との関係が断たれていたことが原因である。これは、大和で応神天皇の系統が大和政権で絶えたためであり、倭の五王の時代においては、草香幡梭皇女が履中天皇の後妻になり、続いて雄略天皇の皇后になっていることも、皇女が九州にいた王の権威を引き継いでいたからである。すなわち、邪馬台国の後継者が九州にいる王であった為である。『古事記』の序文の末尾に、姓におきては日下を玖沙訶と謂ひ、名におきて帯の字を多羅斯と謂う、かくの如き類は、本の随に改めず、とあるのは、日下の文字の大切なことを意味していたからである。

　倭の五王に戻り、これまでの五王は応神天皇政権の応神・仁徳・履中・反正・允恭・安康・雄略の各天皇を対称にして、その続柄を色々考えて説を立てていたが、安康天皇が三年して眉輪王に殺されたことなど一つも考えていないことは、『宋書』の宋順帝、昇明二年（四七八）に、「倭国王武、使を遣わして方物を献ず。武を以て安東大将軍となす」（宋書本紀）。「興死し、武立つ。使を遣わして上表し」（倭王の上表文）、「武を使持節都督　倭・新羅・任那・加羅・秦韓・慕韓六国諸軍安東大将軍に除す」（宋書列伝）がある。この項によれば興を安康天皇とすれば、とっくに暗殺されており、生きているはずがない。武を雄略天皇とすれば死の瀬戸際である。このように応神系の政権から宋への使節の派遣されたことはなく、これから述べる九州にある応神天皇を送った国、すなわち、俀国であったのである。武王が提出した上表文の中に、最初のほうに、「昔より祖禰が自ら甲冑を擐け、山川を跋渉し寧処に暇あらず、東の毛人を征し、西の衆夷を平らげ、海を渡り海北の国を平らげた」ことを述べたのは、景行天皇が日向に遠征し、それより今の代までの本元を作ったことを述べたと推定でき、祖禰の禰は先祖くらいの意であろう。

太宰府天満宮所蔵の『翰苑』（張楚金撰　雍公叡註　竹内理三訳）によれば、倭国について述べている中に、俀国伝を引用している部分に、阿輩雞弥、自ら天兒の称を表わすと載せ、続いて『宋書』を引用し、その中に、順帝の時に使いを遣わして上表し、その言った中に、昔、禰より東は以下を引用しているが、一人の人物がそれを成し遂げたわけでなく、代々の王によりその成果があったことを示したのであろう。武王が雄略天皇でないことは、引き続き『隋書』俀国伝で述べることにするが、岩波文庫版『魏志倭人伝』に『隋書』の原文が巻末にのっているのを見ると、俀の文字になっている。その中に俀王は、姓を阿毎、字は多利思北孤としている。これは天垂矛を姓と字《あざな》に分けたのであって、倭国伝とするのでは、北孤を彦として、天皇に彦のつくのがあるのにこじつけ、彦としている。これは当時の日本においては、王が天皇しかいないとする既製観念に捕われているからである。先の『翰苑』によれば『俀国伝』を続いて引用しており、その解釈は、これまでの『紀・記』を中心に古代歴史を研究する人の固定観念が誤りであることを悟らせるであろう。

実例を挙げて日本に二国の有ったことを示せば、斉明天皇五年七月条に、伊吉連博徳書をのせ、この月に遣唐使が二船に分かれて乗り、その中に博徳が乗船していたのである。唐朝での博徳と王との対話をのせており、続いて滞在中に、韓智興の供人の西漢大麻呂が博徳等を讒言し、流罪の刑にされ、韓智興も遠方に流されたが、丁度、唐と新羅が連合して百済を攻める用意をしていた時に当たり、長安に留められ、別の処に幽閉され何年も苦しんだとある。翌々年の七月に日本軍は白水江の戦いで全滅し、九月に博徳等は本国に釈放された。

天智天皇十年天皇が崩じられた年の十一月十日に、対馬の国司が使いを太宰府に遣わし、沙門道久・筑紫君薩野馬・韓島勝裟婆・布師首磐の四人が唐からやってきて「唐の使人郭務宋等六百人、送使沙宅孫登等千四百人が船四十七隻にのり比知島に着き、今すぐ行ったら防人たちが驚き射かけてくるだろうから、道久を遣わし前もって来朝の意を明らかにしに来ました」と報告した。この四人の一行は唐朝で争った韓智興の一行であったのである。すなわち、俀国より唐に派遣された使者の一行であった。何故、これが判るかといえば、韓島勝裟婆は宇佐八幡宮の禰宜の辛島氏であったからである。すなわち、この一行が九州にいた俀国王の命により唐に派遣されていたのであり、邪馬台国の後継者として存在していたのである。どうして唐に長く留められたかは、それまで唐に、その存在が『隋書』にのる国から使わされていたことを知り、俀国が新羅と親密であったことは、宇佐八幡宮の研究をすればよく判る。『三国史記』新羅本紀、文武王十年（六七〇）十二月条に、「倭国、更めて日本と号す。自ら言う。日出づる所に近し。以て名と為す」、とある。俀王が新羅に日本に名を替えたことを伝え、使者の帰国を求めさせたのである。

一行の中にいた辛島勝裟婆は、先章で述べた瓊瓊杵尊に添えて遣わされた猿田彦・猿女君の中の猿女君が景行天皇と先導として従い、ずっとその子孫はこの役を続けていたのである。この氏族は宇佐八幡宮の事情に通じていたことを知っておかねばならない。これについては一括して後章で述べたい。

以上のことにより、天智天皇時代に日本に二国あったことが証明されるであろう。

第十六章　『隋書』俀国伝について

岩波文庫版の『隋書』倭国伝をその原文の俀にして述べれば、最初に倭人伝にのる邪馬台国のことが長々とのせられ、斉・梁（四七九―五五七）に至るまでは、その都がそのまま引き継がれているると載せられている。この邪馬台国を引き継いだことを表わすのが、神功皇后紀の百済記であり、五十二年条に、七枝刀等を貢いだ話の中に、百済王が孫の枕流王に語った中に「今わが通うところの海の東の貴国は、天の啓《ひら》かれた国である」とあったのは、景行天皇が西征して邪馬台国を滅ぼし、その後釜として入った国のことを意味していたのである。邪馬台国の名は倭人伝により四世紀以後になると各国に知られる名になっていた。それで貴国にしていたのである。これまでの拙著で貴国と大倭国を取り違え書いていたのを訂正する。

斉の元年は宋の順帝の没した年（四七八）の翌年である。順帝の即位した翌年の四七八年に興が死に、武が立ち遣使したことを前述しているが、このことは、国内資料からして雄略天皇でないことは明白である。俀国がこれらの中国の二国と交通していたことは明確であるが、いつ中止したか考えると、畿内で応神系の皇統が絶えると、大伴金村により越前より応神天皇の五世孫とされる継体天皇が擁立されている。天皇は河内国交野郡葛葉の宮でこの時に、天皇は西に向かい三度、次に南に向かい二度、譲り受ける礼を繰り返された後に、説得されて皇位につかれた。これは中国の書による文飾とされるが、西は九州の王、南は大和政権の王に対して譲り受ける礼を表わしていた。

継体天皇になると大伴大連金村による弾圧が始まり、第一弾は筑紫君磐井の反乱に始まり、天皇は大伴金村等と相談し、物部大連麁鹿火が推薦され、麁鹿火に「長門より東は自分が治め、筑紫より西はお前が統治し、賞罰は思いのままに行ない、一々報告せずともよい」と言われている。『古事記』では大伴金村も遣わしたことになっている。筑紫君磐井が三井の戦いで破れ、九州は物部氏の支配下になってしまったので、倭国はこれ以前、雄略天皇で応神系の直系の天皇が絶えた為に生まれ、それより斉と交通していたのが、隠れて交際するようになり、それが梁の時代となると厳しくなり、隠忍せざるを得なくなった。その間に大和では出自不明の蘇我氏が台頭し、后妃を出すようになり、九州の王の皇族の女を皇后にしていた風習がなくなり、昔に戻らせようとする意識が強列になっていたのである。

たまたま大和政権内で仏教を巡り、排仏派と受容派が抗争を始め、用明天皇の重病の時に、穴穂部皇子が豊国法師を連れて内裏に入り抗争の導火線に火をつけた。この法師を病気治療と通常、考えられているが、排仏派と受容派の抗争しているのを計算に入れた豊国側の策略で、まんまと成功し、物部氏側が敗北し、九州での勢力が一挙に衰え、九州より物部氏の勢力が排除され、俀王の支配力が復活した。それで開皇二十年（六〇〇）に九州にいた倭王が、大和の大倭を名乗る国に対抗する意味と旧邪馬台国を引き継ぐ意味で、邪馬台国の台を俀の名に替えて隋に使節を送ることにしたのである。

その最初が開皇二十年、推古八年（六〇〇）であり、俀王は使者を船にのせ隋に送り、隋との交通を始めたのであった。なお、倭の五王について鶴峰戊申の『襲国偽僭考』を引いたが、その中に逸年号をのせ、「継体天皇十六年（五二二）武王年を建て善記という。是九州年号のはじめなり。（以下略）」がある。彼は俀国の年号を調べ、それも八幡神の関係書類から見いだした可能性がある。八幡関係の書類の中に九州年号をしばしば見いだされる。それにしても武王が雄略天皇の没する時になったのであれば、長寿であれば有りうることである。九州年号は『海東諸国紀』（申　叔舟著　岩波文庫刊）の日本国紀にのせられ、その年号は『二中暦』にもほぼ同様に載せられている。

次に『宋書』と『隋書』の比較をすると、『宋書』では珍が立つと貢献した時に、珍は安東将軍倭国王とし、珍また隋等に平西・征虜・冠軍・輔国将軍の号を除正せんことを求め、許されている。これらの官位は安東将軍より一ランク下で差はそれほど離れていないとされる。すると西を平らげた官、海外出兵する指揮官、国内の軍事上の長官、民事上の長官等に官職を区別し、その差は余り大きくなかったことになろう。済が進号した時、上表した二十三人を軍郡に除した軍郡とは何を意味するのか。

『俀国伝』では、「郡尼一百二十人あり　中国の牧宰の如し。八十戸に一伊尼翼を置く、今の里長の如きなり。十人伊尼翼は一軍尼に属す。」とある。ここに軍郡に似た軍尼が組織として出てくる。倭国説ではこれを国造とし伊尼翼を稲置とする。この数を計算すると、一軍尼は八百戸を支配することになり、俀国全体では、九万六千戸になる。倭人傳では邪馬台国が七万戸、投馬国が五万戸であり、その合計数より少ないことになるのである。倭人傳の時代は一戸が五人位で、俀国になると人口が増し、一戸が十人を超えたとしても百万人足らずである。その王は朝会に儀杖を並べ設け、その国の樂を奏し、戸は十万ばかりとする。俀国の全戸より都の戸が多いことはありえず、四千戸で合計して十万戸になったのであろう。その都に行く道程が述べられているが、これまでの大和方面に向かうのを当然とするため、その道筋について苦慮しているが、阿蘇山と、その火山活動を述べ、そこの住民が祷祭をし、如意宝珠があり色が青く大きさは鶏の卵のようで、夜に光を放つ。魚の眼精だという、がある。

この夜明珠について『三国史記』百済本紀、腆支王五年（四〇九）条に、倭国、使を遣わし夜明珠を送り、王が優礼して之をあしらう、とのせる。隋の使者の道筋は、阿蘇山を見ているから、筑紫に着いて東南の筑後平野を通り、秦王国と書いた地が出発した故郷の土地に似ているとして、秦王国は秦の徐福が渡来した地とみたのかもしれない。それより肥後国を通り阿蘇の外輪山を越えて、大野川に沿って下り大分市の海に到達した。それより宇佐にいる俀王の使者に迎えられ、その都の邪摩堆に着いたのであった。始めにその地勢を東高く西下ると書かれたのは、阿蘇山に至るまでが低く、それより海に至るまでが高かったからであろう。俀国の都は邪馬台国時代と同じ場所に定めていたのである。邪馬台国の卑弥呼のいた所は、出雲の国譲りで、綾杉文に研がれていた中広巾銅矛の出土したのが安心院であると述べ、景行西征により滅ぼされ、その跡を継いだのが、国内の離れた場所にいた邪馬台国の一員であった岡県主であって、邪馬台国を支配すると北九州も支配し、広巾銅矛を作り配布していたのである。このことは広巾矛が三遠式銅鐸・近畿式銅鐸に鋳替えられたと述べた。仲哀・神功皇后の西征のため岡県主が降伏し、続いて九州がすべて平定され、景行天皇の子孫の俀王が赤塚古墳に葬られた地、すなわち邪馬台国の都であった地域に移動し、邪馬台国の中の台をとって継体天皇の途中から俀国にしていたのである。これも畿内に弟として政治を任せていた応神天皇に始まる日向政権が、大伴氏の策動による忍坂中津姫との連携によって、継体政権に移ったためである。

遣隋使

俀王になる前から中国との交際を、仁徳天皇の時より始めており、宋に使者を送っていたが、物部氏が九州を支配したため、隠れてひそかに交流しており、物部氏が蘇我氏と争い衰退すると同時に、早速、その行動を開始し、これが第一回目の遣隋使になった。開皇二十年、推古八年（六〇〇）俀王姓は阿毎、字は多利思北孤、号は阿輩雞弥が使を遣わし闕に詣ると、上《かみ》が所司をして風俗を問わすと、『翰苑』ですでに述べたように、使者が言うに「俀王は天を以て兄とし、日をもって弟となす。天未だ明けざる時、出でて政を聴き跏趺して坐し、日出ずれば、すなわち理務を停め、いう我が弟に委ねんと」と。高祖曰く「これ大いに義理なし」と。ここにおいて訓えこれを改めしむ。王の妻は雞弥と号す。後宮に女六、七百人あり、太子を名づけて利歌弥多弗利となす。城郭なし、とある。

これは既に述べているように、王であるから姓はなく、天垂矛大君と呼ばれ、妻はただ君と呼ばれ、女六、七百人は、卑弥呼に婢千人が侍したとあるのと同様にしていた。太子の名は仁徳紀の始めに述べたように、景行天皇が定めたとする、皇太子だけにつける若屯田降《わかみたふり》のことである。

以上のことは、『隋書』があることにより知ることができるのであり、俀国を倭国にしたら到底想像すら出来ないであろう。すなわち、兄は天のことを司り、日の出ている間の政治は弟に任せると言っていたのである。このような政治の方法を行なうのは、これを引き継ぐ政治をする国が七世紀にも日本に存在していたことを知らねばならない。先に述べた唐朝で主導権を争った国があったのである。

推古八年に、遣隋使を派遣した記録は『書紀』にない。引き続き俀国から第二回目の遣隋使が大業三年（推古十五年（六〇七））に、俀国から朝貢し、使者の言うには「聴く、海西の菩薩天子、重ねて仏法を興すと。故に遣わし朝拝せしめ、兼ねて沙門数十人、来たりて仏法を学ぶ」と。その国書に曰く「日出ずる処の天子、日没する処の天子に致す。恙なきや、云々」と。帝これを見て悦ばず、鴻臚卿に言うに「蛮夷の書、無礼なるものあり、復た以て聞するなかれ」と。次の年に文林郎裴清を俀国に遣わし、百済を度《わた》り、行き竹島に至り、また南に躭羅国を望み都斯麻国を経、迥《はる》かに大海の中にあり。また東して一支国に至り、また竹斯国に至り、これより先は前述しており、竹斯国より以東は俀に附庸す、とある。ここで俀国の官により迎えられるが、『書紀』によれば飾り船で迎え、それより騎馬隊が迎えており、小野妹子が通訳一人を連れて大唐に行ったことにし、唐の名を出し隋ではなく、沙門が数十人行ったことものせておらず、すべて『隋書』を参照した創作である。『隋書』に清が帰国した後、遂に絶つ、とあるのは、しばらくして唐に代わっているから当然のことである。そして、小野妹子を蘇因高といったと、もっともらしい名をつけているが、俀国には阿蘇山という蘇のつく山があったのであり、蘇因高は阿蘇の国の人物であったのかもしれない。小野妹子の話は『書紀』が中国で読まれた場合に対する弥縫策として作られた記事であったのである。そのために海路の途中で百済で隋帝の書を奪われた創作をせねばならなかった。

『三国史記』の百済本紀に、武王九年（六〇八）条に、隋の文林郎裴清、使して倭国に奉ずるに、我が国の南路を経たり、とあるから、小野妹子が隋使として隋王の詔書を盗られたとは考えられない。大体、隋に行くのに使節一人と通訳一人で行ったのでは、隋朝で国の使節の待遇はしないであろう。

『書紀』では推古廿二年条に、犬上君・矢田部造を大唐（隋）に遣わし、翌年に帰国している。これも粉飾された疑いがあり、『旧事紀』帝皇本紀にこの話がのり、これは矢田部造が神話にのる經津主神である武諸隅命の子孫で、景行西征に加わった物部氏であったからその名をのせないのであった。『旧事紀』帝皇本紀では、二十二年条に、大仁・矢田部御嬬公に詔して、姓を改め造として大唐に遣わす。また大礼・犬上君御田鉏を小使となし遣わす、とのせている。舒明天皇二年の遣隋使の犬上三田耜・薬師恵日にはそれぞれ大仁とのせている。二十二年条では、『書紀』では二人の位階は、位階制度がありながら位階大礼としている。このことは矢田部造が九州系であったためであろう。帝皇本紀の二十七年条の記事を要約すると、制して曰くとあり、君に仕え忠を致す臣は二親を尊敬する子であり、それ、父は天なり、天に従うを孝といい、また君は日なり、君に従うを忠という。その后は月なり、また母なり。これに順うを臣という。（中略、道の由来を述べる）道を別ちて八義という。八義とは孝・悌・忠・仁・礼・義・智・信をいうなり、とあって、最初の三までを徳にして、大小をつければ十二階になり、終わりの智・信は俀国伝に一致している。そして八義になぞらえて階ごとに冠の色をきめている。孝は天であるから紫冠、忠は日で錦冠、仁は月であるから繍冠、悌は星で纏冠、義は辰で緋冠・禮は聖で深緑、智は賢で浅緑、信は神で深縹とすとある。『続紀』淳仁天皇天平宝字三年六月条に、官吏が土民を教えるのに仁義礼智信の善を修習するよう求めており、『旧事紀』と同じである。冠の色の制度は、持統天皇の即位した年の朝服の制度の色によく似ており、俀国の制度の色を採用したように思われる。

何故なら矢田部造は九州系の物部氏で、遣隋使に派遣される時、九州から引き抜かれて行ったためで、その時の冠の色を用いたのであろう。三角縁神獣鏡の天王日月の銘が、最初の句に一致している。

内官に十二等あり大徳・小徳・大仁・小仁・大義・小義・大智・小智・大礼・小礼・大智・小智・大信・小信のあることとは、推古天皇の十二年の制度と違う国のであることを述べていた。

俀国の住民の様子が色々述べられ、隋に至り、その王、始めて冠を制す。錦綵を以てこれを作り、金銀を以て花を鏤め飾りとなす、とある。先の冠は、これを詳しく述べたことになる。その他に変わった所は、骨を矢鏑とすることであり、盟神探湯らしきことや、蛇を瓶の中に入れて手で取らせ、理曲なる者は刺されるとし、婦が夫の家に入ると必ず火を跨ぎ、婚嫁は同姓を取らず、死者を斂《おさ》めるのに棺槨をもってし、親族は屍について歌舞するのは、古くからの日本のしきたりであり、妻子兄弟は白布を着るのは、新羅の風を移したのであろう。貴人は三年外で殯《もがり》をし、庶民は日を卜して決め、葬に及んで屍を舟の形をした物の上に置き、その物を運ぶのに陸地を引くのに小車をもってする。すなわち、小車で死体置場に運んだことである。これは九州で六世紀後半から盛行した横穴墓の所まで運んだことを示している。全国で横穴墓の集合してある所は、俀国の影響の及んでいた国々の所で、俀国の指導で行なわれたので、俀の国名変更以前に支配していた繋がりのあった国である。ちなみに本州では出雲地方や関東地方の沿岸部に多く、六世紀後半より始まり、大倭氏の住んでいた龍王山麓の谷筋にそって総数六〇〇基に及ぶ古墳と横穴墓があり、半数の横穴墓は六世紀後半に入って始まり七世紀前半にピークをむかえ、豊前の北部では七世紀末まで続く。そしてピーク時には古墳が見られなくなる。このことは俀国の指導に基づくもので、大和の椎根津彦の子孫が九州王朝の出身であったから、それに従って行なっており、その一族の庶民のものであろう。このことは『宇佐八幡宮御託宣集』にそれらしきことを載せ、第五巻霊、菱形池邊部に、鷹居瀬社部、此社五年、和銅五年から霊亀二年までとあり、その註に、敏達天皇元年壬辰自り、元明天皇二年和銅己酉まで、国主一三代、年序百三十八年の間、猶また国々に潜に通じ、処々に瑞を留め奇異有といえども、いまだ霊社を造らず、とあるのがこれであろう。従って、俀国とは、宇佐八幡宮の成立以前の豊国にあたることになる。先の矢田部造の制を決めた時を九州年号にあてると、推古二十七年は倭京の年号になっている。

なお、参考になるのは天皇の謚号であって、推古天皇以後の天皇には舒明天皇を除き斉明天皇まで天豊・天万豊・天豊財と豊がつき、それ以前では用明天皇に橘豊日が謚られている。『書紀』撰集時に、豊国を意識していたのでろう。なお、『続紀』で持統天皇に大倭根子広野日女尊の謚号があるのは、高天ヶ原神話ができたからであろう。文武天皇の謚号は天真宗豊祖父、元明天皇は日本根子天津御豊国成姫・聖武天皇は天璽押開豊桜彦と豊がつけられ、天璽はなにかしら八幡大神につける名のように思われる。

俀国の制度

最後に決定的とも思われる証を挙げると、先に制度として八十戸に一伊尼翼を置き、十伊尼翼は一軍尼に属すとあり、これは後の郡郷制にそっくりである。すると一郡の郡長の下に十郷があることになる。郷を細分すると一伊翼に八十戸ということである。これを九州にあてはめると、この制度は七世紀であるから、八世紀になっても余り変化がないであろう。九州の国郡里を調べると、筑前国の沿岸部は大和政権に支配されていたであろうから、筑前国の筑後平野を秦王国にすれば、夜須郡・下座郡・御笠郡と鞍手郡・嘉麻郡・穂波郡は俀国側である。そして郷の数が一郡に五以上あれば二郡司がいたとすると、九州本土には筑後・豊前・豊後・肥前・肥後・薩摩・大隅の郡数は八十近く、その中で郷数が五以上あるのを郡にすれば、百二十近くなる。従って、百二十郡の合計は九万六千戸あったことになり、一戸に十人いたとすれば、全部合計しても百万人にならない。従って、俀国が大和政権下の国でなかったことは明瞭であり、国造、稲置等の推測は的はずれであることは明白である。次章でこの戸籍が重要な問題になることが明らかになる。

第十七章　俀国の終焉・大倭国による併合

これまで俀国について述べてきたが、これは隋王朝時代の間だけ用いられた国名であったと考えられ、唐朝になると元の倭国になり、大和政権が大倭国と名乗っていたのであろう。

このことは、『旧唐書』倭国日本伝にのる最初は、俀国伝による記事を引いて述べられ、唐と倭国との交通が始まった。

これを『旧唐書』東夷伝・倭国日本伝にみれば、倭国は古い倭奴国にはじまり、四面に小島、五十余国ありと、倭人伝より後のことを述べている。次に、その王は阿毎氏なりとし、『隋書』の俀国伝を引き、衣服の制は頗る新羅に類するとある。先の喪服の白がそうであろう。貞観五年（六三一）使を遣わし方物を献ず。唐の太宗が哀れみ歳ごとに貢がすことをせず、刺使高表仁を遣わし、節を持ち行きて之を撫せしむ。表仁綏遠の策無く、王子と禮を争い、朝命を宣べずして還る、とある。『書紀』の舒明天皇三年に当たり、前年に大仁犬上三田耜と大仁薬師恵日を唐に遣わしている。犬上君は遣隋使の時に位階が大礼であった。

舒明紀に来朝をのせるが、王子と禮を争ったことをのせない。推古天皇の太子が決まっておらず、代理の王子と禮を争ったのかもしれないが、恐らく俀国の名を代えた倭国に行ったのであろう。

二十二年（孝徳天皇の大化四年）に、新羅に附して起居を通ずは、俀国の倭国であろう。

『舊唐書東夷傳・倭国日本』（舊唐書倭国日本傳）によれば「姓は阿毎氏なり、一大率を置きて諸国を検察を置きて諸国を検察し、皆これに畏附す。官を設くる十二等有り」以下を省略するが、倭人傳と隋書を交ぜ合せたような文章であり、新羅と親しいとある。続いて「日本国は倭国の別種なり、其の国日邊に在るを以て、故に日本を以て名と為す。或は云う、倭国自らその名雅ならざるを憎み、改めて日本となすと。或は云う、日本は旧小国、倭国の地を併せたりと。其の人、入朝する者、多く自ら矜大、実を以て答えず、故に中国焉れを疑う。亦云う、其の国の界、東西南北各々数千里あり、西界南界皆大海に至り東界北界は大山有りて限りを為し、山外は即ち毛人の国なりと」。『続紀』文武天皇慶曇元年七月条に、遣唐使粟田真人が帰国した時の話に、唐人が使いに、「海東に大倭国有り之を君子国と謂う」と聞いている、と述べている。従って大倭国は大和政権のことになる。

『宋史外国傳・日本国』（宋史日本傳）の最初に、「日本国は本の倭奴国なり。自ら其の国日出ず所に近きを以って、故に日本を以って名と為す。或は云う、その舊名を悪みて之を改むるなりと。その地東西南北、各々数千里なり。西南は海に至り東北隅は隔つるに大山を以てす。山外は即ち毛人の国なり」とある。兩書の中で日本が倭と如何なる関係にあるかの判断がむつかしい。それと云うのは、大和政権が大宝元年から日本と名乗ったからである。先章で新羅に、天智天皇八年、日本と改名したのを俀国であると述べている。従って俀国は以前に倭国を支配していたと中国に伝えたのであり、毛人の話は、伊吉連博徳書に蝦夷人のことや、倭五王の中の「上表文」の中に東の毛人があり、大倭国のことを述べていたことになる。これらを勘案すれば、日本が旧小国で昔に倭国を征服したことを述べ、使者が矜大な態度をしたのであろう。俀国は宇佐を都とする国であり、九州年号を用いていたことになる。この年号につき前著で詳細を述べているので、その中より明白に事実であることを示すのを述べれば、欽明天皇甲申（五二五）に師安が一年だけある。播磨国の寺社について十四世紀に作られた『峰相記』に宍粟郡にある播磨一の宮である伊和坐大名持御魂神社名神大の創建されたのは師安元年甲申（五六四）伊和恒郷により創建され、先章で大物主神として大和の御諸山に祭られたことを述べたが、伊和氏族の者により神社が創建されている。俀国人に伊和氏のことがよく知られていたので、安師の里の文字をひっくり返して使われたのであり、『善光寺縁起』巻二に、師安をのせ、天下が安穏であったからとするのも、諏訪と八幡神との関係が深いから九州の年号が伝えられていたのであろう。

『書紀』『続紀』にみえる九州の国への対策

持続紀四年十月条に、軍丁筑後国上妻郡の人大伴部博麻に詔して言われるに「斉明天皇七年に百済を救う為の役に、汝、唐の軍の為に虜にされた。天智天皇の三年に及び土師連富杼《ほど》・氷連老、筑紫君薩夜麻《さちやま》、弓削連元宝の兒四人、唐人の計る所を知らそうと思えども、衣粮が無いことにより達することが出来ないのを憂いていた。ここに博麻が富杼等に語って言うに『我も汝等と共に天朝に還らんと思えども、衣粮無きにより共に去り行くことが出来ない。我身を売って衣食に当てよ』と言った。それで富杼等が還ることが出来ました、と報告した。その忠節のために、位を与え、いろいろの物を与えられ、水田四町を賜りその曽孫までに及ぼした。その親族三家の課役を免じた、とある。この天智三年は称制九年である。

翌年の天智天皇十年に唐より還った筑紫君薩野麻のいることに注目しなければならない。大伴部博麻の出身地の上妻郡に弓削郷があり、弓削元宝はこの地の支配者であったのであろう。なお、上妻郡は筑紫君磐井のいた郡であった。孝徳天皇白雉五年二月条の終りに、大倭政権の遣唐使が還った中に、別に倭種韓智興・趙元宝が今年、使人と共に帰ったとあるのは、天智天皇十年に帰国した沙門道久等の一行の中にいて、道久が韓智興で、壱岐連博徳と争って流罪になっていたのであろう。ここで九州に別の王朝のあったことが、計らずもあったことが証明されたことになる。

今年とあるのは天智天皇十年であった。

八幡宮に関係する氏族

先述した唐において拘留されていた氏族の中に、韓智興と共にいたのに弓削連元宝がいる。この人物と別族で九州系の人物と考えられるのに、雄略紀に、宗像の壇所で凡河内直香賜が采女を犯し、追捕を命じられた人物に弓削連豊穂がいる。元宝はこの子孫ではなく、元宝の氏族は左京神別にのる「弓削宿禰　石上同祖」であり、九州にいた物部氏であった。この氏族の子孫の中で弓削宿禰塩麻呂が関係する。この略歴の要点を示すと、

天平神護二年、正六位弓削宿禰御浄朝臣塩麻呂に従五位下を授く。

神護景雲二年、弓削御浄朝臣塩麻呂を左兵衛督と為す。

宝亀六年、従五位上弓削宿禰塩麻呂を豊前守と為す。

延暦八年、従五位上弓削宿禰塩麻呂を左京亮と為す。

があり、弓削御浄朝臣のつくのは弓削道鏡の氏族であるが、この人物にもつけられている。その一族でないことは、道鏡の失脚した後に、豊前守になっていることからでも明瞭である。塩麻呂はその履歴の中で、藤原継縄の後任に度々なっていることからも、その命令で道鏡の動静を探るスパイ役をしていたと思われる。『姓氏録』左神別下に「地祇　弓削宿禰　出レ自下天押穂根命

洗二御手一、水中化生神爾伎都麻上也」があるのは、同じ九州系の人物で、先述している弓削連豊穂の氏族と思われる。その住居は豊前国田川郡田川市の後藤寺の近くに弓削田庄があり、香春神社の二の岳の祭神が神話の天忍穂耳尊であるからである。

弓削宿禰塩麻呂が宝亀六年に豊前守になっていることは宇佐八幡宮に影響を与えているであろう。

船瀬の法鏡

持統天皇七年一月十六日条に、船瀬の法鏡に水田三町を賜ったとあるのは、宇佐にある九州王朝を吸収合併する為の大和朝廷の工作の始まりであった。これまで宇佐八幡宮を研究する人で、これに気づいた人は誰もいないが、この人物が宇佐八幡宮を創建させる立て役者になる大神比義であった。宇佐市の駅館川の左岸、瀬社橋を渡った所の北に法鏡の地名があり、ここに法鏡の建てた法鏡寺がある。船瀬としたのは川の停泊地としてであろう。ここで筑紫君薩野麻と共に帰国した、この地域にいた宇佐八幡宮の禰宜になる辛島氏を籠絡し、大神比義が鷹居瀬社を建て奉祝したとあるけれど、宇佐関係の資料では、ほとんどが八幡神の発現を、欽明天皇の末に現れたとし、比義もこの中にいるが創作であった。前述したように九州王朝が成立したのが、継体天皇の途中で俀国が現れたとするのに引かれ、九州年号では欽明天皇の終わりの三十一年の九州年号の金光に引かれ、この頃に大神比義が八幡神を顕したとしたのであろう。この鷹居瀬社は創作されていて、辛島氏が鷹居社を造り、住来の人を殺したので止めて、小山田社に天智天皇三十年目に当る年に宮を移している。

宇佐八幡宮の資料として主になるのが辛島氏による『宇佐八幡宮弥勒寺建立縁起』（略して『承和縁起』）で承和十一年に撰上され、辛島氏側からみた史料で古い時代のことを多くのせている。『八幡宇佐宮御託宣集』があり、この書は延暦二年に八幡神に捧げられた仏教の名の護国霊験威力神通大自在王菩薩に、吾名をつけ加えて十六巻にし、その巻頭に一文字づつ付けられており、中世に作られ、従って、正確でない伝えが多く入っている。

宇佐八幡宮については、拙著の『九州王朝と宇佐八幡宮』ですでに述べているので改変した部分もあり、『続紀』にのる九州関係の記事を年代別に下って考察したい。基本になるのは俀国傳に関係する記事を大和側に改変することの記事である。

八幡神の出現する由来を、磯城島金刺宮御宇、豊前国宇佐郡馬城峰に始めて顕れ坐したとのせている。これは先述した三輪山に大物主神が鎮座したと同様であり、山頂に神が現れるのと同じパターンで作られ、このヒントになったのが、孝徳天皇の白雉改元の時の詔に、「大鶏鶏帝の時に龍馬西に見ゆ」の瑞祥から作られたと思われる。山頂に神が現れるのが多いが、この場合には山を背にして神社が建てられるのが普通であるが、宇佐八幡宮では、馬城峯を南面にして小《を》椋山《ぐらやま》の上に社殿の正面が向くように造られている。『承和縁起』では辛国《からくに》宇《う》豆《ず》高島《たかしま》に天降り、大和国膽吹嶺《いぶきみね》に移り紀伊の名草島を通り吉備の神島に移り周防の佐婆を伝って馬城嶺に現れ、それにより比志形の荒城潮邊《あらきうしおべ》に移り坐し、時に家主上祖の辛島勝乙目が大御神の許に参り、跪坐して詔を待った。それにより大御神が託宣し遂に御命を受けた。一に曰くとして、神祇官として大御神が潮邊にて泉水を掘りだし、大御神が口手足を洗う時に、豊前国に徳に坐す神崇志津比売《たかしつひめ》神が酒を奉った。今其処が酒井泉社になった。そこより宇佐河を渡った右岸の瀬社に移り、以下、鷹居社に移る話は大神氏の話に合わせたのであり、ここで辛島勝乙日は崇峻天皇三年の年の間に、大御神の命の心を和らげて祝《はふり》となった。次に小山田社に移り、禰宜辛島勝波豆米《はずめ》が宮柱を立てまつり齋敬し奉ったとある。天智天皇の時に日本に帰ったことを伝承に入れたのであろう。この中の崇峻天皇の三年間は先述した豊国法師が物部氏を失脚させる役をしたことを述べたと思われる。また神話で述べた猿田彦・猿女君が皇孫の天下りの先導しており、その出身地が大和国宇陀郡であったから、その地の膽吹嶺より出発して景行天皇に従い御杖人として九州に行ったのである。辛島氏は猿女君であった。これについて別に詳しく述べることにする。

ここで余談になるけれど、私は宇佐にある八幡神宮の研究を長年しており、その中にでる地名から万葉集を調べ、柿本人麻呂の刑死を知り、大伴家持の歌を知り、短い間に日本の天皇の祖までたどりついたのであるが、これには八幡神宮の成立する元になる人物が俀国王であったからである。

その俀王の出現した時の名は『続紀』大宝三年九月条に、「僧法蓮に豊前国の野四十町を施す。

毉術を褒すなり」とある法蓮であったのである。

宇佐君法蓮のこと

宇佐八幡宮研究の大家、中野幡能氏は、姓のない法蓮に後に三等親に宇佐姓がつけられたか、不思議がられ研究されていたが、俀国王だったから姓がつくはずがなかったのである。それが元正天皇養老五年六月三日に、「沙門法蓮は心禅定の域に達し、行ないは仏法に適い、毉術に詳しく民の苦を救済し、かくのごとき人物を褒賞せざらんや、彼の三等以上の親族に宇佐君の姓を与う」とある。この時は、元明天皇が重体で笠朝臣麻呂と県犬養宿禰三千代が出家入道を許されたのに続き、のせられている。

これらの資料は『続紀』にのせられているが、宇佐八幡宮の研究で俀国傳を参照する人がいないので、これより『続紀』の記載を九州に限り載せて考察することにする。

ここで九州年号では、文武天皇の元年から三年まで大長で四年から大宝元年になっており、文武天皇五年三月二十一日に対馬嶋が金を貢じ、元を建て大宝元年とす、とある。瑞祥がのせられておらず、八月条に、大倭国の忍海郡人三田首五瀬の詐欺であったことが発覚されている。九州年号を利用したのかもしれない。これより『続紀』の記事により九州の内部の変化を順に調べたい。

文武天皇二年四月条に、筑紫七国に采女兵衛を簡點し貢させる。

文武天皇二年九月条に、各地から鉱物を献上させる記事の中に、日向国は朱沙、豊後国は真朱がある。

文武天皇三年十二月条に、太宰府に三野・稲積の二城を修させた。日向の三納と大隅の桑原郡の稲積であろう。

文武天皇四年六月条に、薩摩の国に国覓ぎ使を遣わした時、先述したように薩末比売等に剽却される。大宝律令が選定されると明法博士を六道に遣わし新令を講させるが、西海道を除くとある。

大宝二年八月条に、薩摩・多褹に兵を発し征討し、後にその兵士等に勲を授けており、その間に太宰府の所部神九所が祷祈したため幣帛を捧げ、その祷を賽している。まだ宇佐八幡宮は成立していない。この征討については『続紀』に唱更国（薩摩国）を討った後に、国司のいる地で新田神宮のある高城郡に、合志・飽多・宇土・託萬のあるのは、肥後の郡名であるから、これらの郡より五十戸ずつの里人が移されたことである。新田神宮は瓊瓊杵尊すなわち景行天皇が祭神である。

大宝三年七月条に、庚午年籍を定めとなし、更に改易することとなし、とあるのは、この場合と後項に関連し重要である。

九月三日条に、僧法蓮に豊前国野四十町を毉術を褒すとなりは、先述している。

慶雲四年に元明天皇が即位した時の詔の中に「山澤に亡命し軍器を挟蔵し百日首せずんば罪に復すること初の如くす」があり、続く和銅が発見され、改元した詔の中に、軍器が禁書に替わっている。元正天皇の養老の改元の時にも、元明天皇の時の始めの詔と同じことが述べられている。

このことは、万葉集の山上憶良の惑へる情を反さしむる歌一首并に序、八〇〇の中に、山澤に亡命する民をのせて、その惑を反させる歌があり、これを神亀五年に筑前の嘉摩郡（現在の穂波郡と田川郡の間の郡）で作っている。この頃にも前記の詔に従わず、恐らく英彦山に籠もって修業する人物がいたのであろう。

和銅三年正月二十七日条に、日向国采女を貢ぐ薩摩国舎人を貢ぐ。

和銅六年四月三日条に、丹波国を割って五郡を丹後国に置き、備前の六郡を割きて美作国を置き、日向国の肝属・曽於・大隅・姶羅を割きて大隅国を置く、とある。前の薩摩国と同様である。この時に豊前・豊後の四郡の里人が五十戸ずつ送られた。桑原郡の大原・大分・豊国・稲積である。

和銅六年七月五日条に、隼賊を討った将軍並びに士卒等で戦陣に功のある者千二百八十余人に労に従い勲を授く、とあり、隼人の国を日向より離し、班田収受を行なおうとして反乱が引き起こされた。七年二月条に、隼人が混迷で憲法を習わないので豊前国の民二百戸を移し相勧め導かせた。これが前記である。

元正天皇養老四年二月二十九日条に、太宰府奏言し隼人反し大隅国守陽侯《やこ》史《ふひと》麻呂《まろ》を殺す。三月四日条に、大伴旅人を征隼人使持節大将軍と為し、以下副将軍等を任命して征討し、六月十七日に終わったことを記している。五年五月に天皇が不豫になり、笠朝臣麻呂・県犬養宿禰三千代が出家入道することを願い許された。

元正天皇養老五年六月条に、前出した「詔して曰く沙門法蓮は心は禅枝に住み、行は法梁に居れり尤も醫術に精しく民苦を済い治む。善哉、若のごとき人　なんぞ褒賞せ不らんや。其の僧の三等以上親に宇佐君の姓を賜う」とある。六年四月条に、太宰管内大隅・薩摩・多褹・壱岐・対馬等の司闕《つかさけつ》あらば府の官人を選びて之を権に補せよ。

聖武天皇神亀四年七月三日条に、筑紫の諸国庚午籍七百七十巻　官印を以て之を押す。とある。庚午籍とは天智天皇の時に定められた五十戸を一里とし後に村の名になっている。俀国傳では八十戸が一伊尼翼であったからこれを五十戸にするには、ずいぶん手間がかかる。この例は豊前に残る正倉院に残る大宝戸籍では一戸に多数の人数をのせ、寄口とされる人数が多くあるから、これを五十戸にするのに手間が掛ったのであろう。これらの人の中に勲位のあるのは、薩摩隼人征討の時の手柄とされている。太安万侶の勲五等があるのは、薩摩隼人を討つ際の功績であろう、肥君の祖であった。

以上で九州内部における変革を見てきたが、正倉院にある豊前国仲津郡丁里戸籍は大宝二年であり、戸籍の変化を調べるのに最適である。豊前国の戸籍は、これを調べた古代史家はいろいろの疑問を呈しており、その製作過程に関することである。丁里戸籍に戸主進少位上川邊勝法師、年四十二歳　正丁課戸とあり、妻妾が一人づつある。その家族構成は複雑であり、別《べっ》姓を持つ人物に妻があり、その児も数に入れられ、受田は二町九段六十三歩である。このような家族構成が多く、受田も多い戸主が多い。川邊勝の位は薩摩国を討った時の行賞とみられている。なお、『日本国現報善悪霊異記』上巻、第六にのる老師行善の話の中に、河邊法師の名があるが、そのものずばりである。行善は彦山に続く連峰の求菩提山の開祖とされる。

北辰社のこと

宇佐八幡宮内の応神天皇を祭る一ノ殿の西北に、北辰社といわれる社が八幡宮の作られる以前から存在し、北極星を中心とする天体観測をしていたことにより作られたのであろう。法蓮は八幡宮の完成する間には、日足《ひたらし》林《はやし》の日足禅院にいたのである。日足は日垂らす意で、すなわち、法蓮は夜に天子の務めである天の動きを観察して暦を作る作業をし、日足の地で弟に政治を任せることをしていたのである。法蓮が豊国別皇子の子孫であったことは、宇佐八幡宮の根本の封地が、日向に多いことからでも察せられる。この間に大神比義は南の南無江に薬師勝恩寺を作りに住んでいた。これによっても法蓮と比義が同時代人であったことが判る。

それでは応神天皇が八幡宮につながる証があるか探ると、これが難問であって、史料によりどうして応神天皇になったか苦労されていたのが中野氏であった。このことは史料により捜しだすことは、まず不可能に近いであろうが、遣唐使になった津守吉祥の残した『住吉大社神代記』による田中　卓氏による天平三年にのる八幡神が、応神天皇の神霊とされているのが、一番古いとされているようである。伝承の中で八幡神の出現は『扶桑略記』にのる「竹葉の上に三歳の小児が現れ、我は日本人皇第十六代誉田天皇広幡八幡麿也」が有名であるが、ここで三歳の小児で表れた意味を考えた人がいないのが不思議である。これは三歳の幼児の時に神功皇后の子にされた意味であったのである。神話でイザナギの筑紫の禊で現れた安曇連等のもちいつく神を少童神にしており、神功皇后が長門の豊浦で如意珠を得たのは、神話の山幸が海幸を降伏させるのに、海人の王に潮満珠、潮干珠を受けていたのを伏線にして、応神天皇が豊前にいる豊国別命の子孫より譲り受けたことを示し、すなわち、豊国別皇子の子孫を葬った赤塚古墳の主の子が応神天皇であったのである。私の述べた古墳出土の天王日月銘にはこの意味があり、鋸歯文の三角縁神獣鏡がその象徴であったのである。

なお、私は八幡の名の起源は、神話で述べた天照大神と素戔嗚尊の誓約で生まれた三女神と五男神の各氏族の祖の幡よりなって作られていたと想像していたが、私は灌頂幡について、『続紀』に、元明天皇の薨去後に仏教の書の他に灌頂幡八首を捧げるとのせており、丁度同じ頃なので、応神天皇の霊に灌頂幡八首よりその名をとり、この灌頂の幡は仏具として長い垂らす細い幡であり、法蓮が沙門であったのにふさわしく、その細い幡を広い幡にし、広幡八幡の名にしたように思われる。

陽侯史麻呂の氏族

ここで大隅隼人が反乱し殺害された国守陽侯史麻呂《やこふひとまろ》についてこの氏族を考えてみたい。和銅七年に豊前からの民が二百戸桑原郡に送られたが、その中より選ばれて国守になったのが陽侯史氏であった。この氏族は神武東征で宇佐津姫に娶合わされた中臣氏の天種子命《あまのたねしのみこと》の子孫であったのである。宇佐に残って居た中臣氏であったことになる。その証となるのは、私が古代史に興味を持ったのは、三十年ばかり前に『陸行水行』(松本清張著)を読み、その前に安心院盆地を見ていたからであって、その盆地にある妻垣神社は、天平神護二年に八幡比咩神に封六百戸を奉られ、その中より建立されている。『承和縁起』に、比咩大神は宇佐宮に鎮座するまで次々に移坐し、元は安心別倉東方高岳に坐していた、とのせ、卑弥呼が比咩大神であったから、邪馬台国の都はこの地であったのである。この妻垣神社の神主は矢候氏といい、後に矢野氏になっている。矢野氏に伝わる妻垣宮矢候氏系図序の中に、神武東征の時、豊前国別倉に到られた時、この地を誉められ、この時、天種子命の氏族に矢候姓を賜わられたと伝えている。陽侯史の初出は、推古紀十年十月に百済僧觀勒が色々の書物を持って来日し、その時、陽侯史の祖玉陳に暦法を習わせている。『姓氏録』に左京諸蕃上に「楊侯忌寸、隋煬帝の後、達率楊侯阿子王より出ずる也」があり、「楊侯史、同祖」をのせているが、時代が合わない。『続紀』文武天皇四年八月条に、僧通徳を還俗させ、姓を陽侯史、名を久介曾《くにそ》と賜っている。景行天皇と襲武姫の間に生まれた国背別《くにそわけ》皇子のクニソに引かれたように思え、天児屋命《あめのこやねみこ》と襲の女との間に生まれた子かもしれない。通徳を陽侯史にした二カ月前に、覓国使が薩摩の女酋に剽却される事件が起きているため、その通訳として還俗させたのであろう。通徳の子が陽侯史真身と考えられ、彼は養老六年二月二十七日に田を賜った人々の中に、従六位下陽侯史真身に田四町とあり、続いて従七位上大倭忌寸小東人に田四町がある。この時に田を賜ったのは、養老律令を選定した功によってであった。大倭忌寸は神武東征における椎根津彦の子孫であるから九州出身で、『書紀』の編纂にも資料を提出していたであろう。勿論、真身は祖の親族を殺されており、宇佐君法蓮の三等親を宇佐君にしたことを知り、どうしてそのようになったのかも知っており、『書紀』に宇佐の名をのせた人物の最大の候補者になるであろう。真身のその後を調べると、天平二年三月に弟子を二人取り漢語を習わせ、七年に外従五位下になり、十年に豊後守になり、その後、但馬守になり、二十年に従五位下になっている。この豊後守の名は豊後国の最初であろう。天平勝宝元年五月五日、真身の子の令珍・令珪・

令璆・人麻呂にそれぞれ外従五位下を授けられている。この年の十一月に八幡大神が託宣して京に向かっているのに注意せねばならない。

真身の子の消息を見ると、令珍は天平宝字三年に伊賀守、天平宝字七年に日向守になり、令珪は宝亀十一年に尾張介、翌天応元年に尾張守、翌延暦元年に豊後介になり、人麻呂は宝亀十一年三月に豊前介になっている。いずれも豊国や日向でその最後が終わっているのは、これらの地方にその氏族がいたからであろう。豊前介に人麻呂がなった頃に、妻垣神社の神主に陽侯姓が付けられ矢候となり、後に矢野になったと推定される。なお、八幡大神は、宇佐八幡宮の宮司の大神田麻呂と祢宜大神杜女が東大寺の盧舎那仏開眼に参向した後、大和に滞在中、天平勝宝六年に厭魅したとして流罪になると、その間に八幡大神は偽託したとして、宇佐八幡宮から伊予に退き、天平神護年間に再び宇佐に戻り、宇佐八幡宮の東の大尾山に祭られていたが、宝亀十一年に小倉山に戻っている。人麻呂がこの移座に関係したと思われる。なお、この大尾山鎮座している時、和気清麻呂が神託を聞いたのであるが、その後、和気清麻呂が八幡宮の粛清に入り、その間、宮司職は大神氏から離れ宇佐池守がなり、本拠の小椋山に戻ると宮司職は大神氏になり、両者の間での宮司職を巡る競合が始まることになる。この間、法蓮の氏族は弥勒寺の別当職の寺家として続いている。ここで陽侯史と史がなにから付けられたか考えれば、史は外国語を通訳したり、外国語の記録を記す役であるから、先述したように漢語に通じていたからである。それで『姓氏録』に隋煬帝の子孫と載せられたのであろう。陽侯史真身が養老律令を撰したのも漢語に詳しかったためで、同様に大倭氏も漢語に詳しく、景行天皇の子孫であり、子の僧の通徳が還俗したとき同じ子孫の国背《くにそ》別命のクニソの名が付けられたように思われ、僧であったことは後章に関係する。なお、陽侯史真身がその位に外がついていたのがはずされたのは、第一部で述べた葛井連広成邸に聖武天皇が一泊された翌日に位階を上げられた時に、外が一緒に外《はず》されたのであった。

陽侯史氏と藤原氏のこと

陽侯史が中臣種子氏族であるなら、中臣氏との関係が史料にみえるか、これにつき考察したい。天平十一年一月十三日に授位された中で女官の中で無位より授位された中に、陽侯女王が従五位下を授けられている。この女王につき、淳仁天皇天平宝字五年に都を保良に移すため稲の束を賜った中で、陽侯女王に四万束を賜っている。これ等の中で陽侯史の氏族は神護景雲年間に陽侯忌寸姓になっている。光仁天皇宝亀七年一月七日条に、授位者の中に正六位上より従五位下になった陽侯王は、塩焼王の子と推定され、塩焼王の父新田部親王は、天武天皇と藤原鎌足の娘五百重娘の間に生まれ、藤原不比等はこの異母妹との間に麻呂（京家の祖）を生んでいる。

陽侯王は生まれると、麻呂の藤原氏により同祖族の陽侯史が養育するよう命じられ、そのため陽侯の名が付けられたのであろう。藤原氏につながる陽侯王は、天応元年五月に大膳大夫、延暦二年に安芸守になっている。宝亀十一年に矢野女王が従五位下を授けられているが、塩焼王の娘で陽侯を矢野に改められたのかもしれない。

藤原麻呂の子の浜成は天応元年に太宰帥になったが、六月に員外帥に落とされている。桓武天皇が光仁天皇より譲位されて天皇になると、浜成がその反対派であったため降格されたのである。翌延暦元年、浜成の娘の夫因幡守氷上川継が謀反し、伊豆に流されている。川継は新田部親王の孫であるから、麻呂の一族とは母方を通じ血がつながっていた。この事件の影響が前述した陽侯史真身の子達の地位に多少影響したようであり、五百重娘とのつながりによるのであろう。この事件のすぐ後、延暦二年に八幡大神に対し護国霊現威力神通大自在王菩薩の尊号が授けられたのは、宇佐に関係する氏族を配慮したことによると思われる。

陽胡氏のその後は、史料で不明であり、『続日本後紀』仁明天皇承和十年十二月条に、文屋朝臣宮田麻呂の謀反を密告したのに、その従者の陽侯史氏雄がある。ちなみに、陽胡氏のヤコが名付けられた理由を考えると、藤原氏は、『姓氏録』によれば、津速魂命三世孫天児屋命の子孫である。その祖の津速魂の名付けは、景行西征で速見邑で降伏した女酋の名が速津媛であり、天種子命の娶合わされた宇佐津媛が速津媛の氏族であったため、その名を引っ繰り返し祖の名にしたと考えられ、同様に、天児屋命の児屋を引っ繰り返してヤコにしたように思われる。中臣氏の祖を山国川の上流にいた耳垂としたが、左岸の英彦山に続く犬ヶ岳の近くに小屋ヶ岳・中摩殿畑山と中臣氏に縁のある名の山がある。なお、神功紀の新羅征伐の中で、和珥津を出発した後、陽侯は波を挙げがあり、陽侯を波の神としている。

ここで、宇佐八幡宮に宇佐の名が法蓮の三等親の中に出されたことに疑問に思われたのが、『八幡信仰史の研究』を書かれた中野幡能氏である。同氏は文武天皇九年に法蓮に野四十町を賜ったのを、下毛郡野仲郷とされ、この地と中心の大貞は水便が悪く、大貞が大宇佐田に訛って、宇佐の名が生まれたのではないかとし、これをしたのが宇佐氏の庶流の海氏であった、としている。しかし、これをしたのが他の地から移住してきた氏族の名が宇佐氏であった。

第十八章　宇佐氏の出現

薦枕のこと

薦枕について辞書には、真菰を束ねて作った枕で旅寝にかかるとか、薦枕が高い意から「高」にかかる枕語として地名や神の名にかかるとしている。しかし、薦枕が宮中の神楽歌に、小前張の最初に薦枕がのっている。地名としては応神王朝の最終にのせた影姫の歌った二つの歌の始めの歌の中に「薦枕高橋を過ぎて」と北に行くことをのせ、「小佐保を過ぎ」とあり、高橋の丁度西にあたる所より佐保に至る川は、後に薦枕川といわれ、その上流の法華寺（光明子の建てた尼寺）の傍に宇奈太理坐高魂神社があり、一時は薦枕に坐すと書かれていたのである。この佐保は佐保姫のいた地であったことを思い起こしていただきたい。影姫の二つ目の歌に、出雲振根である大己貴神が水死させられた時、丹波の氷上の人の小児に憑いて言った言葉の中に「山河の水泳《みくく》る御魂」を引いているのである。そうするとこの二つの歌には、国護りから始まった応神政権の最終の意を込めて作られていたことになるのである。

宇佐神宮には、行幸会といわれる行事があり、この行事は、宇佐の法師団が大隅隼人が反乱した時に、神輿に薦枕を載せて出陣していたことにより、薦枕が宇佐八幡宮の神験になり、百王守護の身の代りとして本殿の中の褥に置かれるようになった。すなわち、薦枕をして神が寝ていることにより、百王を守護していることになる。これは起きていると祟りが激しいからである。この薦枕は時々新調しなければならぬので、これを作るのが、宇佐氏の出る始まりであった。この地に先住していた宇佐氏が水田を作ったり灌漑するのに協力したため、宇佐君の姓を与えられ、宇佐氏はその三等親にされたのである。法蓮が大隅隼人を征服するのに法師団を差し向けたのは、先祖の生まれ始めた国を討ちに派遣したことになり、仏法の殺生戒を冒したことで、そのために宇佐八幡宮の最大行事である放生会が行なわれることになり、この行事の中で隼人塚に参るのもその因縁からである。

行幸会は薦枕を乗せた神輿を、宇佐神宮の近郊の八社を巡行する神事で六年に一度の行事で、いつ始まったかは諸説あり、宇佐池守が宮司職に一時なった天平神護年間とされている。そして、この池守の名は野仲郷内にある三角池にちなんでつけられ、その先祖は佐知翁とされ、中津市を流れる山国川の右岸の下毛郡諫山郷の佐知（現三光村内）で川に接してある。佐知翁の氏族は土木工事に優れていたのか、山国川の水を三角池まで灌漑用水路を造っている。考古学上から七世紀に造られたとされる。従って法蓮より三代くらい前のようである。法蓮に佐知氏が接触すると、野仲郷に与えられた野を水田にするのに協力し、佐知氏が宇佐を名のっていたことにより、法蓮に宇佐君の姓を与えられたと推定される。これについて宇佐氏の名のつく由来を、『宇佐家伝承　古伝が語る古代史』宇佐公康著（木耳社刊）の著書によって後に推測したい。

　薦枕を作るのは、三角池に生える真菰を採って材料にする。ここに薦八幡宮があり、池守の一族の建てたものである。これを宇佐八幡宮の神官が持ち帰り、鵜羽屋殿で薦枕に造り、これを載せた神輿を、前述した行幸会といわれる行事で近郷の社を巡回させ、この中で安心院の妻垣神社で二泊し、宇佐神宮に帰り、新しい薦枕を神殿に納め、旧験を国東半島の付け根にある奈多八幡社から伊豫の八幡浜市に送り、最後は佐田半島にある三机から瀬戸内海に流す。この中で薦枕を鵜羽屋殿で作るのは、彦波瀲武鸕鷀草葺不合尊の生まれる際、神話で産屋を作るのに鵜の羽根でしたことからとられている。

　薦枕が百王守護の神験になった理由を考えねばならない。これについて『出雲国風土記』の出雲郡漆沼郷条に、神魂命の御子天津枳値可美高日子命《あまつきちかみたかひこのみこと》の名は薦枕志都沼値《しつぬち》といったが、この神が郷の中に鎮座しておられる。だから志司沼《しつぬ》という。「神亀三年に字を漆沼と改めた」ここに正倉がある、とのせている。この郷は荒神谷遺跡のある健部郷の入り口で現在の直江にあたる。この名を私は、神話にのる天椎彦である誉津別皇子の亦の名ではないかとして推測し、これが佐知翁に伝っており、薦枕が作られたのではないかとしたが、風土記のほうが後であり、出雲の大税賑給歴名帳（天平十一年）に滑狭郡に平群部安女があり、拙著で佐知氏を景行天皇の子豊戸別皇子で平群氏と述べて推論したのを撤回する。これには山口県の大島の西に平郡島がありヘグリ島とよばれていることが重なっていた。

薦枕の真菰が国護りした事代主命につながることは、『出雲大社』（千家尊統著　学生社刊）に真菰の神事として、真菰を敷き立砂を盛り国造がその上を歩き、その真菰を信者が争って持ち帰る行事がある。この真菰を踏んだりするのは、起き上がって祟りを出すのを恐れていたからである。すなわち、垂仁天皇紀にのせる唖の誉津別皇子のために、鵠を追いかけて捕まえた話を元にして作られ、誉津別皇子が事代主命として美保岬で水死させられた事実が、ずっと伝えられていたからである。真菰は鵠の食物でもあったのである。

なお、『延喜式』臨時祭条に、出雲国造が交代し神壽詞《かむよごと》を奏上する際、奉納する品物の中に白鵠二翼をのせるのは、鵠を求めさせた話から出ており創作によるものではない。なお、食薦《すこも》について先章の『播磨国風土記』の中で大嘗祭の条で述べている。それでは佐知氏がなぜ薦枕を知っていたか考えると、先に述べた宇佐氏の古伝の中に、宇佐氏の出自の話をのせていたからである。

同著第六章に「稲羽の白兎の伝説と菟狭族」があり、その中の月読神と月の考察の項に、ウサ神はウサギ神であって、月の満月の時に月面にウサギが見られ、菟狭族は月を崇拝して、その月読みを天職とし、菟狭族とするようになった。月読みとは、簡単にいえば月の形の変化するのを読み取ることで、一ヶ月の間にその形の変化がみられ、暦で謂えば陰暦である。古来から女のメンスを月經といったのもこれによっており、神話にも天照大神と月読神がでている。宇佐八幡宮の神が現れるのが満月であるのは、宇佐氏の職掌の一つであったからであろう。和気清麻呂が道鏡への神託を聴きに行った時、大神は稲光する中で、三丈の高さの満月の色に光り、無道の人は宜しく早く掃除すべし、と言ったとされる。

『古事記』にのる稲羽の裸兎《はだかのうさぎ》の話を、著書の中で憤慨しているのは『古事記』では何のため か裸兎の話を長々とのせており、この裸兎を今は兎神と謂うとのせるのは、宇佐氏を皮肉ってい たのかもしれない。宇佐氏の古伝によれば、白ウサギがワニに皮を剥がれ赤裸にされた話は、経済上の取り引きで和珥族に、玄人くさい駆け引きを使い失敗して、朝鮮系の渡来族である和珥族に資産を没収され、赤裸にされたことを物語っているとのせている。ちなみに、隠岐島の国造は国造本紀によれば、孝昭天皇の兄の天押帯日子命の五世孫が定められており、和珥族で春日臣等の祖につながり、開化天皇と春日の建国勝戸売の女佐保の大闇見戸売の間に、佐保彦と佐保姫が生まれ、垂仁天皇と佐保姫の間に誉津別皇子が生まれ、誉津別皇子が水死させられた事代主命であったから、その母系の祖の地を和珥氏に奪いとられたことになってくる。これにより兎族であった宇佐氏が薄々薦枕が何を意味するか知っていたのであろう。

菟狭族は始め隠岐島に住む海人族で、大国主神により、隠岐島の領有権や全財産を和珥族に渡し、自給自足の道を講ずるよう教えられ、菟狭族を救済するために八上《やがみ》の地を与えられた。八上は大国主神が、八十兄弟と妻訪いした八上比売のいた地で、因幡国八上郡にあたり、現在の鳥取県八頭郡河原町、町村合併する前は八頭郡八上村と呼ばれていた。河原町にある売沼神社は、式内社で八上比売を祭っている。この神社の北方に袋の地名があり、大国主神の肩にかけた袋からでたとされる。

以上が宇佐氏の古伝の要約である。この宇佐氏の古伝を調べるのに最適であるのが、允恭天皇条に、盟神探湯をし、氏姓を正したことを述べた。この際に出頭して述べた記録に、『古代氏族の系図』（佐伯有清著　学生社刊）の中に「因幡国伊福部臣系図」がある。これに入る前に因幡のでる文献を調べると『古事記』に誉津別皇子の見た鵠を大鷂《たか》（『書紀』に湯河板挙）に追わせる中に、針間国から稲羽国を越えてとあり、最後に高志国の和那美の水門に網を張り捕えたとある。ところが河原町の南端に和那美の地名があり、ここでも待ち伏せしていたことを思わせている。『旧事紀』天孫本紀の物部系図に、十世孫物部印葉連公多遅麻大連の子とのせ、応神天皇の世に仕え、その姉が天皇との間に宇治椎郎子を生んだとしている。

伊福部臣系図では、第廿若子臣が允恭天皇の時に出頭して、昔のことを言ってはならぬとされ、伊福部臣の姓を賜っていた。系図の初代の第一は、大己貴神とし『書紀』と同じ亦の名を幾つも連ねており、父を素戔嗚尊とし、母を奇稲田姫とし『書紀』と同じである。そして、ある書に国神足名槌の女櫛名田媛命とのせるのも同じである。この書は『古事記』を引用した可能性もある。

第二を五十研丹穂《いとにほ》命《みこと》とし、母を天照大神尊の弟忍小媛命とするのは異伝であるけれども、『姓氏録』河内国神別に、「若湯坐連、膽杵磯丹杵穂《いきしにきほ》之後也」続いて「勇山連、神饒速日命三世孫出雲醜大使主命之後也」があり、前者に丹穂が含まれ、後者は饒速日命を祖にする氏族につながることに注目したい。この氏族は後段にでてくる。第六まではありそうな創作された名であるけれども、第八に櫛玉神饒速日命がでて、「天磐船に乗り天より下り降り、空から日の下を見ると国があり、よって日本と名づく。見る所の国、正に日の出に当たれり。故に葦原中国を、更に日本国と名づく」が、しばしば古代史で引用されている。以下は物部氏の系図とよく似ているが、『旧事紀』よりずっと以前に作られており、伊福部臣氏が物部族であったことが判る。ここで問題になるのは第六と第八の間に実在する人物をモデルにして作られているからである。第七荒木臣命、一書に曰はく、荒根使主命《あらねおみのみこと》とある。使主をオミと読むのは『書紀』の中でも屡々出ており、ここに隠された秘密が読みとれるのである。伊福部臣の第十四は武牟口命でこの人物は日本武尊が九州を征服する途中で、稲葉を征服するよう言われ、別れて稲葉の主になる。第二十代の若子臣允恭天皇の時、出頭し、昔のことを言ってならぬとされ、気を旋風のように噴きだしたので、気噴き臣の名を改めて賜っている。これが伊福部臣の名の起こりである。

宇佐氏の出現

これより本題の宇佐氏がどうしてこの地方から出現し、豊前国宇佐地方に現れたかの問題に移る。因幡国邑美郡に品治・鳥取郷と誉津別皇子の名代と鳥取部の鳥取が、古代から何故、引き続き存在していたのか不思議に思ったことを先述している。『荘園分布地図』（竹内理三編　吉川弘文館刊）に品治・鳥取に続く南方に吉成保と宮永保が続いてあった。宇佐氏の氏上の名に宮成がずっと付けられており、これが本宗であり、到津《いとうづ》氏は分家で、出雲大社の宮司に千家と北島の二家あるのと同様である。鳥取市の地図を見ると、吉成保の地は鳥取駅のすぐ南方で、千代川と新袋川の合流する地に近い。吉成に渡る新袋川の橋は美保橋、近くにある小学校の名も美保がついていた。これで私は、何故にこの名が付けられたか推測できた。まさか千何百年も前の美保岬で事代主命にされた誉津別皇子が、後ろ手に縛られ逆さにして海に投げ入れられ、その名がこの地に残されようとは思いもしなかった。この宇佐氏の祖が豊前に行くには、それを教えた人物があるに違いないと推定すると、伊福部臣系図にのせられていたのである。

系図の第七に荒木臣命があった。この人物が中臣氏族で、越前国坂井郡に住み、その上司に品治部君がいた。この人物につき継体天皇の子孫三国氏につながる説と、開化天皇の皇子の丹波につながる彦湯産隅命、亦の名彦蒋簀命が品治部公等の祖とあり、この彦蒋簀命の子孫が坂井郡にいたとする説である。因幡国の品治部がどのようになっているか、状況を見さすために、私は中臣氏の荒木臣が派遣されたとする。伊福部臣系図もとんだところでぼろを出したことになる。因幡国邑美郡に式内社がただ一つあり、中臣崇健《たかたけ》神社と中臣の名がつけられている。

『続紀』神護景雲元年五月二十日条に、左京人従八位上荒木臣道麻呂と、その子無位忍国は墾田一百町・稲一万二千五百束・荘三ヶ所を西大寺に献上したが、ここに至って死んだので、外従五位下を贈り、忍国に外従五位下を授けた、とある。荘の中に邑美郡の吉成・宮永保があったのであろう。これによっても荒木臣の人柄が知られ神社に祀られたのである。

　万葉集の最終は、大伴家持が天平宝字三年正月に、国庁に郡司を集めて宴をした歌で、郡司の中に荒木臣がいた。

　それではいつ頃、荒木臣が宮成氏に自分の出身地の豊前の山国川のほとりに行くよう指図したかの問題になる。伊福部臣氏系図によれば第二十五代小智久遅良臣の時、推古天皇の臣・連・伴造・国造諸氏の本記を定められ、二年に水依評を立て、その時に因幡国は一郡で他郡は無く、斉明天皇四年に始めて水依評を壊し高草郡を作ったとあり、その息子達は法美郡や邑美郡に奉仕していたとのせている。このあたりに他郡のあることが判り、伊福部臣が最終的に国造となったことは、鳥取市の町屋から伊福吉部徳足比売墓跡から骨蔵器（重文）が発見され、それに一六行一〇八文字が刻まれ、文武天皇に仕え和銅元年に死去し、采女であったとされている。なお、中臣崇健神社は鳥取市の南方の古郡家《ここうげ》にあって吉成・宮永より平野の南方の三輪にあり、この地の古《こ》郡家《こうげ》一号古墳より奈良の新山千塚から出土したと、同じ異形銅鏡が出土している。勿論、中臣氏とは関係ないが、伊福部氏が鏡作りに関係していたとすれば、この地で作ったことも考えられる。

　これ以外に古代の氏族に関係するのを述べると、履中紀に、先述したように市磯池で船で遊んだ際に、桜の花びらの木をみつけた物部長真胆連を若桜部造にさせたとある。『姓氏録』右京神別上条に「若桜部造、神饒速日命三世孫出雲色男之後也」とあり、この中の色を醜に変えた氏族が幾つもみられ、これらは大己貴神の子孫で国譲りしたため、賤民階級の主《ぬし》にされている。先に述べた若湯坐連や勇山連等と同じである。因幡国の八頭郡若桜町はこの氏族が住み、その名が付けられているのである。私説の大己貴神を物部氏の神大根王とし、美濃国本巣郡に住んでいたとしたが、近くに稲葉山がありその南の方に宇佐の地名があるのは、豊前の宇佐より因幡の宇佐が移ったように思える。なお、宇佐氏の古伝で、武内宿祢が神功皇后と通じ応神天皇を生んだとするのは、鳥取市の稲葉山の麓に宇部神社名神大があり、武内宿禰を祀っているからであろう。

因幡国の宇佐氏の祖吉成・宮永がいつ豊前に向かったか、その時期は伊福部臣氏系図で判断するのは難しく、系図によれば推古天皇と孝徳天皇の時期がふさわしいようであるが、豊前の宇佐氏の発祥の地である山国川の佐知にいて、薦枕を作る真菰の生える三角池までの水路を通じさせたのは、七世紀と考古学上でされている。従って六世紀の間の時期になるであろう。継体天皇から欽明天皇への変革のある頃で、継体政権の間の可能性が一番高く、大倭国内で変革のあった時と考えられる。『謎の出雲帝国』（吉田大洋著　徳間書店刊）の中で出雲では継体政権の間が一番よかったとしている。これは出雲の国譲りで国を譲った氏族に寛容であったからであろう。これにより六世紀の中頃に宮成氏族が因幡国から荒木氏の故郷である豊前国上毛郡に行くよう勧められたと思われる。

これについては、考古学上からの知見を調べれば判るので、続いてこの後で述べることにし、この三角池までの水路が通じたことにより、この池が灌漑用水として、法蓮に賜った野四十町を水田にするのに利用されることになって、宇佐氏の宮成氏が法蓮の三等親の地位を獲得し、法蓮に宇佐氏の姓がつけられたとすれば、前述したように宮成氏の祖が六世紀前期の後半に、因幡を離れ豊前国の山国川辺に着いたのでないかと推定される。このことは、宇佐八幡宮の史料からおおよその判断ができるのではないかと思われる。

なお、宇佐氏が因幡からどのような道筋を利用したかを調べると、因幡の古墳の中で壁画に船を描いた装飾古墳が幾つかあり、日本海岸に分布する海部により、一族が分乗した船に乗り、直接山国川まで行ったのであろう。古代において沿岸伝いに航海するためには、月の観測が非常に大切で、月の満ち欠けにより大潮・小潮の判断つき、また、月や星の位置によってもその方角を知ることが出来たであろう。

大己貴神の子孫

ここで下毛郡地域にいて受け入れた氏族をみると、諫山郷の山国川に沿った所に佐知があり、佐知翁が三角池を造った祖とされ、この地の先住者は諫山氏であろう。『続紀』聖武天皇天平十二年九月条に、太宰少弐藤原広嗣が表を奉り反乱した時、官軍に帰来した軍の中に、豊前国では下毛郡擬少領無位勇山伎美麻呂と築城郡擬少領外初位上佐伯豊石の兵七十人があり、次の十月九日に大将軍東人に詔し八幡神に祈祷させている。ここではまだ神に宇佐の名は冠していない。勇山は諫山に通じ、『書紀』の安閑天皇元年閏十二月条に、廬城部連枳莒喩《きこゆ》の女幡媛が物部大連尾輿の瓔珞《くびたま》を偸《ぬす》み盗《と》り、春日皇后に献上した。枳莒喩は幡媛を采女丁《よほろ》に献じ、合わせて安芸国の過戸《あまるべ》の廬城部屯倉を献じて女の罪を贖い、尾輿は自分のことより起こったので、みずから安んぜず、献じた中に筑紫国の膽狭山《いさやま》部がある。この話の中に埼玉県の稲荷山古墳に関係するのではないかとする、武蔵国造間の争い事も述べられている。

廬城部は伊福部と同じで、安芸国の廬城部は現在の広島市西部に伊福があり、太田川の流域の過戸であろう。筑紫の諫山屯倉について、色々の文字が用いられているが、諫山が通称で、この郷名のあるのは豊前国京都郡諫山郷・下毛郡諫山郷・備後国沼隈郡諫山郷であり、人名では出雲国に不知山と書かれるのがある。この名のつく氏族は古代史上で重要な氏族で、大己貴神、すなわち私説の神大根王を祖にし、前述した国譲りした後に虐げられた子孫であったのである。安閑天皇の時、各地に屯倉が造られ、特に筑前の遠賀川流域、豊前の北部、備後と安芸の接する地方に集中している。これは継体天皇の時、筑紫の磐井の反乱後の体制を固めるためになされ、備後と安芸の接する所が中国地方の東西に分ける地域で、西が九州と親密であったからである。この時に接収されたのが豊前国京都郡の諫山郷（現勝山町諫山）であり、下毛郡のは奈良時代まで続いてあったことになる。

『姓氏録』河内国神別に、「勇山連、神饒速日命三世孫出雲醜大使主命之後也」とある。この出雲醜大使主命こそ大己貴神であって、その亦の名の中に葦原醜男があった。この氏族は物部氏の配下の虐げられた部であったのである。こういうことを知らずに、勝手な説を立てる古代歴史学者について合理的にみせかけるだけとして、私は信用していない。

この例を端的に示す例を述べると、神大根王を美濃の本巣郡の物部氏の首長としたが、国造本紀に、「三野前国造、春日率川朝の御世に、皇子・彦坐王の子八瓜命を国造に定め賜ふ」とあり、八瓜命は神大根王の亦の名である。「三野後国造、志賀高穴穂朝の御代に、物部連の祖・出雲大臣の孫、臣賀夫良命を国造に定賜ふ」とある。参河国造は天孫本紀に、「四世孫大木食命三河国造の祖出雲醜大臣の子なり」がある。

出雲大社の創建

出雲の大己貴神が神大根王であったら、その子孫がどうなったか知りたいのは当然である。奈良時代と時代の離れた頃には、当然知りがたいと思われるかもしれないが、持統天皇が三河に行啓された時に大己貴神が砥鹿《とか》神社に始めて祭られたとすれば、出雲大社の造られたのはずっと古代からあったと思われているけれど、宇佐八幡宮と同様に新しく、その創建時期は、忌部宿禰子首を出雲守に和銅元年三月十三日に任じ、次に元正天皇霊亀二年四月二十七日に正五位下船連秦勝を出雲守に任じており、この間の長い間、忌部子首が国守として、神話に載るような大きな出雲大社を建造し、完成と共に次の国守が任命されたのである。どうしてこの頃になって建造されたかといえば、太上天皇が三河に行幸され、神大根王が出雲醜大臣としてその名が長らく伝えられたことを知り、神話どおりの神社を造ることを発願されていたからである。同年二月十日に出雲国造・外正七位上出雲臣果安が齋をすまして神賀事を奏上し、神祇官中臣人足がその寿詞を天皇に奏聞した。この日、百官たちも齋をした。果安以下祝部に至るまで百余人に位を進め、身分に応じて物を賜った。この寿詞が『出雲国造神賀詞』といわれるもので、出雲大社が完成すると共に、忌部子首が出雲国造に神賀詞を朝廷に奉まつらせて、その任務を完了したのである。すなわち『神賀詞』は服属儀礼であって、八幡神には位階や神戸を多く賜っており、正反対である。果安は壬申の乱の際、羽田公矢国と連合し三尾城を落とした出雲臣狛の子であろう。

この出雲国造神賀詞の中にのる伊射那伎の日真名子・加夫呂伎熊野大神・櫛御気野命は同一人物で事代主命のことである。熊野大神とつくので素戔嗚尊に間違ってはならない。この情報が宇佐八幡宮を創建する中において伝わることは、諫山氏がおれば推測され、丁度、八幡社が小山田社の時代で、それ以後に現在の八幡宮のある地に移っている。

余談になるが、それでは出雲大社を祭っていた氏族は誰であろうか。出雲国造は出雲の東の意宇郡に住み、祭礼の度に西にある出雲郡の大社に出張していた。その間、大社を預かっていたのが別火氏であり、延暦年間に出雲国造が権威を笠に着て、婦女子に淫らなことをするので、居所を意宇郡より出雲郡に移され、直接常に大社の神事を行なうようになった。別火氏が出雲大社の祭神の子孫、すなわち、出雲醜大臣の子孫であったのである。大社の神事の中に「身逃神事（神幸祭）」がある。この神事の間、別火氏が大社の神事を行ない、国造家はその間、国造館を出て自宅に宿泊する。即ち大国主神の子孫がこの日だけその祖の神を祭ることになったのである。そして国造が新しい国造になる火継の日には、新しい国造と別火氏が、板を火錐臼にして二人で火錐杵を回して火を起こすのである。

それでは別火氏となる氏族の証があるかみると、天平十一年の「出雲国大税賑給歴名帳」に、出雲郷に戸主に出雲積首が多くみられる。積のつく名は地祇に多く、私はこの氏族が別火氏になったとみている。なお、積の例として、先述した伊余部馬養が少神積命の裔孫で、事代主命の後裔であると述べ、積の名が入っている。その他に大山積神と積がついている。なお、後世に出雲国造が出雲郷に移り千家・北島の地名を残し、その北にある富村にいたとされる。杵築郷に神奴部がみられるのは出雲大社が創建され、その神社の賤民になったのであろう。神門郡に不知山部・若桜部の老女の口がみえる。なお、鳥取氏の湯河板挙が鵠を捕えたのは宇夜江であったが、この地は荒神谷遺跡の入り口に当たる現在の直江で、歴名帳にのる漆沼郷にあたり、『出雲国風土記』で神魂命の御子天津枳値可美高日子命《あまつきちかみたかひこのみこと》の名前を薦枕《こもまくら》志都沼値《しつぬち》といい、この神が鎮座しているからその名がついた、と薦枕が出てくる。歴名帳でこの郷の人々をあたると、漆沼稲置・物部首・海部首・語部・弓削部・漆部直・伊福部・出雲臣・日置部・山部直その他いくつかの姓が見え、老年の語部が三人みえるから、これらの語部が薦枕を伝えたのであろう。この中に海部首の老女が三人みえ、日本海沿岸には海部が分布しており、越前国坂井郡海部郷があり、天平元年の坂井郡の少領は海直であって、越前国正税帳にのる坂井郡の少領は前述の通りで、郡司の主政に无位品遅部広耳がみえる。この人物の先祖が海部を使って荒木臣を因幡に送ったのであろう。海部は日本海沿岸に分布し、丹後の天橋立の元にある籠《この》神社に海部系図を残しているのは、この地方に海部があったからである。丹後国熊野郡に海部郷がある。出雲国にも海部の人物がいた。

最後に出雲の話をのせ、大己貴神を神大根王にしたので、締め括りとして『出雲国風土記』によりこの神を示そう。風土記の冒頭に出雲と呼ぶわけは、八束水臣津野命が「八雲立つ」と仰せられた。だから八雲立つ出雲という、とのせている。この神の名の中に水臣と水の中に入っている名があり、水濯ぐ臣を思わせ、八束は八瓜の名を変えたのであろう。これで応神政権の終わりの歌として残された薦枕と水滙《みなそそ》ぐの解釈を終えた。

なお、最後に出雲大社の構造をみると、入り口から入って中心柱に沿って左から回り、入り口の間の裏側に西向きに神が置かれている。これは神大根王が西にある邪馬台国側に組みしたことによっているのである。

神験の薦枕

薦枕がどのようにして宇佐八幡宮の中に祭られているのか。宇佐氏の著書によれば、宇佐神宮は切妻式の二棟を縦に並べ、その樋の下に廊下を設け、入る両端に両開きの扉がある。前院を仏間とし僧侶が入り、後院を神殿として神官だけ入ることができるようになっている。三つの神殿の中央の褥の上に薦枕が置かれ、その上に大高檀紙が伏せられて、その四隅に重い金魂が置かれている。従って、祟り神である事代主命がいつまでも眠って起き上がり出来ないようにしていたのである。

なお、八幡宮の宮殿の配置は、社殿の門が南面し、それより急な階段が高く続き、拝殿も南面するため、参拝人の参道が北から入るようになっており、勅使門が北側にあり、勅使は一般の参詣人と違っている。一の殿が応神天皇を祀っており二の殿に比売大神を祀り、三の殿が神功皇后を祀り、建立された順になっている。そして応神天皇の殿の北側に北辰殿があり、この殿が応神天皇の宮の出来る前から存在し、八幡宮と同様な切妻式の建物が一棟だけある。この建物に誰が祀られているか、其の人物が重要である。先章でこの北辰社について触れている。その他に二の殿の脇に春日社、三の殿の脇に住吉社がある。

行幸会

この行事についてすでに触れているが、放生会に次ぐ宇佐八幡宮の特殊神事であり、宇佐氏が因幡に居る時から薦枕の持つ意味を知っていたから、三角池に生える真菰を利用することを思いついていた。この神事の詳細は中野氏の著書に詳しいが、池畔で刈られた薦は御装束所検校御杖人により宇佐宮の下社に送られて、鵜羽屋殿を建て検校が百日潔斎、十七日食事を断って室に入り、神服と御体を顕し、終わると三所の新御験を大宮司以下の官・庁・神人が新御験を神輿にのせ田笛社から始まり鷹居社で一泊し、次の日に郡瀬社より出発して辛島郷の酒井泉社・高家郷の乙女社を経て大根川社に至る。この社を祀る氏族は知られていないが、諫山氏であろう。出雲の神大根命の一族であったからである。それで大根の名がつけられたと思われる。平安時代は勅使が参向したが、後になると豊前国在庁が参向するようになっている。この社より三角池の薦社には権祝が大神宝の矛だけ持ち行幸する。この意味は先に述べたように、新調の祟り神の枕が出来上がっているからである。その日に郡瀬社に帰り一泊し、翌日に安心院の比売大神を祀る妻垣社に桟敷を造り一泊し、翌日に速見郡山香郷辛川社に権祝により大神宝だけが行幸し、夕方に妻垣社に還幸、翌日宇佐郡向野郷小山田社に行幸、その日に本宮へ還幸し新御験を奉じて正道より本宮正殿の東の妻戸より入御し、旧御験は西の妻戸より間道を通り下宮に入ると、国東郡安岐郷の奈多八幡宮より迎えに来ていた司神人が受け取り、これ以後のことは先述している。

第十九章　宇佐氏の変遷

宇佐氏の元は六世紀の中頃前に、因幡国の邑美郡吉成・宮永にいた氏族が、豊前国の下毛郡の山国川の右岸に移住し、この地にいた諫山氏の地域内に居住したとした。なお、邑美郡に『日本史年表』に宮成保が見えるが『荘園分布図』にない。荒木臣の献上した三荘の中に宮成保があったのかもしれない。現在の中津市内の市街地の中で、西の山国川寄りに上宮永・下宮永があり、その東に中殿《なかとん》がある。これは豊前国仲津郡にいた中臣氏の移動によりつけられたとされるけれど、宮永氏が住んでからの地名と思われる。吉成氏の住んだのが諫山氏の領域内の山国川に沿った右岸の佐知と推定され、吉成氏の元いた因幡の地は、千代川と新袋川の合流する地域で、治水するのに苦労し、川の扱いに自然に習熟していたのであろう。そして、この氏族は先述したように、美保のことを知っており、それで出雲地方に伝わる薦枕がなんであるか知っていたのであろう。また前述したように、諫山氏は神大根王の氏族の後裔であったので、荒木臣によりその行く先を教えられたと思われる。

ここで考古学上からみてこの妥当性をみると、佐知（現三光村内）から中津市の大貞にある三角池までの水路を、山国川から導く工事をしたのが佐知氏であった。八幡神は、大神氏が奈良に滞在している間に厭魅して流罪にされると、位録を返上し四国の宇和郡に移っている。その間に、宇佐池守が押領使として八幡宮に入り、大尾山を切り開き八幡宮を造り、宇佐氏から始めて八幡神を祭る宮司になっている。この池守の名は三角池を護ることよりその名がつけられ、その祖は佐知にいた佐知翁とされる。この用水路は七世紀に造られたとされるため、吉成氏が入って後、しばらくして始められたのであろう。

その他に考古学上から知られているのに、佐知から三角池に至る中間に上ノ原がある。この標高三〇メートルの台地の崖面の南北約五〇〇メートルの範囲に、八〇基に及ぶ横穴墓群が確認され、三基を除く全ての横穴墓の調査がバイパス工事にともなって、四年間の歳月をかけて実施されている。この調査の結果について極く簡単に述べると、八〇基の中で小さい谷状の凹地を挟んで二グループに大別され、それがさらに三から四基を最少単位とする小グループに細分することができるとされている。その横穴の造られた時期であるが、古いものは、五世紀後半に遡る横穴墓初期のもので五世紀末から六世紀初頭のもの、更には六世紀中頃から後半にかけてのものがあり、それらは位置を異にして築造されている。全体的になると時期の古いものが崖面の低い位置に、新しいものが高い位置にと、一定の間隔を保って計画的・組織的に築造されたとみられている。最古のは、豊前北部の仲津郡にある竹並横穴古墳群の造られ始めたと同じ時期である。これは諫山氏により始められたとみられ、豊前北部にも諫山氏がいた。六世紀中頃前から後半にかけてのを、佐知氏が来て始めて築造したとすると、『出雲国風土記』に欽明天皇の時、移動した氏族のあったことをのせ、『豊後国風土記』日田郡靫編《ゆぎあみ》郷条にも、欽明天皇の時に日下部君等の祖がこの村に居着いて住んだとあり、継体朝の時に、因幡国に越前の荒木臣が移り住み、その時、邑美郡にいた両氏族の主だった者が豊前に移るよう勧められ移動したのが事実であろう。

ちなみに、出雲国も西から九州の勢力が及び、六世紀後半から横穴古墳群が多数発生しているのである。なお、佐知の南方に同じ三光村内に小袋があるのは、因幡国の大国主神の持っていた袋を思いださせる。

考古学上から未解明であるが、中津市の南方にある相原に相原百済廃寺跡があり、この寺は七世紀の古瓦にまじって六世紀の須恵瓦が発見されており、須恵瓦を使用した別の伽藍の存在考えねばならないとされ、オドリケ迫の瓦窯跡から発見された須恵瓦の出土は、この瓦であった。オドリケ迫は後述する伊藤田に近く、相原廃寺は最古のものとされ七世紀代とされている。宮永と吉成の両氏族が力を合わせて造った可能性が高い。三光村長谷寺所蔵の観世音菩薩金銅像銘に「壬歳攝提格林鐘拾伍日周防直□有之□□□為命過依、誓願観世音菩薩作奏」とあり、攝以下鐘までは寅六月を意味し、壬寅六月となり、六四二年か七〇二年（大宝二年）にされ、前者であろうか。或いは相原廃寺の所蔵品であったかもしれない。すると、八幡宮の沙門法蓮と同様に沙門になり、その縁により法蓮の三等親になったのではなかろうか。隼人征伐に禰宜波豆米に率られた法師団の中に勿論いたであろう。その時に神輿に薦枕を載せる話が作られたことになる。実際は宇佐池守の宮司であった天平神護二年に、薦枕を八幡宮の神験として近郷の八社を巡る行幸会が始められたとされる。

なお、天智天皇十年に唐より帰国した四人の中の筑紫君薩野馬は佐知と諫山を組み合わせた名であったのであろう。沙門道久は法蓮の一族の僧と考えられ、布師首磐は『姓氏録』左京神別に「布師首、生江臣、同祖、武内宿禰之後也」があり、『古事記』によれば、葛城襲津彦を祖にし、その子孫である。葛城襲津彦は九州生まれと、先章で述べており、その子孫であったのかもしれない。宇佐氏の宮成系図の中に、この地方の地名を取った中に布敷があり、現在も宇佐市内にその名が残っている。

安曇氏と宇佐八幡宮の関係

宇佐氏の祖宮成が山国川に入ったが、その両岸に海人族の安曇氏がすでに居住していたのである。豊国別皇子は対馬の安曇氏の首長の娘の間に子を作っているから、母方の氏族が近くにいるのは当然のことである。現在の福岡県築城郡新吉富村の安曇は安曇氏のいた所とされ、河口の吉富町の吹出浜にある古表社は、八幡宮の放生会に傀儡《くぐつ》船を出し、傀儡《くぐつ》舞いをしている。この神社の近くに皇后石があり、神功皇后に縁がある。この神社の伝来の唱歌に「国の長のおしくるよ

う　おしくるよう　宮のおさのおしくるよう　宇佐の宮の小倉の小松の山の岩ねなる　五葉の松の末ぞ栄ゆる　末ぞ栄ゆる」がある。対岸の中津市にある闇無浜神社（龍王社）も安曇氏が祭り、八幡宮より古いこの地方の最古の神社である。放生会には、中津市の東部を大貞に平行して流れる犬丸川のほとり、伊藤田にある古要社からも傀儡船を出しており、この傀儡船は宮成氏が山国川に入った時から、安曇氏と協力した関係により生まれたのであろう。宮成氏の出発した因幡までの北の海は、火明命を祖にする尾張系の海部が支配していたが、西に行くにつれ安曇系の海部になっていたと推定され、伯耆国会見郡に安曇郷がある。これらの海部の導きにより山国川に着いたと思われ、それで安曇海部に伝わる傀儡舞いをする支配者になったのであろう。なお闇無浜は万葉集巻九、一七一〇柿本人麻呂歌集の中にあり、人麻呂が瀬戸内海を渡って筑紫に行く時に立ち寄ったのであろう。法蓮が賞せられた時より少し後の頃であったと思われる。伊藤田の古要社の傀儡舞いは、国の有形・無形文化財とされ、六十体の木偶があり、相撲をし、最後は真っ黒な小童が出て勝ち住吉神とされている。

傀儡の話を何故したかといえば、元正天皇養老三年に日向、大隅隼人が反乱し、朝廷軍が苦戦している時、豊前守宇努首男人に率いられ、辛島波豆米《はづめ》を御杖にして宇佐法師団が従い隼人の城を攻め、難攻不落であったのが、奴久良・幸原・神野・牛屎・志加牟と曾於乃石城・比売乃城の七城であった。後の二城は大隅国府の周辺にあった城と推定されている。この時に傀儡舞いをし、城内の兵がそれにつられて外に出て来て舞いをし、その隙間を突いて攻め落としたとされる。『常陸国風土記』の行方郡板来（現、潮来）条にのるような手口を用いたことになろう。案外、時代的に同じ頃であるから、風土記の編者が隼人征伐を参照したかもしれない。

第二十章　法蓮と八幡大菩薩の話し合い

この両者の話し合いが宇佐八幡宮成立の最大の事項であるので、前もってそれに至たる古代史の流れを知っておけば容易に理解されると思い、これまで神話から説き起こし、私の知った限りの知識を投入して、瓊瓊杵尊が景行天皇であり、その子の豊国別皇子の子孫が宇佐の古墳を継続して造り、赤塚古墳が三角縁神獣鏡の原形の始まりであることを述べてきた。そして、その幼児が応神天皇として神功皇后の子にされ大和の王となったとしている。この章の中で神功皇后が大帯媛の名で表わされているのは、景行天皇の和風諡号が大帯日子淤斯呂和気天皇と別がつけられ、別王朝の始めになっているが、允恭天皇より別の着く天皇はみられない。このように大和の天皇と違う別の着く系統の天皇が九州に存在し、近隣である新羅・百済と頻繁に行き来していたのであり、邪馬台国の後継者と名乗っていた。これが鶴峰戊申の『襲国偽僭考』にのる襲の国にされた『隋書』俀国傳である。俀国について既に述べているように、倭国傳とするのは間違いであった証拠を婁々述べてきた。

法蓮の住んでいたのは駅館川の左岸の山本にある虚空蔵寺であり、法蓮は『豊鐘善鳴録』に「法蓮和尚は世に謂う慈氏の應化也　自ら流浪行者と称し、敏達帝末より豊前の宇佐の小倉山より来たり」修業したとあり、九州年号の金光は『託宣集』霊五にのる豊前国司が金色を発する場所を探す話より作られたと推定され、この条の一部を要約すると、文武天皇五年、大宝元年辛丑に八幡大菩薩が唐土に向かい帰り来たり、北辰神の最初に天下った地である小倉山に行き、北辰神に向い「我は一所に在して法界衆生のため、願いを発している者であると」告げると、北辰神は彦山に神がいて宝珠を持ち、一切衆生を済度すると言った。また香春《かわら》大明神も彦権現が如意宝珠を持っていると告げた。そこで彦山に行くと、石屋の前で法蓮が修業しており、法蓮の前に珠を含んだ斑蛇《まだらへび》が石屋《いわや》から現われ、珠を法蓮の前に置いて去って行った。それより大菩薩の翁は法蓮に奉仕し、ある時「この珠を我に給へ」と乞うと、法蓮が渡すのを拒んだ。翁は「僧は修業を積んでいるから、自分の持ち物を他人に渡すのを惜しまない」と言い返した。そこで法蓮が「そのようにしようか」と口先だけ返事をすると、いつの間にか翁が去って珠が無くなっていた。法蓮が怒って般若智印《はんにゃちいん》を結ぶと、火が起って翁の逃げ道を塞いだ。仕方なく翁は珠を返し再び法蓮に奉仕した。法蓮が渡す気がないのに憐れんで、うっかり「やろうか」と言い終わるやいなや、翁が立ち去って行った。法蓮が袖の中を探すと珠が無くなっていた。怒った法蓮が自ら追いかけ、豊前国下毛郡諌山郷の南の高山に行き、大菩薩の母大帯姫の垂迹した洞に至って、大声でその責任を問うた。その声が伊予の石鎚山まで聞こえた。それを聞いた大菩薩は金色の鷹に変じ、金色の犬をつけて飛び返り、その山で法蓮と語り合われ、「我は八幡で、この珠を賜れば利益が一切有るから、宇佐に垂迹した後、汝を神宮寺の別当にして仰ぎ奉るから、同心して天下を鎮め護るべし」と言われた。そこで和与がなり、八幡は永く珠を得給うことになった。高山は猪山《いやま》の上の大嶽峯であって、今にその時に和与した御座の石、石躰の大菩薩、金色の犬の変じた石がある。

この話は、宇佐郡の共鑰山《ともかぎやま》（妻垣山）より釈迦牟尼仏一体・剣五口が延久三年に堀り出され、これを七十余年後、御許山の西の霊山に移したことを書いた『人聞菩薩朝記』の内容を元に、他の書や修験の伝承などを参照して鎌倉時代の末に書かれている。

『人聞菩薩朝記』（石清水文書之五、宮寺縁事抄、第二所収）の冒頭に「文武天皇十一年の五年を改めて大宝元年とす。大宝天皇坐す時、十善の朝位を捨て、外の唐朝に向い給い、神亀五年に日本国の中の九国二嶋に返り住き給う日、唐土の海中にして大弘願を発し、我今日外に向かうべからず、また他朝海中にて慈石に八幡の文字を書きつけ起請して云う」に始まり、唐から帰ると八幡大菩薩になり、それより前述した話を簡略に記している。唐から返る時に八幡になっているから、大宝天皇とは九州年号の大宝の時の天皇であろう。大和朝廷の大宝は文武天皇五年から大宝になっているが、『続紀』によれば、文武天皇五年三月に対馬嶋が金を貢じ新しく元号をたて大宝元年としたとある。九州年号の大宝が文武天皇の四年であるから盗用したとしか考えられない。

以上の中の北辰神が何であるか最重要である。宇佐に前から鎮座していた神であったことになり、後に宇佐八幡宮ができると、応神天皇を祀る一之殿の北西にある北辰社の祭神であり、法蓮の先祖代々から伝わった社であって、これが法蓮のする役目を表わしていたのである。すなわち、北辰とは北極星を表わし、これを中心にして星が動くことにより、夜空を見る天体観測をすることで、年の巡りや季節を知ることができ、これが倭王の最大の役であり、倭国傳で唐の皇帝に改めるいわれた倭王の役であったのである。そのために北辰神に法蓮の居場所を聞いたのである。この約束によって、法蓮が倭王の役を八幡神に譲り、その代りに弥勒寺の別当になることになっている。先の大帯姫のいた山は、中津市内のもと三光村にある八面山であり、この三光村は諫山郷に含まれ、その中に三角池を造った佐知氏のいた佐知がある。諫山氏は『姓氏録』河内神別にのる「勇山蓮、神饒速日命三世孫出雲醜大使主命之後也」とある氏族で、出雲の国譲りした時に、大己貴神側についていた物部氏であって、九州に左遷されていた。豊前の京都郡にも諫山があり、安閑紀に、物部尾輿が筑紫の胆狭山部を献上した記事がある。

以上の話は、勿論、創作であるが如意宝珠は王位を意味しており、法蓮より大和側の提案する八幡神に移ったことになる。別の巻では斑蛇が倶利伽羅の名であり、仏教語では岩の上に立つ剣に、火焔に包まれた黒竜が巻きついた形を不動明王の化身とされる。この不動明王は金星で太陽に従って動くことにより、大日如来の従者であるから修験につながる話と混交している。

大神比義が辛島勝乙目と共に鷹居社で祈祷した話は前述したように有りえず、『託宣集』や『扶桑略記』にのる「厩峯《うまやみね》菱形池《ひしがたいけ》の間に、鍛冶の翁有り甚だ奇異であった。これに依って大神比義が三年穀を絶ち、籠居精進し、そこで幣帛を捧げ折りて言えば、もし汝が神ならば我が前に表われ顕れる可し、即ち三歳の少児に現れ、竹葉に立ちて宣し、我は是日本人皇譽田天皇広幡八幡麻呂也。我名護国霊験威力神通大自在大菩薩、国々所々垂跡を始めて顕すのみ、とあった。これが作られた大神比義の祈祷であった。欽明天皇の末に大神比義が祈祷したとあるのは、全部創作であり、この池畔の精進も創作であった。『続群書類従』所収の「諸国鍛冶寄り」の中の諸国鍛冶上寄の初めに「天国和州宇多郡住文武天皇御宇、神息豊前宇佐郡住元明天皇御宇」があり、菱形池の池畔に神息屋敷跡がある。これを利用して鍛冶の翁を創作したことは明らかである。貝原益軒の『豊国紀行』に到津大宮司の家で神息刀を見せられたことをのせている。

鷹居社より小山田社に移ったのを、辛島氏による『承和縁起』では、天智天皇の年にしているが、この年間に辛嶋勝裟婆が唐より帰った時であるから、忘れぬために造ったとした可能性がある。

法蓮が八幡神と和与した後の法蓮の行動は、小椋山に応神天皇を祀る一の殿が神亀二年、続いて比売神を祀る第二殿が天平五年に完成するまでは、東の日足林の弥勒禅院に住み、大神比義はその南の南無江に薬師勝恩寺に住んでいた。これをもっても大神比義が古く出現した創作がされていることが判る。八幡宮が完成すると、約束通りに両社を合わせた弥勒寺が八幡宮の境内に建立され、法蓮の血筋の者がその別当にされているが、法蓮は自称流浪行者とあるように、居所を定めず山に登り留まって日想観をしていたとされ、虚空蔵寺の対岸の山で行なっていたので、地元の豊川では和尚山と呼ばれていた。夜の天体観測でなく太陽の運行により季節を観測していたことになるであろう。その最後は、安心院町から出発し、円座から御沓に渡り東の高並に行き、この地方で最高の山である鹿嵐山《かならせ》（七五八メートル）の二上になった頂上の鞍部から下った所で没したとされ、江戸時代に建てられた墓が高並の竜翻寺《りゅうはんじ》にあり、粗末な建物の中の墓石に『託宣集』にのる文字がびっしり刻まれている。

第二十一章　辛島氏のこと

　この氏族については、先章で猿女君の氏族で宇佐八幡宮の禰宜職になっていたことを述べており、景行天皇が邪馬台国を滅ぼして、日向国の薩摩隼人を従えたことは当然知っていた。『八幡信仰の研究』において第一章の中に、辛島氏について書かれているが、古代史学者の通例であるように、確かな文献をもとにして考察するため、神代の記事や、景行天皇の邪馬台国を滅ぼし、日向に下り薩摩隼人を征服し、この地方の女性を娶り豊国別皇子を産んでいることを、歴史上の事実でないとして考察することを止めている。

　それでありながら、第一章に辛島氏について、その系図の始めに豊前北部の地名の載せる辛島氏系図が出されているのである。そして、辛島氏の書上帳により男も女性の名で呼ぶとし、猿女君でも男はその女の名で呼ばれることに気がついていられない。そして、数ある八幡宮の史料の中で、辛島氏による八幡宮の記録を重要視され、辛島氏による『承和縁起』を尤も重要視されている。

ここで同著の第一章にのる辛島系図を引くと、

素戔嗚尊―五十猛命―豊都彦―豊津彦―都万津彦―曽於津彦―身於津彦―照彦―志津喜彦―兒湯彦―諸豆彦―奈豆彦―辛嶋勝乙目

とのせている。そして最初に、家伝によると、三女神が宇佐嶋に降臨以来奉仕する女官の家にて、先代皆女姓を以て呼び来候とある。

以上の三女神は『書紀』の一書から引いていたことは明らかであり、更に肥前国西南海中に五十嶋がこれであるとの創作をし、素戔嗚尊の別腹の子で韓国を知ら占め給い、それで韓嶋の号が起き、後に辛嶋になったとする。

中野氏はこの系図の始めの名は素戔嗚尊とその子の五十猛命名を用い、九州の南部の地名を羅列しているとする。祖神を素戔嗚尊とするのは『書紀』の素戔嗚尊の記事を引いていることは明らかである。

始めに景行天皇による邪馬台国征服における九州における地名が出され、皇孫である瓊瓊杵尊が降る時に、先に立って案内する猿女君の話が詳しくのせられていたのである。これを景行天皇が天降ったとすれば、それに付随する猿女君がいるはずである。それで猿田彦の男の名を女の名で呼ぶことを示していたと考えられ、先のように辛島氏は男でも女の名で呼ばれていた。大隅国の国司が殺された時に、大隅隼人を討つために、宇佐法師団が宇務首に率いられ征討する御杖人に、辛島勝波豆米《はづめ》と女の名であるが事実は男であった。すると猿女君族の男であったことになる。

辛島氏から八幡宮の禰宜職が出るのは、巫覡を職としていたためで、俀国傳にも尤も巫覡を信じるとあり、山上憶良の歌にも病の時に巫覡に頼ったことをのせている。巫覡は神に仕えて人の吉凶を予言したり、神と人との感応を媒介する者と辞書にのせられており、特に八幡神の託宣を伝える役を禰宜がし、託宣が何年もない場合は解任され、他の者に代えられていたのである。

辛島氏の出自は、最初、神話の三女神の降った葦原中国の宇佐嶋にいたが、それより大和の宇陀の瞻吹峯より紀伊の名草島、吉備の神島、周防の娑婆に移っている。これは猿田彦が宇陀から発し、途中で出雲が国譲りした時に、多分、丹波に発した天鈿女が合流し、景行天皇の邪馬台国征服の発進地である周防の娑婆にいた。これにより、辛島系図にのる地名が始まったのである。従って豊都は景行天皇が仮宮にした豊前の京都郡、次の豊津は中臣氏の発生地である仲津郡になる。これより日向に行くから途中の地名が出ていないのであった。辛島氏の系図で最終の辛島勝乙目の時、宇佐郡の辛島の地に落ち着いていたことになる。日向地方の名が多いのは、景行天皇が薩摩の国を従えてより、その子孫が日向の各地を転々としたからであろう。都方は西都原古墳群のある妻町、児湯は児湯郡、諸豆は諸県郡を表わすのであろう。『豊後国風土記』に、豊国の発生の記事が冒頭にのせられており、簡単に要約すれば、豊国直の祖になる菟名手《うなて》が景行天皇の世に豊前の国の仲津郡中臣村に行き、夜になったので宿をとった。夜明けに白い鳥がこの村に舞い集まり、下僕に見に行かすと、鳥が餅になり、みるみる数千の芋草になった。そこで菟名手が目出度い徴であると朝廷に報告すると、天皇は天の賜った珍しいしるしの物、地の神から授かった地の豊草であるといわれて、菟名手を豊国直にされた、とある。この中の白鳥は中臣氏の人々で景行軍に降伏した例え話であろう。菟名手は出雲族である。

辛島系図の最終は辛島乙目であり、この人物から宇佐の辛島氏の伝承が始まっている。

辛島勝乙目の時に、比志方の荒城潮邊に移り坐し、その時、辛島氏の上祖辛島勝乙目が大御神の許に参り、長くひざまずき託宣を待った。この荒城潮邊では辛島乙女が迎え、乙女社が創られている。私はこの時、宮成氏の宇佐氏と始めて接触した話と思っている。荒城は因幡の邑美郡に入った中臣の荒木氏と思うのである。因幡より宮成氏を送り出した時、一族の中に、自己の使人を共にさせていたのが、辛島氏と接触し、宇佐氏の来たことを告げたと思う。現在の地図を見ると宇佐市四日市の周防灘に面する所に乙女社があり、すぐ南に荒木の地名がある。年代を考えると辛島氏は敏達天皇の始めとするので、大神比義による八幡神の発現と違い、宇佐氏との接触であろう。正しいとすれば、六世紀の後半ということになり、敏達天皇の世にするのに一致している。次に近くに泉水が湧き、大神は其処に坐して口・手・足を洗われた時、豊前国に元よりいた神の崇《たか》志《し》津《つ》比《ひ》売《め》神《かみ》が酒を奉った。これにより酒井泉社が建てられた。それより宇佐河の渡りにある瀬社に移り、次に右岸の鷹居社に移り、神が荒びて通る人の半分を殺し、辛島勝乙目が三年祈祷して大御神の心を和らげ名を鷹居社といい、その祝になったとある。この中に社の建てられた年代が書かれているが、鷹居瀬社は大神比義と共に祈祷したことにより出来たことになっているのは大神氏の創作であり、天智天皇三十年に小山田村に移ったとしたのは、唐よりは帰国したことを意識して作ったのであろう。従って、乙目の話は創作のようであるが、大神比義が欽明天皇の末に八幡神を現わしたより複雑であり、辛島氏の話に事実が含まれ、持統天皇の時に、法鏡寺にいた大神氏に野二町を賜り、辛島氏が大神比義に接触したことにより、大神比義と辛島乙目が祈祷して鷹居瀬社ができたのが和銅五年とするのは、事実ではないのである。

以上の話の中で、乙目により荒城磯邊で乙女社が作られ、続いて酒井泉社が造られるのに、豊前国に元よりいた神の祟志津比咩神が出て、菩薩でないのは不思議であり、祟のつくのに因幡国邑美郡に入った荒木氏を祭る神社の名が中臣祟健社で祟の着くのが気になり、豊前にいたこれを知らされていた中臣氏の女であったのかもしれない。

すなわち、これ等の話は山国川辺に入った宇佐氏と辛島氏の接触であって、大神とは八幡神ではなかった。

香春神社のこと

この神社について考えると、景行西征で神夏磯姫が降伏したのは、邪馬台国の王の豊与（台与）であるとはすでに述べているが、豊比咩に関係するためすこし詳しく述べたい。香春《かわら》神社は福岡県田川郡香春町にあり、一ノ岳・二ノ岳・三ノ岳と続き、神社は一ノ岳の南麓に坐し、『豊前国風土記』逸文、鹿春の郷条に、第二峰に銅があるとのせるが、三ノ岳麓に近く銅を産出し、採銅所の地名がある。香春神社の背後の一ノ岳は石灰岩のため、セメントの採取地にされ、頂上から削られて山容がすっかり変わっている。石灰岩のある地方に銅が産出し、山口県の秋芳洞の近くにある長登銅鉱があり、この銅山の銅が奈良の東大寺の盧遮那仏に使用されたことが判明している。この鉱山で働いていた氏族の名の木簡が発見され、大神部・安曇部・日下部があった。これらの名は、豊前国の採銅所の採掘と関係が深かったと思われ、八幡神が銅に関係が深いことが知られているが、これらの仕人が豊前国に多いからと思われる。

香春神社と宇佐八幡宮だけ『延喜式神名帳』に豊前国でのせられている。一ノ岳が忍骨命、二ノ岳が辛国息長大姫大目命、三ノ岳に豊比咩命が祭られ、この香春神社には三神が併祭されている。この中の豊比咩は邪馬台国の卑弥呼の跡を継いだ壱与（台与）にみられている。邪馬台国で卑弥呼の死んだ後に、男王が立ったが、連盟国が受け入れず、相誅殺し宗女壱与が王となり定まったが、壱与は豊前の北部にある国の中心の香春町に移されていた。忍骨命は、神話の天照大神の子正哉吾勝勝速日天忍穂耳尊の亦の名である。次の息長がつくのは、神功皇后を思わせ、辛国は皇后が日矛を祖にするため、目は目一つ神が鍛冶に関係するため付けられたように思われる。そうするとこれらの祭神は、重要な人物の人格神になり、それで法蓮が何処にいるかと、八幡神になる菩薩が、法蓮の行方を香春神に問うべしと言ったのである。この社の一と二の岳の神主は渡来人の赤染氏とされ、三の岳にある古宮八幡宮が台与を祭り、その神主長光氏はツヌガアラシトの後裔とされ日矛の後裔になり、息長につながるようであり、その祭る現人神社があった。香春神社の南方の田川市の上伊田に天台廃寺跡があり、この寺は宇佐の法蓮の住む虚空蔵寺の軒平瓦の顎の部に文様のある新羅系の瓦が用いられ、最澄が唐に渡航する前に、この寺で転読し、続いて宇佐に参っている。帰国後も両社に参詣しており、宇佐の神仏習合に深い関心があったのであろう。

宇佐八幡宮の放生会の際、豊比咩命を祭る古宮八幡宮の清祠殿で長光氏により神鏡になる鏡が鋳造されるが、この詳細は『豊日別宮古記』に残されており、三殿の鏡を鎮造する記録であるから、神功皇后が宇佐に祭られた以後の記録であり、本来の姿とは変わっていよう。このことは、香春神社がいつ成立し、三神を祭ったかに関係してくるのである。この神社の成立時期については、仁明天皇承和四年十二月条に、此の社が官社になったことをのせ、最澄が唐に渡航するのにこの社の神の援助があり、その詳細をのせている。従って、八幡宮が成立したあとであるから、それ以前から豊日咩を祭る社があった。

赤染氏がどうして神主になったか判らぬが、宝亀八年四月条に、「因幡国八上郡外従六位下赤染帯縄等賜姓常世連」があり、八上郡は宇佐氏の本管地であったから、宇佐氏が山国川の右岸に来た時、赤染氏の人が連れだってきて神主になったのかもしれない。彦山に英彦山神社が創建されると、頂上に三つの岳があることにより、天忍骨尊・伊奘諾尊・伊奘冉尊の三神を配されて、宇佐八幡宮の真似をしており、忍骨尊は香春神社の祭神を神代上の勝速日天忍骨尊が瓊瓊杵尊の父であるため、八幡神が瓊瓊杵尊につながる景行天皇であるのを知って、祭神を垂仁天皇にしたと推定され、これにより宮崎県の臼杵郡の高千穂神社も垂仁天皇の創建にされたことになっている。それは、この神社の神主が英彦山神社の神主になっているからである。九州系の弓削連の祖が先述している『姓氏録』に、地祇で天押穂根命が御手を洗い、水中より化生した神としたのは、忍骨命から生まれた筑穂の人物であったからであろう。『姓氏録』の作られた時代に、すでに忍骨命より生まれたことをのせていた。彦山が英彦山と名づけられたのは、法蓮が百年以上彦山にいて、嵯峨天皇により英彦山の名を賜ったとするのは創作である。

余談になったが、古宮八幡宮は和銅二年の創建とされる。長光氏が古宮八幡宮の清祠殿において神鏡を造るのに精進潔斎して銅を熔かし、三面づつ九面造り豊日別宮に神輿に載せて送る。清祠殿で神鏡を造る間に、天照大神のいる仮の室を清祠殿の脇に作る。これ等の鏡は、宇佐八幡宮の放生会の際に、神体にする神鏡である。放生会の行事が何時始められたか不明であり、勅使が今井津に着いて、昔の仲津郡中臣村にある豊日別宮に参り、宮幣を神殿に安置し、豊日別太神と合わせて祭り官幣太神として崇めた。神輿を社に守り置いて、勅使・在庁官人・神官人・氏人等は採銅所に到り、鏡（内向花文鏡とされる）が完成すると祭事を終えて、阿智見山を越え草葉宮（京都郡祓郷村大字草場字西ノ前、郷社）に参り、今川を渡り仲津郡の久佐波神社の官幣太神に合わせ祭る。それより放生会のために、豊前国北部の郡人等が従い進発する。

放生会の御進発の節に御唐櫃三合の櫃緒を恭く製する。ここで重要な細註が細字で載せられている。これによれば、京都郡岩隈村名族麻剥製を以て之を献ずとある。

麻剥のこと

麻剥は景行西征において、壱与である神夏磯姫が船に乗って降伏した時、悪い賊の土折猪折・麻剥・耳垂・鼻垂がおり、兵を集めて迎え撃つと告げられると、麻剥に色々の物を与え籠絡し、他の三人等を呼び集めさせ一網打尽に殺していた。

これらは邪馬台国の連盟国王で麻剥は田川市より彦山川の上流までを占め、耳垂は山国川の上流の中摩にいる中臣氏の王であり、鼻垂は宇佐川の上流の安心院にいる卑弥呼の後を継いだ男王であった。ここに邪馬台国の四連盟国王が殺され邪馬台国が滅び、筑前国の宗像郡の首長が邪馬台国の王となり、先章で述べた遠賀郡に住む岡県主であった。私はこの麻剥が生きていたとは思いもしなかった。恐らく呼び集めた功により助命され、日田市の小迫辻原の豪族の居館跡の二番目の館に豊姫、三番目の館に麻剥がいたのであろう。英彦山の南側であり、仲津郡にいた耳垂の一族の中臣氏の祖は天児屋命で、この時に降伏し、景行軍の先鋒として従い、山国川の上流は日田市であるから麻剥と共謀したかもしれない。岩隈の地は阿知見峠から平野部に下る途中にあり、近くに諫山があるのは安閑天皇元年に先に述した盧城部連の事件により物部尾輿が献じた筑紫国の膽狭山部であろう。

猿田彦神社の成立

豊前北部にあるこの名の神社が何故に産まれたか、辛島氏との関係があるのか、その内容がどのようであったか、以下これについて考えたい。

豊日別神とは、どのような神であったか、これについて、『宇佐信仰の研究』の第一章によれば、京都郡の草場神社に最初に祭られ、この神を祭る神社は、豊前北部の規矩・田川・京都・仲津・筑城五郡の民が信仰し、各地にこの神社が作られ、下毛郡中津市角木郷社、闇無浜神社の相殿にあり、この神がどんな神であったか、この由緒について草場神社の縁起が唯一詳細な史料であって、最古のものは天慶六年（九四三）九月の神官式部少輔宗茂の伝えであって、これは伝承と思われ、これによれば、豊前国仲津郡久沙波官幣大神宮猿田彦神社とあり、欽明天皇二年九月十八日、筑紫日別大神宮大伴連牟爾奈利に託して、天照大神の分神猿田彦というとある。何故、猿田彦になったのか、その理由が考えられていない。辛島氏は猿女君の氏族であったが、猿田彦とは関係が薄い。宇佐神宮に辛島氏が爾宜職をしている間に猿田彦の神社を造ることはないであろう。恐らく辛島氏が宇佐神宮との関係が薄れた頃に、猿田彦を祭るようになったと思われる。これは邪馬台国が亡ぼされ、筑前に住む岡県主が豊国を支配するようになって、仲哀・神功皇后軍に征服される際に、大倉主と菟夫羅媛が邪魔をするので、祭って船が進むようにしたのが宇陀伊賀彦の猿田彦であり、その際、辛島氏の猿女君の氏族が多数従い、二人の男女神が豊前北部の企救郡の王であると知らせ、そのため猿田彦の名が知られたと思われる。

『書紀』神話にのる猿田彦は、吾は伊勢の狭長田の五十鈴の川上に到るべし、とあったように、現在、五十鈴川のほとりに伊勢神宮があるが、その北方の五十鈴川の左岸のすぐ近くに猿田彦神社がある。猿田彦を五十鈴川の辺に祭る約束に従ったことになる。

大伴連牟爾奈利に託したのが欽明天皇二年九月十八日であるのは、『古事記』の序文の中に、和銅四年九月十八日に稗田阿禮の誦む所の勅語の旧辞を撰録して献上せしむ、とあるのに月日が同じである。一方、現行橋市内（旧京都郡）に下稗田遺跡が弥生時代後半より古墳時代にまであった。すると大伴連の話は、『古事記』の序文に依った可能性が高くなり、偽作であったとすることも出来る。

猿田彦と猿女君の出自

ここで猿田彦の出自について『書紀』の記事によりたどってみたい。神武天皇の即位前紀に、神武軍が八咫烏に導かれ宇陀県に至った時、兄猾《えうかし》・弟猾《をとうかし》がおり、この二人はこの地の首長であった。弟猾が皇軍に来て「兄猾が新宮《にいみや》を造り、その中に押機《おしき》を作り、ご馳走しようとしています」と告げ、大伴の道臣命に命じ、兄猾をその宮に追いこみ、圧死させた。その後、宇陀の高倉山の頂上より宇陀の中を見渡すと、国見丘の上に多くの強い兵を置き、女坂に女軍、男坂に男軍を置き、女坂男坂の名はこれより起こった。また磯城の磐余邑《いわれむら》に兄磯城の軍が満ちていた。そこで天皇はこれを憎んで、その夜にみずから折って寝ると、夢に天神が「天香山《あまのかぐやま》の頂上の土を取って天平の瓮《ひらか》八十枚を造り、併せて厳瓮《いつへ》を造り天神地祇を敬い祭れ。また厳呪詛《いつのかしり》をすれば、敵は自然に平服するであろう」とあった。そこで椎根津彦を老父、弟猾を老婆の姿にして、天香山の土を取りに行かすと、磐余邑にいた兵は、その姿により見過ごし持ち帰ることが出来た。この項の記述により神武東征が、神功皇后の東征を書き替えていたことがわかる。何故なら椎根津彦は、景行天皇の孫の武位起命で大倭直の祖であったからである。

従って、これ以下の『書紀』の記述はすべて創作であるが、この記述は巫覡のする所作によく似ている。私にはこの弟猾が猿田彦にされた人物のように思われる。猾の名はけもの偏に骨の旁が付けられており、そのイメージは邪悪を想像させるからである。

宇陀は伊勢・伊賀・大和・紀伊に通じる中心を占め、この地にいて山岳の様子に熟知すれば、他地方に行っても大体の方角の見当をつけることが出来たと考えられるからである。『古事記』によれば、弟猾は宇陀の水取《もひとり》等の祖とあり、等の中に猿田彦がいたのであろう。

一方の猿女の君がどの地方の出身か推測できるのは、景行天皇の母方の日葉酢媛命は丹波の出身であり、景行天皇の西征にはその一族が従ったと考えられるので、『大日本地名辞書』の中で丹波地方に猿女君の出身地をのせる記事のあったのを思いだし調べると、丹波国天田郡六部郷の

萩原は天鈿女の降臨の地で、雲田と呼ぶ所あり、歌名所で『千載集』にのる主基方稲春歌に、

天地のきはめも知らぬ御代なれば　雲田の村の稲をこそつけ

があった。「丹波志云う一書に、王政附庸の国なりと録す。王政附庸とは天子の登極、大嘗祭を行はせ玉う時に悠紀方、主基方の供御を近江丹波に定め玉ひ、又人夫の課役も畿内に並べ取り用いたることによるべし」とあり、「丹波志云う、抑々丹波国は天皇家の直隷なり、故に俗に御即位位料国の称あり…」とある。

天田郡は但馬国出石郡の東南に接している。従って日矛の実在したことを実証しているであろう。

齊明天皇の話

この天皇の時に唐を征討する話が始まるので、九州に別の国があったことを逸話であるが述べたい。天皇は皇太子の天智天皇の一行と共に筑紫に行き、七年五月に、筑後の朝倉に橘広庭宮を作り滞在された。宮を作るのに朝倉社の木を切り除けてこの宮を作ったため神が忿って殿を壊し、亦、宮の中に鬼火が見えた。これによって大舎人や諸々の近侍で死ぬ者が多かった。これより先述した伊吉史博徳書が続き、韓智興の讒言の話がある。七月に齊明天皇が崩じる。八月に皇太子が天皇の喪に従って、磐瀬宮に還る夜に朝倉山の上に鬼が有り、大笠を着て喪の装いを臨み見て、

人々は怪しんだ。この鬼の話は天皇の即位した元年五月条の続きである。これによれば庚午の一日に、空中に龍《たつ》に乗った者があり、貌《かたち》は唐人に似ており、青い油の笠を着て、葛城嶺より馳せて膽駒《いこま》山に隠れた。午の時に至って、住吉の松嶺の上より西に向かい馳せ去りぬ。とあった。葛城嶺は雄略天皇に滅ぼされた葛城襲津彦のいた地で、先述したように、日田市の小迫辻原の豪族の居館にいた高良玉垂命の子孫で筑後川に縁があり、朝倉山は彦山の連山である。従って、以上の話は実話かどうか判らぬが、葛城山が葛城襲津彦族を表わすことは、その出身地からして当然であり、なお、伊吉史と唐朝で争った韓智興等の中に布師首磐がおり、布師首は葛城襲津彦の同祖で『姓氏録』に生江臣同祖とあり、生葉臣も同祖で朝妻の地名がついて回り、九州王朝側であり、彦山には法蓮がいたので、一致して大倭王朝側の後方攪乱の戦術を用いたのであろう。

なお、余談になるが齊明天皇が崩御される時の逸話が「大安寺伽藍縁起」（寧楽遺文）所収に遺されている。天皇が筑紫の朝倉宮で崩御されようとする時に、いたく憂えられて、この寺に誰か参るように勅せられた。天智天皇が来るのを待っている間に、勅して言われるに、開い髻《もとどり》墨刺《さし》を刺し肩に鉾を負い、腰に斧を刺て奉らんと奉し、皇后が奏されるに、妾は我が夫と炊女《かしぎめ》として造り奉らんと奏し、時に手柏《たかしわ》し慶し賜り崩ぜられた、とある。

なぜこの話をのせたか、といえば、『令集解』喪葬釋に謂う「遊部幽顕を隔て凶癘魂を鎮めるの氏也、終身事勿く、故に遊部と云う」とあり、この部の説明に、垂仁天皇の子孫の圓目《つぶらめ》王が伊賀の比自支和気の女を妻とし、凡《おほよそ》天皇の崩ずる時は、比自支和気が殯所に到り、その事に供奉した。その氏の二人を取って名を禰義《ねぎ》・餘此《よし》とした。禰義は刀を負い並びに戈を持ち、餘此は酒食を持ち刀を佩し並びに中に入り奉仕した。ただ禰義等の申す辞はたやすく人に使われない。雄略天皇の崩じた時、比自支和気を廃していた為、七日七夜、御気を奉らず天皇が荒びたので、その氏人を探したが、圓目王が妻にしていると聞き召したが、妻が我が氏族は死に絶えて妾はだけで、女は兵を負うことが出来ぬといったので、夫を替わりにその事に奉じさせると和らぎられた。その時に賞されて八束毛になるまで遊ぶよう詔され、それで遊部君の名がつけられた。但しこの条の遊部は所謂、野中古市人の歌垣の類、是也、とある。比自支和気は火食別と思われ、それで火が夜であるから夜に行なわれる行事にしたのであろう。

なぜ横道にそれたかといえば、私は猿田君が宇陀伊賀彦であることを調べている時、伊賀国伊賀郡に比自支庄のあるのに気がついたからである。それまですでに遊部のあるのを知っており、男と女の組み合わせが猿田君と猿女君の組み合わせとよく似ているからであった。

神功紀に仲哀天皇が崩じた時、ひそかに豊浦宮で殯をし、无火殯斂《ほなしあがり》をしたというのは、火を用いずにしたことを示し、允恭紀に葛城襲津彦の孫の玉田宿禰に反正天皇の殯を司らせ、天皇が尾張連吾襲《あそ》を葛城に遣わし様子を見さすと、男女を集め酒宴をしており、吾襲が任務を告げると、帰途に殺され、玉田宿禰が武内宿禰の墓域に逃げ隠れた。天皇が玉田宿禰を召すと鎧を着ていることが露見し、玉田宿禰がころされている。

古代ではずっと殯の仕方が定着していたことが察せられる。大安寺という僧のいる所に殯《もがり》に仕える役がいたことになる。

なお、私は火食から海藻のひじきの名が生まれたのではないかと想像している。その色が黒く喪にふさわしい。名のりその花が玉のあるほんだわらりの藻であるのと同様である。

神楽歌のこと

朝倉

　　　本

朝倉や木の丸殿に

我が居れば

　　　末

我が居れば

名乗をしつっ行くは誰

この朝倉について或本による一説があり、その一本に

本

朝倉やをめの湊に
網引せば
玉の少女に
網引合ひけり

末

葛城や渡る久米路の継橋の
心も知らずいざ帰りなむ

がある。最初の朝倉は、齊明天皇の崩じた朝倉宮にとる説がある。木の丸殿が仮りの宮に合っているからである。

神楽歌がでたので折口信夫氏による歌の最初に出る阿知女作法とは、安曇氏に縁があり、宇佐八幡宮の歌が石清水八幡宮に伝わり、宮中の神楽になったのではないか、とする説を証明したいからである。

神楽歌の最初は庭燎《にはび》に始まり、次に阿智女作法があり

本

あちめ
お々々々
　　末
おけ
あちめ
お々々々

とある。これは神功皇后が新羅征伐をしようと、安曇海人の援助を求めるのに、その長の磯良《いそら》（細男《さいのを》）を呼び出すと、磯良が身体に貝殻や藻を身に着け醜いために、それを剥がして出るまで暇がかかるので、お々々々と時間稼ぎで長くなったとされている。

　ここで宇佐八幡宮に伝わる歌の中で、これまで述べてきた中の典型的な歌をのせると、神楽歌の中の小前張《こさいはり》の薦枕がある。薦枕が何を意味するか詳細に述べており、すぐ気がつかれるであろう。

薦枕

　　本
薦枕　いや

高瀬の淀にや
あいそ
誰が贄人《にえびと》ぞ
鴫《しぎ》突き上る
網下し小網さし上るや
あいそ
誰が贄人ぞ
鴫突き上る
網下し小網さし上る

末

天に坐すや
豊岡姫のや
あいそ
其の贄人ぞ
鴫突き上る
網下し小網さし上る

続いて本返と末返が続き省略

本方

あいし々々々

末方

あいし々々々

薦枕は薦八幡宮の祭神であり、その前で香春《かわら》神社の古宮八幡宮の祭神である豊比売のための贄人が猟をしているのである。この場合は高瀬の枕語として用いられているが、この高瀬は放生会の際に、造られた鏡を載せた神輿を運ぶ一行が、山国川の右岸にある高瀬で一泊する。高瀬は薦枕を祭神とする薦八幡宮に極く近くである。

以上からして宇佐八幡宮の歌であることは明瞭である。そして庭燎に続く採物歌の幣・杖・篠・桙の段に、いずれも天に坐す豊岡姫の名がでているのである。『八幡信仰史の研究』の第一章の中に、豊前国上毛郡大平村の下唐原の薬丸は、姓を丹波氏という宇佐八幡宮の「楽所検校」がいたとある。薬丸の場所は山国川の左岸にあり、対岸に宇佐氏の居着いた場所の佐知がある。上毛郡の山国川の河口の新吉富村の古表社は、放生会の際に傀儡船を出し、八幡宮賛歌の「くにのおさのおしくるよう」の歌があるのは丹波氏が採録していたのであろう。猿女君の出自の地があったので、辛島氏の縁故者であったのかもしれない。

「年中行事秘抄」にのる鎮魂歌は片仮名であるが、書き直すと次のようになるが、これまでの拙著の中でたびたび述べているので、簡単にその要点をのせることにする。この歌は陰暦の冬至に当る十一月の中寅日に於ける宮中での儀式で歌われ、石清水八幡宮で始められたと思われるが、石清水八幡宮は貞観二年に大安寺僧行教により勧請されているので、それ以前に京に伝わっていたと考えられ、清和天皇の元年に行なわれている。

「あちめ一度　お々々々三度」で始まり、その中で二番目に「石上の社の太刀」で始まり四番目に「上《のぼ》ります豊ひるめが御魂ほす　本は金矛末は木矛」とあり、五番目に三輪山　六番目に穴師の山がある。続いて魂匣をもって魂上がりした神が今来るとし　最後に、さってから来た御魂を帰すなといい、各番の頭にあちめが出ており、歌の終わりに一《ひい》二《ふう》三《み》四《よ》五《いつ》六《む》七《なな》八《や》九《この》十《たり》といい、十度読む度毎に中臣が玉を結ぶとある。この歌の間に猿女が伏せた桶の上で桙を突いて踊っている。この玉を結んだ縄をその年の十二月に天皇の御魂を斎戸《いわいと》に鎮める。これは祝詞の「鎮御魂斎戸祭」にのせられ、『三代実録』清和二年条に、盗賊が斎戸から盗んだことが載せられている。この行事が行なわれるようになったのは、この頃に天変地異が起きるのは祟り神のためであるとする怨霊信仰が流行していたので、そのため、天皇家の怨霊を玉に結んで天皇と一緒にいるとして鎮めようとしたのである。五月五日に神泉苑にて御霊会を修し、崇道天皇等六人を祭っている。

漢詩による二王朝の存在

神楽歌により九州に別の王朝の存在することを証明したが、最後に漢詩によりこの説を補強したい。漢詩が奈良時代に存在したことは、『懐風藻』により知ることが出来る。その中に従三位中納言兼中務卿石上朝臣乙麻呂四首がある。その中の一首、

五言、贈掾公任入京一首

余含南裔怨　君詠北征詩　詩興哀秋節　傷哉槐樹衰
弾琴顚落景　歩月誰逢稀　相望天垂別　分後莫長違

この詩を詠じた乙麻呂は、最初に太宰師になった石上麻呂の子で、宮延内の風紀紊乱罪で摘発され、彼は久米連若女（藤原宇合の未亡人）と通じ、その罪で土佐国幡多郡に流罪になっている時、詠じた漢詩で、丁度この時に太宰少弐の藤原広嗣が君側の奸を除くとして挙兵した時（天平十二年）に当り、幡多郡の掾《じょう》であった役人が京に転任になり、その人物が広嗣に賛同していたことを示し、南裔は九州にいた景行天皇に従った子孫の恨みを示し、槐樹衰はその王が衰えたことで、天垂別は天垂矛の別であったことを示している。ちなみに幡多国造は『国造本紀』に「波多国造、瑞籬朝御世に天韓襲命の神教に依り国造に定め賜ると云う」とある。これは景行天皇が国造に定めた意であろう。

終章　出雲と豊国の交流、大倭直・多臣の祭神、天日槍の話

『延喜式』神名帳に筑前国夜須郡於保奈牟智神社、小社がある。この社は「新抄格勅符抄」によれば、筑紫の大己貴神社は六十戸の神戸を持つ九州で宇佐神宮に次ぐ大社であり、三輪神社と呼ばれている。これが神功皇后の東征する時には、その神主は大三輪大友主君になっており、帰還すると大和の三輪神社である大神大物主《おほみわおほものぬし》神社が創建され、筑前の三輪神社より十年ほど遅れている。すると神功皇后東征は十年ばかりで終わったことになる。次に大己貴神が国譲りして、出雲国出雲郡に杵築神社が造られると大己貴神がその祭神である。現在の出雲大社の前身であり、杵築の名が除かれている。現在の大分県杵築市は同名であり、ここに前述した薦枕の行幸会の済んだ後に、これを受け取りに来た奈多八幡社の司神人が住み、杵築の名は後に作られたのであろうが同名である。そして薦枕は出雲の事代主命に付けられた名であったから、この薦枕が四国の八幡社に移され、それより三机から瀬戸内海の海に流されるのは、事代主命が海に身をなげられたと同様であり、祟り神を海に流したことになるのであろう。

これは出雲大社が杵築より出雲の名に変わると同様な神事が行なわれている。これは『類聚三代格』に太政官符として、延暦十七年十月十一日付に「禁下出雲国造託二神事一多娶二百姓女子一為上レ妾事」とあり、これにより意宇郡大庭にあった国造館を離れて、出雲郡にあった杵築大社の宮司にされて移ると、それまで鑰を預かり祭祀をしていた宮司が上官別火氏にされ、『出雲大社』（千家尊統著　学生社刊）にのる「身逃神事」（神幸祭）と「爪剥祭」が別火氏により行なわれる。現在は八月十四日に前者、後者が八月十五日に行なわれているのは、夏越の神事としてであろう。前者の身逃神事の宮司はその間、別の禰宜の家に籠もっている。爪剥祭は別火氏が元の祭司になる行事で夜に行なわれる。別火氏の祀る神社参り、それより爪剥島の塩を剥ぎ取り翌日の祭祀に用いる。これらの行事に使われる縄は真菰が用いられており、薦枕で述べた薦を踏む行事もあった。私には爪剥は素戔嗚尊が爪を剥がされ追放されたことより爪剥が行なわれたと思う。この別火氏と同じ氏族より出たのが、前章で述べた行幸会の際に大根川社を祀る諫山氏であろう。

ここで宇佐八幡宮の宮司になる大神氏の出自を考えると、豊後国速見郡に大神郷があり、この地が大神比義の出自の地であり、その子孫の大神社女と田麻呂が奈良の盧遮那仏の開眼の際に、滞在中に僧行信と共に厭魅し流罪になり、道鏡の時代に釈放されて豊後国の掾として速見郡大神郷にいたからである。九州では大神《みわ》はおおがと呼ばれ、大和の三輪氏との関係は定かではない。筑後国山門郡に大神郷があり、人名に大神のつくのが豊前国北部におり、盧遮那仏の銅を供給した長門国の長登銅山出土の木簡の中に大神部の名があり、これらは九州に発する大神を九州で祭っていた部曲であったのであろう。

出雲国造が意宇郡から出雲郡に移されたように、同罪で移されたのに筑前国の宗像国造がいる。三女神を彦山の三つの峯に祭っていたが、其処にいる間に出雲国造と同様なことをしたため、其処より移り鞍手郡の六ヶ嶽に住み、次に其処より神興村に移り、最後に宗像郡の本来の地に戻ったのであった。出雲国造と逆のことをしていたのである。

その理由は、宗像郡にいれば祭事のたびに、危険な玄界灘に出かけねばならぬので、三つの山の峯に祭れば危険な目に遭わなくて済むからであった。その移動した道順が後世にまで伝えられていたのである。そのために宗像郡とその近くに住む人々が、彦山とその近くに住む人々を恨み嫌うようになっている。

大倭直氏のこと

垂仁紀三年条の天日槍が播磨に来た時の細註に、一に云うとして、播磨の宍粟邑にいる時、天皇が三輪君大友主と倭直の祖長尾市を遣わし何故の誰であるか問わしている。倭直は神武東征の時に案内した椎根津彦であり、三輪君大友主は仲哀天皇の喪に始めてその名が現れていたのに、この段にでるのは不自然である。この段の大友主は、天日槍の伴人であった大伴があり、大伴の伴を友に替えた名にしたのであろう。三輪山の大物主神についてこの名の章で詳述しており、天日槍の関係のある人物がだされている。『書紀』の編者がこの条を作為を持って載せていることは明かである。『天日槍』（今井啓一著　綜芸社刊）で、『筑前国風土記』逸文、怡土郡にのる怡土県主らの祖五十跡手が日桙の末裔とあるのを利用して論旨を進めているのは、古代史家として津田左右吉氏の文献学者の批判の的になる。なお、同著の中に、但馬国に伝わる所謂「国司文書」という但馬国内の事を書いた十九巻の書についてのせ、天延三年（九三七）陽侯史真志訶の撰とする。先章で述べているように、養老律令を撰するにあたり、陽侯史と大倭氏が並んでいた。従って真志訶は先祖からの伝統を受け継いでいたので文書を調べるのに慣れていたのであろう。

倭直の出自は『姓氏録』に、大和宿禰、倭直等は、いずれも神知津彦命の後として地祇である。延喜式神名帳に大和国山辺郡に大和坐大国御魂神三坐名神大とあるのに地祇であり、三輪神社と同等の扱いである。この秘密は、三輪神社が大己貴神以外に大物主神を祭るためと思われ、先の天日槍への使者にされたのはこのためであろう。神知津彦の名は『紀・記』にのる神々の正体を知っていたからである。

平成十六年十月二十、二十一日にかけての兵庫県豊岡地方が台風二三号により円山川・出石川の堤防決壊した大洪水のために、救急活動が遅れ出石神社の宮司長尾氏が逝去されたことを新聞紙上で知り、薄々同氏が天日槍の子孫であると推定していたのが当たっていた。

柳田国男氏の『山島民譚集』に、出石神社について二個所に源重之の歌を二重に同じ歌をのせており、次のようである。

ちはやぶる出石の宮の神の駒　ゆめなのりそなたたりもぞする

これは出石神社にある駒犬に乗ってはいけないと、神社の祭神の名を言ってはいけないの二股をかけているのである。出石神社の社務所になのりその花（万葉集の勿告藻）がお札の中にある。この藻は玉のある藻で正月のお飾りに使われるとされるが、私の深か読みでは、誉田天皇の母が誰であるか云ってはならぬになるが、この個所では神馬草の中の話である。

多臣の祖の話

倭直の祖の名が神知津彦命の名であったように、多臣の祖は神八井耳命と神武天皇の子にされて皇族としての名になっているけれども、神武天皇は創作であったから以上のことはありえない。多臣の祭る神の名は見知津彦命で、相殿に天穂日命、天津彦根命がある。これは倭直に神知津と神が付けられるように、日本の古代の氏族の移り替わりを見てきたので見知るがつけられていた。従って『古事記』は元明天皇の勅により稗田阿礼の伝えた旧辞を書き記したわけでなく『書紀』編纂中の資料を見て知ったことになるのである。これについての証拠は、この著書の最初に取り挙げた柿本人麻呂の言挙《ことあ》げを用いていることで明らかである。

それでは神八井耳命の名の元は何かということになる。これは持統天皇四月の春正月一日の即位の時に、中臣氏大嶋が天神壽詞を読んでいる。この壽詞は中臣壽詞《よごと》といわれ、この中に中臣の遠祖天児屋根命が皇孫《すめみま》の前に仕えて、天忍雲根命を天の二上《ふたがみ》に上らせ、二神の命を受け給わると、「皇御孫の御膳水《みけつ》は、顕《うつ》し国の水に天つ水を加えて奉れ」といわれ、天忍雲根命が天の浮き雲に乗って二上に上り二神に申しあげると、天の玉櫛を授けられていわれた言葉の中に「玉櫛を刺立て（中略）まちは弱蒜《わかひる》にゆつ五百《いほ》篁《たかむら》生い出でむ。その下より天の八井出でむ。こを待ちて天つ水と聞こしめせ」より引かれ作られている。

私にはなにかしら八井の中に八幡の八が含まれているような気がする。そして出雲神話の中で大己貴神が興言《ことあげ》してこの国を治めるのは吾一人だと言った時、『古事記』では「倭の青垣の東の山の上にいつき奉れ」といい、延喜式神名帳に神坐日向神社がある。これは景行天皇が児湯県で東を望み日向と言われたのを引いたと思われるからである。

宇佐氏の祖の話

宇佐氏が鳥取市の吉成・宮長の出身で、元は八上郡にいたことを述べている。宇佐氏の中興の祖である宇佐公通の妻は平清盛の娘で、姉の徳子は安徳天皇の母であった。壇之浦の源平合戦で安徳天皇は海に沈み崩じたとされている。『古伝が語る古代史』（宇佐公康著　木耳社刊）によれば、公通の子が身代わりになって海に沈み、安徳天皇は公通の子として成長し、その子孫が続いたとされている。

前述した柳田国男の本の中で、安徳天皇の御行方の条に、色々の隠れ里の話に、筑前国筑紫郡安徳村大字安徳、豊前の隠蓑ノ里の安菴があり、因幡の安徳寺の附近にも公にも認められた御陵伝説地があるとのせている。『日本の古代遺跡9鳥取』（保育社刊）の巻頭の写真に岡益の石堂がのせられており、その説明の中に、江戸時代から郷土史家に取り上げられ、その後期に安徳天皇陵墓説が生まれ、明治二九年安徳天皇陵墓参考地にされ現在に至っている、とある。古く倒壊して明治年間に修復されたが、その際に、それまでの模様の浮き彫りにされていた塔の上部に、五輪塔の空風輪や宝篋印塔の笠などの異質の物が付け加えられている、とある。

私はこれらの段取りをしたのが宇佐氏ではなかったかの推量をしている。先述しているように宇佐氏が因幡国から豊前の山国川の下流に移動して三角池を作り、俀王であった法蓮に野四十町を賜った時に、すでに灌漑する下地が出来ていたと思われ、行幸会に用いる薦枕の利用法を心得ていたであろう。

なお、行幸会の始まりについては、大神杜女・大神田麻呂が東大寺の盧遮那仏の開眼前に参列して滞在中に薬師寺僧行信と厭魅したとして流罪になり、その間に宇佐において村人津守《つもり》の訴えにより、杜女・田麻呂の横暴が知らされ、八幡神はその封戸や位田を戻し、伊予国の宇和島に渡った。その間に宇佐池守が宮司として大尾山に八幡宮を作り仕えていた。宇佐氏の人物として初めて出されている。この宮で和気清麻呂が道鏡を天皇にする神託を聞きに行ったのである。その後、清麻呂は八幡宮の粛正に派遣されており、その記録が大日本古文書の家わけの部の石清水文書に残されている。第二の中に宝亀四年二月二日廿九日条に載せられている。

以下、これを簡略に判りやすく述べると、天平神護元年閏十月十八日に従三位大貳石川豊成の報勅書に、大神宮に向かい神託をいろいろ聞いた中に、こと別きて託されたのに、吾は昔に伊予国宇和郡に往還した時、豊後国国崎郡安岐郷奈多の浜辺の海中にある大石に渡り着いて気を安め、御机石と名付け、そこで杉の木に登り、その上の野に登って住むべき地を案じ見たので御立ち野と名付け、それより安岐林を秋庄と名付けた。それより同国の直入郡に到り着いた。そこより豊後日向肥後三箇国の中の大野があり、神吾が點定するに、件の地は水の便がなく田を作られず、離れて住まむと欲すれども、吾が叶いを神氏等の申すに、物を食わずして耐えがたく何をもってか神事を勤めようかと云い、そこで住まず田なきにより猶を神領とし、野郷北野高智保と名付けた。それより豊前と豊後の国の中ほどに着いて田布江と名付け、それより行幸会で回る始まりの所が順に述べられていて、四年に一度に臨みたい、とのせている。

この話の最後に和気清麻呂等の署名の次に、比咩大神御和歌と八幡大神の和歌が載せられ、御使宇佐池守と豊後前司大神田麿・豊前国史子部宿禰乙安の署名があり、比咩大神の歌は『十訓抄』にのせられている。

行幸会で終わりに近い妻垣社から辛川社に神宝が行くのは、この直入部の野に住みたいと云った神ということになる。石上乙麻呂が流罪で住んだ土佐国幡多郡は伊予国の宇和島に接した郡である。波多国の国造は天韓襲命に依り定められている。すなわち、八幡大神とは天韓襲命であり、このことは宇佐八幡宮が大隅国の鹿児島神社に一目置いていたことが、この神宮の挙動に左右されることでも判る。すなわち、私は天韓襲命を八幡宮に祭られる北辰社の祭神としたいのである。

卑弥呼のこと

日本の古代史で一番有名なのは『魏志』東夷伝、倭人条であろう。その倭国内の邪馬台国の王である卑弥呼のいた場所が、何処であったか資料により示したのはなかった。私は景行天皇の西征で邪馬台国が滅ぼされ、宇佐川の川上にいた鼻垂が男王で、卑弥呼の後継者であるとした。従って宇佐八幡宮と関係があることになる。『承和縁起』に、「比咩大御神前住国加都玉依比咩命也又住都麻垣比咩大神也本坐宇佐郡安心別倉東方高岳也」とある。この中の国加都の意味が不明であるが、玉依比咩は神武天皇の母である海神の娘で、神話により作られているが、景行天皇が瓊瓊杵尊であったから出され、景行天皇は隼人の国に行った時、その地に国勝と名乗る人物がいたことより取られていた。すなわち宇佐神宮の二の殿に祭られる比咩神は妻垣神社の祭神と同じことであった。この神は仲哀天皇が崩じた時にその祟る神をのせた中に、伊勢の五十鈴宮に坐す神、名は撞賢木厳之御魂天疎向津媛命とあるのが卑弥呼のことである。仲哀紀に岡県主が割譲する地の中に、向津野大濟までを東門にすとある。宇佐神宮は向津といわれる地方である。伊勢にいるのは伊勢神宮の荒祭宮に祭られ、後の天照大神である。妻垣社は神護景雲元年九月十八日に始めて八幡比売の神宮寺を造り、その人夫は神寺の封戸を役にし四年を限って功を終りせしむ、とあり、この時に妻垣神社がこれによって造られたとされる。なお、行幸会で最後に小山田村であるのは、神功皇后紀に仲哀天皇の齋宮を小山田村に造ったに引かれたように思われる。放生会に香春神社の古宮八幡宮で神鏡が造られ宇佐八幡宮に納められるのは、邪馬台国の台与から卑弥呼の所に四年に一度会うためにの行事が込められていたと推定され、背後に藤原氏による画策があったと思われる。『託宣集』の「名二に、安心別倉で比売神と大菩薩が語り合われ安楽であった」とあるのは、安心院の名により作られている。

天日槍の出自のこと

『魏志』倭人条に、「その南に狗奴国あり、男子を王となす。その官に狗古智卑狗あり、女王に属せず、郡より女王国に至る万二千余里」とある。通説では、すべて熊襲の国にするけれども、その南を現在の地図を元にして想像している。しかし倭人伝では「南、投馬国に至る水行二十日。官を称称といい、副を称称那利という。五万余戸ばかり、南邪馬台国に至る。女王の都する所」とあり、私説は、この投馬国を隼人の住む昔の広義の日向国とするために、狗奴国に当てることは出来ない。弥弥は多臣の神八井耳命があるように、熊襲に関係する人物に付けられる元になっている。邪馬台国が畿内にあるとすれば、狗奴国を何処にあてるか示めさねばならないであろう。

私説は天日槍が二世紀後半に韓国より日本に渡来したとするため、この時代には、まだ新羅は成立しておらず、従って『魏志』東夷伝にのる国々を調べることになる。その中に韓条があり、これによれば辰韓があり、始めに六国で、次第に分かれて十二国になり、弁辰も十二国あり、これは辰韓に混在していた。それぞれの国に大小があり、各々の国に官があり、その上から下まで名が掲げられている。後の新羅になる辰韓の辰王は自立して王になることができず、常に馬韓人がなっていた。

続いて辰韓の状況が述べられており、主たる所を簡略に述べれば、五穀や稲を植え、養蚕をし、牛馬を飼い、大鳥の羽で死者を送る。魏略に云うに屋を作るに横に木を重ねてし、牢獄に似るとある。国に鉄は出し韓・濊倭は皆ほしいままに取るとある。

弁辰は辰韓と雑居し、城郭あり、衣服・居所は辰韓と同じで言語も相似るとし、鬼神を司祭するのは異なり、竈を設けるのに、常に西にあり、その瀆盧《とくろ》国は倭と界を接す、十二国もまた王あり、その人の形はみな大、衣服は潔清、長髪、また広幅の細布を作る。この弁辰十二国の中に弁辰狗邪国がある。この国の王が日本に渡来し狗奴国王になったと思われる。その資質は王になるのに相応《あいふさわ》しいであろう。弁辰の中に弁辰弥烏邪馬国と邪馬台国の邪馬のついた国がある。もしこの国の女子が日本に入り邪馬台国の王にされたとすれば、天日槍が女を迫って日本に来たのは、『紀・記』にのる日矛が妻を迫って日本に入った話が、狗奴国王の名の卑弥弓呼素であるのも似つかわしいようでもある。

補遺

机のこと

先に石清水文書を引き八幡大神が伊予国宇和郡より豊後国国崎郡安岐郷奈多の浜辺にある大石に渡り着き、その石を御机と名付けたとある。宇佐氏が薦枕を行幸会に神験として用いるようになってから、行幸会の度に旧験を奈多八幡宮に移し、この石の所より海に流していた。従って御机の名にはある意味が持たれていることになる。この机は神の祭壇の前に置かれる捧げ物を載せる机を表わすと考えられ、以下これについて考察したい。

垂仁紀にのる唖の誉津別尊が鵠を見てものを言った鵠を捕えたのが湯河板挙《ゆかわたな》であった。誉津別皇子が小彦名命、亦の名事代主命で薦枕をして寝ている人物であったから、旧験を海に流す際に喪屋を作り指図するのは湯河板挙《ゆかわたな》であり、机に供え物をして喪の儀式をしていたのである。鳥取連の祖を『旧事紀』天神本紀に、少彦根命とするのは小彦名命を捕えたためであろう。行幸会が最初に行なわれた時は宇佐池守の時からであるから、最初の旧験は奈多八幡宮に移され、次の旧験が入ると机岩から黄泉である海に流されていたが、宇佐八幡宮が三殿になり、薦枕の旧験も三枕になったため、国東半島の東にある愛媛県の佐田岬半島の三机の名の場所が作られ、其処より瀬戸内海に流されるようになった。この三机はハワイの真珠湾に進入した特殊潜航艇の訓練場所として世に知られている。

埼玉県稲荷山古墳出土の鉄刀銘のこと

この銘文について先述しているが、この解釈で重要なことを見落としていることに気づきこれを述べたい。系図の終わりが乎獲居臣と自身の名である。すなわち、杖刀人の主であった人物がこの古い言葉であった別にあたる姓を与えられて、関東地方に派遣されたことである。雄略天皇の時代でも別姓が行われていたことになり、九州にいた王により日の出ている間は政治をまかされていたことになる。

東大寺山古墳のこと

この古墳は奈良県天理市櫟本町の東大寺山にある前方後円墳であり、石上神社の北側にある丘陵の端で高地性集落の上に造られている。出土品の中に後漢末の中平（一八四～一八八）の年号のある剣のあったことを先述している。この古墳は盗掘されていたため、はっきりしないが鏡は発見されておらず、いろいろの石製品が棺内にあったが、粘土獲槨の棺外に多数の銅や鉄の製品があり、鉄刀の中に銅製環頭を着けた五振と素環頭六振があった。銅製環頭の中に、刀の背に年号のつけたのがあった。他の銅製の環頭はその文様から和製と考えられており、その中に佐味田宝塚古墳の家屋文鏡の中にある宝物殿ではないかとした、中ほどが狭く上下に広がる屋根の建物が付けられていた。以上からすると布都御魂に緑のある氏族の古墳と考えられ、円筒埴輪があったことにより、四世紀の後半の築造とみられている。この氏族を考えれば、日矛に協力したこの地域にいた和珥氏と考えられる。『姓氏録』に「布留宿禰、天足彦国押人命の七世孫の市川臣を神主に為した」(要約)とあるが、この人物の名は、誉津別皇子の多数の剣の話の中にも出ており、要するに神功東征の際、抵抗する様子であったために疎外され、宇治稚郎子太子と仁徳天皇の軋轢が済んだ後に元の地に移されたことになる。日矛を祀っていたため、多数の武器類が埋納されたのであろう。この銅製環頭を作ったのが鏡作りの職人であろう。(『古墳辞典』大塚初重・小林三郎編　東京堂出版刊参照)

猿田彦の氏族のこと

猿田彦は『古事記』では阿邪訶で比良夫貝に手を挟まれて溺れ死んでいる。『伊勢国風土記』

逸文　伊勢の安佐賀の社条に、天照大神が安濃の藤方の方樋の宮においでになると、安佐賀山に荒ぶる神がいて、通る人の半分を殺した。そこで倭姫命が度会郡の五十鈴宮に入ることが出来ず、その宮で奉斎し、朝廷に報告すると、大若子の先祖が平定した国であるからと、大若子に神々への捧げ物を賜り、その捧げ物で神を鎮めた、とある。

以上からでは『古事記』のように猿田彦が溺死したとある時期が不明になるが、衰退したことは間違いない。先述したように奈良県宇陀郡の御杖人神社を猿女君が奉斎したとのせたが、神社の猿女君等はその祭る社の近くから倭姫命世記にのる巡行するのを見張っていたとのせている。

猿田彦の子孫は倭姫命世記には、猿田彦神裔宇治土公祖大田命参り相支とあり、皇太神宮儀式帳には「次にもも船の度会《わたらい》する国のさこくしろ宇治家田田上の宮に坐すと、時に宇治大内人仕え奉り、宇治土公等遠祖大田命に汝の国の名を問い賜うた。この川の名はさこくしろ五十鈴川と申す」とある。（以上私訳）度会郡に延喜式神名帳に大土御祖神社があり、その祖神を祀り、後にこの神社の名が猿田彦神社になったと思われる。

六人部姓のこと

六人部《むとりべ》姓につきこれまで定説はなく、本書の神代下の中で伊余部連が天孫火明命の後、少神積命の裔孫であることをのせた。これは持統天皇の世に撰善言司に選ばれ、大宝律令に参画した伊《い》余部馬養《よべうまかい》の履歴を調べるためであった。『姓氏録』にのる六人部姓を調べると、各国の同姓人は尾張連氏族の同族であり、『旧事紀』天孫本紀にのせられる物部氏族で尾張・美濃に分布するのが多い。神代下の最初に、天稚彦が高皇産霊尊の反矢により新嘗の床で殺され、「反矢畏むべしの緑になった」とある。続く話は神代下に書いているように、喪屋が美濃国の藍見川の川上にある喪山になり、世の人が「生けるを以て死に誤ることを忌む」の諺の縁になった。

どうして喪屋が美濃の藍見川の川上に落ちたか、これまで神話の中であるから合理的な答えを出した説を知らない。以下、私説を述べたい。

喪山のあったのは、現在の美濃市で誕生山に替えられている。『倭名類聚抄』にのる武藝郡（武儀・牟宜都・身毛都の替名あり）に含まれる。この郡にいたのに、景行天皇が大碓命に美濃国造神骨の娘兄遠子・弟遠子が美人であるのを知り、召しに遣わすと、二人を娶り、返事をせず恨んだとある。一方、『古事記』では日本武尊が大碓命の手足をひきちぎり薦に包んで捨てたました、と申し上げている。

これより大己貴神（神骨・美濃国造の大根王）と少彦名命（事代主命・天稚彦命・誉津別命）の喪屋の場所にいた牟宜都君等の祖になる大碓命の系図をみたい。

- 神大根王
  - 大碓命 ― 押黒兄比売
    - 兄彦命　守君の始祖　『書紀』
    - 押黒之兄日子　宇泥須和の祖　『古事記』
    - 兄彦命　大分穴穂御埼別・海直・三野之宇泥須別等の祖
      『旧事紀』天皇本紀　景行天皇紀
  - 大碓命 ― 押黒弟比売
    - 牟宜都君等の祖　『古事記』
    - 弟別命　牟宜都君祖　『旧事紀』景行天皇紀

この中の守君は有馬皇子の共謀者として捕えられたが、後に百済救援の将の一人になり、遣唐使になっている。この中で仲哀・神功皇后の西征に加わり、大分穴穂御埼別・海直になったのであろう。

身毛君が武儀郡の豪族で、壬申の乱の際に、天武天皇に扈従して吉野に行き、美濃に行く時、美濃の兵を集めに遣わされ、多臣品治に策を伝えている。最後に喪屋に葬られたのは、誉津別命の少彦名命であったが、出雲の王であった間に子を作っていた。その殯りに鳥の役をする親族が八日八夜の間に行なっている。『書紀』の記事の中に、その鳥の名とその役柄をのせ、本文や一書の中に五人とするのが多く、一書の三は六人で、その中に尸者があるので、この六人の鳥の名から六人部となったのであろう。生前の品遅部が死後にこの名になったことになる。
この六人の鳥は、川鴈《かわかり》を以て持傾頭者《きさりもち》とし、亦持帚者《はばきもち》とす。鴗《そび》を以て尸者《ものまさ》とす。雀を以て春者《つきめ》とす。鷦鷯《さざき》を以て哭者《なきめ》とす。鵄《とび》を以て造綿《わたつくり》者とす。烏《からす》を以て宍人《ししひと》者とす。凡ての衆《もろもろ》の鳥を以て任事《ことよさ》す。而して八日八夜、啼《おら》び哭き悲しみ歌う。

この六人の鳥の名の人より六人部が作られたのである。本書の中で猿女の出自の地を丹波国天田郡六部郷の萩原の雲田とし、主基方稲春歌をのせたが雀を碓者としており、岩屋の前で踊った天鈿命に似ている。この六部郷は六人部郷の略とされている。六人部が尾張・美濃方面に多いのは、石作部が多いのと関係が深いようである。殯の済んだ後に埋葬するため部が必要であるからである。或いは銅鐸作りであったのかもしれない。

ここで天稚彦にされた誉津別皇子の母と叔父が稲城で焼死しており、『古事記』によれば、開化天皇の子日子坐王が春日の建国勝戸売の女、沙本之大闇身戸売《さほのおおくらみとめ》を娶して生める子に、沙本毘古《さほびこ》王《おう》・沙本毘売命《さほびめのみこと》があり、沙本毘古王は日下部連・甲斐国造とあり、稲城で焼死した叔父の子孫に日下部連のいたことは、伊余部馬養の話として有名なのに、雄略紀二十二年条に、丹波国余社郡の筒川の人瑞江浦嶋子の話をのせ、別巻にありというのは、『丹後風土記』を指し、同様なことがのせられている。浦島太郎の話として有名であるが、浦島太郎を日下部首等の先祖とあるのは、馬養の日下連の伴造であったのであろう。雄略紀十三年条に、狭穂彦の玄孫歯田根命の名が見えているのも同様である。

顕宗天皇（弘計天皇）条に、更の名を来目稚子、去来穂別天皇の孫とあり、穴穂天皇の世に雄略天皇により父を殺され、帳内の日下部連使主とその子吾田彦が難を避けて、兄と共に丹波国の与謝郡に避けた。追求されるのを怖れ播磨に避けたが、使主が自殺し、播磨の明石郡の縮見頓倉《しじみみやけ》主に仕えていた。これより播磨国司山部連の伊豫来目部小楯に発見される話はよく知られている。その舞いの歌に出雲がでるのは、先祖の伝承が入り、石上の振の神杉が入るのは、その先祖が天日矛であるのを表わしているのであろう。

最後に、天稚彦にされた神を祭る神社を述べたい。神話の最初にのせた火神迦具土神を祭っていたのが大和国十市郡の香具山の麓にある式内社畝尾都多本神社である。祭神は『姓氏録』左京神別、「畝尾連、天辭代命子国辭代命後也」とあり、誉津別皇子とその子であったのである。

なお、貞観儀式、大嘗會条に、参集する部門の中に語部があり、語部美濃八人とあり、践祚大嘗會でも同様であり、一番人数が多いのは、美濃の特殊性を物語っている。

おわりに

　私は現在八十七歳にならんとする老人であります。思えば昭和四十年代の中頃に『まぼろしの邪馬台国』（宮崎康平著　講談社刊）が盲目の文学者による著書により邪馬台国ブームが起こり、現在のパソコンの普及した時代と異なり、一般人で古代史に興味を抱く知識人を巻き込み、ベストセラーになった。私もその中の一員でありました。続いて『卑弥呼』（富来隆著　学生社刊）を読み益々興味をそそられ、前者による日本神話は具体的な天皇の始まる事蹟を神話化したものとする説、後者の景行天皇の西征を引いて邪馬台国宇佐説を知った。それより具体的に邪馬台国の存在場所を私も探りたい興味が起きてきた。唯、私は工学部に学んでいたので古代史には全く縁が無く、小学生時代から昔話が好きであったので、古代史の古典である『日本書紀』を時々ひもとくようになった。その頃、松本清張氏の『古代探究』、続いて小説『陸行水行』を読み、その中で小説の主人公が、現宇佐市安心院町妻垣山の八合目で妻垣神社の神体石の所で伊像の邪馬台国研究家に出会い、その人と共に水行して目的地に行く話が載っていた。

　たまたま安心院町の西側が私の郷里院内町御沓であり、亡父の墓参りの時、祖母が安心院出身地であったので一度狭いトンネルを抜けて、一望の下に広い安心院盆地を見たことがあった。通例のマニアの様に私も郷土意識から本格的に邪馬台国捜しをすることになった。

それというのも祖母のすぐ弟が長男で、その妻が宇佐八幡宮の政所総検校職であった益永氏の娘を娶っており、その縁で亡父が益永家に寄宿して宇佐中学に通っていたからである。

以上から私の推測した邪馬台国が決まったので昭和六十二年に『邪馬台国は紀・記にのっていた』を始めて自費出版し、続いて『新訳　日本神話出雲神話の原像』『九州王朝と宇佐八幡宮』を自費出版し、平成九年に『古事記と日本国家の成立』を最後として七十五歳の時に出した。

その後に、余暇に万葉集を読んでいる時、柿本人麻呂の葦原瑞穂国の歌が当時の時勢に合わぬことに気がついた。それが私に言挙げのタブーを知らせ、再び歴史を顧みさす機縁となり、大伴家持の歌を思いだし、再び執筆させる気持が蘇って来た。

その頃に保育社刊の『日本の古代遺跡』県別のシリーズが発行され私も奈良県の全て、兵庫県を始めとして中国地方の全て九州の大分・宮崎・福岡を所蔵していたので、景行西征を確かめるため大分県をみると、巻頭の写真の中に、宇佐市の赤塚古墳出土の五面の三角縁神獣鏡と小迫辻原の豪族居館があり、これにより色々の発想が浮かび本書を起稿する縁となった。奈良の桜井茶臼山古墳の出土鏡と玉杖、その柄鏡式墳形から宮崎県にその分布のあるのを『古代日向の国』日高正晴著ＮＨＫブックス刊の第二章にのせるのを読み、日向出身者によるものであると判ったのである。また大分県の考古学上の知見を知り、これまでの私説の推測に間違いないことを知った。

何分、八十七歳に近い現在の私は、物忘れの進むのが自覚され、これまでに出版した拙著と重複する箇所が多々あることに気がつく次第で、読者の御叱正を戴くと拝察しますが、何卒御寛恕の程をお願いし、御批判を戴けたら幸いであります。

広島県安芸郡府中町柳ヶ丘四〇番十二号
有料老人ホーム　チェリーゴード別館にて

参考文献（本文中の記載以外）

『萬葉集　本文篇』佐竹昭広・木下正俊・小島憲之共著　塙書房
『古事類苑』神祇部一　大嘗祭　吉川弘文館
『日本の神々』地方別　白水社
『寧楽遺文』竹内理三編　吉川弘文館
『新撰姓氏録の研究』本文編　佐伯有清　吉川弘文館
『吉備考古点描』近藤義郎著　河出書房新社
『出雲の古代文化』山本　清著　六興出版
『宇佐宮』中野幡能著　吉川弘文館
『寺社縁起』日本思想体系　岩波書店
『神楽歌・催馬楽』竹田祐吉編　岩波書店
『日本の考古学Ⅲ　弥生時代』河出書房新社
『日本の考古学Ⅳ　古墳時代』河出書房新社
『弥生土器の様式と編年　山陽・山陰編』正岡睦雄・松本岩雄編　木耳社
『広島県の考古学』松崎寿和著　吉川弘文館

参考文献

『大分県の考古学』賀川光夫著　吉川弘文館
『日本青銅器の研究』杉原荘介著　中央公論美術出版
『古代史発掘5　大陸文化と青銅器』講談社
『古鏡』小林行雄著　学生社
『謎の古代氏族　鳥取氏』山本　昭著　大和書房

著者略歴

大久保　一郎（おおくぼ　いちろう）

1921年　呉市に生まれる

1944年　九州大学工学部卒業

　戦後、胸部疾患のため長期療養

1960年　電気器具商自営

1975年　廃業、以後、古代史研究に専念

著　書　「邪馬台国は紀・記にのっていた」「新訳日本神話」「九州王朝と宇佐八幡宮」「古事記と日本国家の成立」を自費出版

古代史家よりみた万葉集

平成20年8月25日　発　行

著　者　大久保　一郎

発行所　株式会社 溪水社

広島市中区小町1－4（〒730-0041）

電　話（082）246－7909

ＦＡＸ（082）246－7876

E-mail: info@keisui.co.jp

製　版　広島入力情報処理センター

印刷・製本　（株）平河工業社

ＩＳＢＮ978－4－86327－028－2　C1021